이명박 정책 비판

이명박 정책 비판

김영규 지음

박종철출판사

이명박 정부의 실용주의는
자본주의의 통속적 실리주의이다.

제1권 『이명박 정부 비판』에 이어 이제 제2권인 『이명박 정책 비판』을 출간한다. 정책은 정부의 성격을 직접 반영하는 것이기 때문에, 이 책은 제1권의 자연스런 연장이 될 것이다. 우리가 이명박 정부의 정책에 관한 연구를 통해 우선 알고자 하는 것은 그 정책들이 종래의 정책들과 얼마나 차이가 있으며 그 차이가 한국 사회의 진보적 발전에 어떤 영향을 미칠 것인가 하는 점이다. 물론 이명박 정책에 대한 우리의 평가 기준은 그것들이 국민의 생활에 어느 정도의 변화를 초래해 좋거나 나쁜 영향을 미칠 것인가이다.

이명박 정부의 정책이 전임 정권, 예컨대 노무현 정부의 정책과 얼마나 차이가 나는가는 각각의 장의 처음에 이명박 정부의 정책을 간단히 소개하는 절에서 간접적으로 밝혔다. 지난해 국민들이 이명박을 대통령으로 선출할 때 그 국민들의 대부분은 이명박 정부가 노무현 정부와 크게 다를 것으로 생각했을 것이다. 그러나 우리가 새 정부의 주요 정책들을 분석해 본 결과는 '도토리 키 재기'였다. 양자의 차이가 마치 혁명적인 변화를 초래할 것처럼 떠들었던 언론과 새 정부의 선전은 사실과 다르다는 것을 알게 되었다는 것이다. 양 정부 모두 지배 세력에 변동이 없다는 점, 즉 사회변혁과 관계없는 보수적인 성격을 갖고 있는 점이 다시 확인되었다. 따라서 이명박 정부 하에서 국민들의 사회생활은 과거의 여러 정권들에서와 마찬가지로 정치적 억압과 경제적 착취로 고통스러울 것으로 진단된다.

이명박 정부는 일단 자본주의를 지지하여 이명박 재직 5년간 그 체제를 더욱 강화하고자 한다는 점에서 보수주의 정부로서의 정체성을 갖고 있다. 자본주의 체제의 강화가 민주공화국이라는 국가형태 내에서 유지되는 것이라면, 그것은 과거의 독재국가로 회귀하지 않는 점에서 다른 선진국들과 같은 부류의 보수적 정권인 것이다. 그러나 우리는 이명박 정부의 정책들을 평가하면서, 정부의 그런 보수적 성격과 다른 어떤 ‘선진적’ — ‘진보적’이 아니다 — 특성이 없는가, 즉 노동자·민중의 이익을 전진시키는 정책이 없는가를 면밀히 조사해 보았다. 하지만 실망스럽게도, 이명박 정부의 정책들은 보수 가운데 수구적守舊的 경향, 예를 들면 가진 자들의 이익을 대변하기 위한 이른바 ‘기업 친화적’이라는 국민 기만적 정책들이 주를 이루고 있다는 점이 확인되었다. 이런 점들은 최근 이명박 정부가 대내외적으로 겪고 있는, 북한과의 외교 대립, 대미·대일 외교 안보 정책의 실패, 종합부동산세의 완화 계획 등에서 그대로 드러나고 있다. 이명박 정부의 이런 ‘수구적 실패’는 현 집권 세력들이 ‘자본주의 세계의 변화’에 대응하는 전략을 세우지 못하고 국내 자본가계급의 통속적 실리주의philistinism를 그대로 추구한 결과이다.

우리는 이명박 정부의 정책을 평가할 때 21세기 사회주의보다는 ‘아주 낮은’ 수준인 자본주의 선진국들의 정책을 기준으로 삼

왔다. 그러나 그러한 선진 정책들은 사회 진화social evolution를 바탕으로 할 때만 한국에 적용될 수 있는 세계 기준global standard으로 간주하였다. 여기서 "사회 진화를 바탕으로 한다"는 것은 역사의 발전을 점진적 진보로 본다는 것을 말한다. 이때 그 진화는 자체 내의 모순을 심화시킴으로써, 이것을 해결하기 위해서는 '궁극적으로' 사회 피지배계급의 변혁에 의한 사회주의로 전화하는 것밖에 없게 된다. 따라서 사회 진화의 과정에 있는 국가에서는 모든 사회 구성원이 정치적 자유를 획득함과 동시에 경제적 평등을 점진적으로 실현한다는 것을 유념해야 한다. 우리가 지향해야 할 정책으로 자본주의사회의 '진화'를 선택한 것은 한국의 국민들이 아직도 '사회주의 문맹국'에 살고 있어 그런 '높은' 자질의 사회주의사회를 기준으로 제시하는 것이 무리라고 생각하기 때문이다. 이 사회주의 기준은 이미 제1권의 「맺음말」(151쪽)에서 다섯 가지로 요약했지만, 이것들은 향후 제3권 『이명박 정부에 대한 대안』(가제)이란 주제로 발표할 것이다. 자본주의 선진사회의 올바른 발전 방향이란 정부가 공익 질서로 돌아가서 이 질서를 중심으로 경제의 향상을 도모하면서 만인의 인권과 민주주의를 발전시키는 것이어야 할 것이다.

이 책을 쓰기 위해 제1권에서와 마찬가지로 매일경제신문사가 발간한 『MB노믹스』(2008년)를 검토했고, 지난 8개월간 정부 기관이 발표한 각종 정책 자료들을 참고하였다. 이 졸서를 발간하기 위해 많은 자료와 통계를 수집하고 편집에 힘쓴 민초연구실民草硏究室의 김호윤 조교와 최선미 조교의 노고를 치하한다. 그리고 이 졸서를 발간하기로 결정한 박종철출판사에 내내 감사한다. 마지막으로 이 책은 인하대학교의 지원에 의거하여 출간됨을 밝혀 둔다.

2008년 7월 30일

김영규

차례

한국은 자본주의 계급사회이다

한국이라는 국가의 정책을 살펴보기 위해 이 「서론」에서 해야 할 일은 '한국은 도대체 어떤 성격의 국가인가'를 규명하는 것이다. 이를 위해서는 먼저, 국가로 형성되어 있는 사회란 어떤 성질을 갖고 있는 인간의 공동사회인가를 확인해야 할 것이다. 사회를 먼저 알고 난 뒤에, 사회를 전제로 하여 성립되어 있는 국가를 파악하는 논리적인 과정을 밟겠다는 것이다.

21세기 초 현재, 국가에 복속되어 있지 않은 사회는 없을 정도로 국가는 역사적으로 그 세력을 확장해 왔다. 그러나 국가가 과거와 다름없는 권력을 행사하고 있는가는 의문시되고 있다. 인류 역사의 초기에 인간들이 생활하기 위해 모여 사는 집단이었던 원시사회가 지금도 아프리카의 오지나 남태평양의 소도에 존재할지 모른다. 그러나 그런 원시적인 집단에게도 역사적으로 내려오는 고유한 민족과 문화가 있다. 그런 민족의 문화가 발전하게 되면, 그것은 마침내 국가 사회의 문화가 되어 대대로 다양한 제도가 만들어지고 때로는 제도의 변화를 모색하는 정책도 점차 추진된다. 이처럼 어떤 사회가 제도를 바꾸며 정책을 바꾸는 일이 만약 그 사회의 '보이는 손visible hand'인 어떤 세력이나 권력의 작용에 의해 이루어진다면 거기에는 국가라는 것이 존재하는 것이다.

인간사회에 관한 그런 문화와 권력의 가설에 근거하여, 특히 서구의 사회과학자들은 사회가 처음 원시적 형태로 등장해서 그 후 역사적으로 변천해 온 과정들을 탐구하는 '사회 이론'을 개발하였다. 종래 사회과학의 '권력' 연구에서 가장 중요하게 여겨지던 문제는 정치에 관한 고유한 이론과 이런 정치를 가능하게 하는 경제에 관한 연구로 집약된다. 정치 이론에서는 국가라는 권력을 필요로 하는 근거를 규명하는 것이 가장 중심이 되는 과제였다. 또한 경제는 정치보다 더욱 기본적인 활동인데, 왜냐하면 그것은 국가가 존재하기 이전에 인간과 사회가 생존하고 번영하는 것을 책임지는 분야이기 때문이다. 그러면 인류 사회가 발전해 온 역사에서 정치와 경제가 인간의 사회생활에 미친 영향을 고려해 볼 필요가 있다. 경제는 인간의 의식주 같은 필요를 충족시키는 본체와 같은 성격을 갖고 있다. 이처럼 사회의 본질적 측면인 경제를 기반으로 하는 정치는 인간 간 필요의 우열과 그것의 분배에 관한 선호를 결정하는 부차적 성격을 갖고 있다. 따라서 정치와 경제의 관계를 요약하자면, 경제를 기반으로 하는 사회에서 필요needs에 의거하여 부富를 분배하는 질서를 부차적으로 결정하는 정치가 나타나게 된 것이라 할 수 있다.

서구에서 경제와 정치의 관계를 본격적으로 종합적이며 체계적으로 규명한 사회과학이 등장한 것은 18세기 후반이었다. 당시 인간의 물질적 욕구를 충족시키기 위해 생산이 가장 중요한 과제로 등장하게 되면서 오늘날 보는 바와 같은 경제학이 성립되었다. 경제의 본질적 측면을 깨닫지 못했던 인류가 일찍이 발전시킨 정치사상은 경제학보다 1세기 이전에 이미 출현하였다. 그 후 정치학은 국가의 범위에 들어와 있는 사회생활이 국민이 가장 선호하는 권력에 의해 통제된다는 사실과 관련된 연구를 본질적인 과제로 삼게 되었다. 경제학은 인간의 물질적 기반인 생산을 증가시키기 위해서는 국가보다는 개인 간 자유로운 경쟁을 기반으로 하는 질서가 성립되어야 한다는 점과 관련된 연구를 우선으로 하였다. 이렇게 할 때만 인간의 생존과 번영이 다수에게 보장될 수 있는 국민경제가 확립될 수 있다는 것이 경제학의 결론이었다. 이것이 곧 자유 시장 이론이며, 그것은 국가의 현실 경제에 그대로 반영되었다. 이 이론은 생산하는 개인에게 사유재산권을 인정해 주고 이 권리에 의거하여 생산에 필요한 요소들을 자유롭게 조달하고 이득을 취하는 것을 허용하였다. 자유 시장 이론은 그런 생산요소들 가운데 가장 긴요한 것으로 여겼던 자본(생산수단)에 대한 형성과 축적을, 마침내 자본주의capitalism를 사회의 가장 중요한 원리로 여기게 만들었다.

한편 정치학은 국민 다수가 원하는 권력을 가장 바람직한 형태로 여긴 민주주의를 채택하도록 권고하였다. 당시 18세기 서구에서는 근대 민주주의를 수용해 입헌군주국으로 변신한 영국을 제외한 프랑스, 네덜란드, 오스트리아, 스페인 등 제국들이 봉건적인 전제군주가 지배하는 제도를 채택하고 있었다. 이후 유럽에서 민주주의는 19세기 내내 많은 좌절과 시련을 겪으면서 20세기가 되어서야 겨우 사회의 안전과 화합을 위해 긴요한 원리로 확립되었다. 현재 세계의 대부분의 국가는 개인의 기본권을 보장함과 동시에 국민주권을 상징하는 대의제도를 갖추고 있는 민주공화국 democratic republic이다. 다시 말해, 세계의 국가들은 자본주의경제를 채택하면서 정치적으로 민주공화국을 선택하고 있다. 민주공화국이란 국가의 주권이 국민에게 있으며 다수의 국민에 의해 선출된 대표자가 통치하는 국가를 말한다.

이명박 정부가 통치하고 있는 한국도 자본주의경제를 기반으로 하는 민주공화국이다. 자본주의가 한국 사회를 지배하는 원리로 채택된 것은 제2차 세계대전 이후 미국의 강제적 점령에 의해 한국이 성립되면서부터이다. 그 후 한국은 자본주의적 발전을 택해 각고의 반세기가 지나 세계 제13위의 '경제 대국'으로 발전하는 선진사회가 되었다.

한국 국민들은 대체로 자본주의 이외의 다른 대안이란 없다고 생각하여, 자본주의를 신봉하는 기업이 경제를 담당하고 역시 자본주의를 지지하는 정당만이 국가를 통치할 수 있는 것으로 간주하고 있다. 그래서 한국 사회에서는 자본주의가 거의 절대적으로 경제와 정치를 지배하고 있다. 이것을 증명하는 일은 쉽다. 얼마 전 현대경제연구원이 이른바 '7·4·7'이라는 이명박의 대선 경제 공약에 대해 여론조사를 실시한 바 있는데, 경제 목표치를 낮춰도 수용할 수 있다는 응답을 한 국민이 73%였다고 한다(『한국일보』 2008년 4월 7일). 이것은 새로운 정부가 자본주의를 확실히 추구하는 정부라고 생각해, 다른 자본주의 선진국들처럼 언젠가는 그런 목표치를 달성할 수 있을 것이라고 국민들은 믿은 결과이다.

그렇다면 여기서 우리가 규명하여야 할 것은 바로, 자본주의의 본질이 무엇이기에 한국은 물론 세계 곳곳에서 다른 체제, 곧 사회주의 대신에 뿌리를 내리게 되었는가 하는 점이다.

자본주의란 자본이 지배하는 사회관계를 기본으로 한다. 이 사회관계의 출발은 자본을 소유하는 사람들과 그것을 소유하지 못하는 사람들을 구분하는 계급 관계이다. 전자는 자본가계급이고 후자는 노동자계급이다. 그래서 자본주의사회는 우선적으로 계급사회class society라 불린다. 한국 역시 계급사회이기 때문에, 계급 간 권익의 충돌과 대립이 가장 기본적인 사회문제로 인식되고 있다.

한국 사회를 계급사회라고 규정하는 데 대해 대부분의 한국 사람들은 거부감을 갖고 있다. 한국 사회에서는 전제적인 계급 질서인 사농공상士農工商은 이미 무너졌고 자본주의의 새로운 계급 질서인 노자勞資 관계가 자리 잡고 있다. 한국인들은 지난 세기말에 노동자들이 자본가에 대항하여 노동조합을 건설하고 그 조합들이 연대하여 전국민주노동조합총연맹(이하 민주노총)을 건설하여 노동자들의 권익을 위해 자본과 권력에 대항해 투쟁해 온 역사를 잘 알고 있다. 이처럼 민주노총이 생긴 것은 한국 사회가 기본적으로 계급사회이기 때문이다.

인류의 역사는 곧 한 계급이 다른 계급을 지배해 온 역사이다. 과거에는 노예가 피지배계급이었던 고대사회가 있었으며, 이어서 농노가 피지배계급이었던 중세사회가 등장했으며, 지금은 노동자가 피지배계급인 근대를 거쳐 현대의 자본주의사회가 된 것이다. 한국에는 지금 2,300만 정도로 추산되는 노동자들이 있다.

그러나 불행하게도, 한국의 노동자들은 대부분 자본주의가 자신들의 안녕과 행복을 지켜 줄 체제인 것으로 생각한다. 이런 노동자 유권자들이 있기에, 한나라당이나 민주당 같은 보수정당들은 그들이 자신들을 지지해 줄 것을 기대하며 선동과 홍보를 일상적으로 수행하고 있다. 보수정당들은 한국인들이 자본주의 체제를 확고히 신뢰하고 있기 때문에 비자본주의적 체제인 사회주의나 공산주의를 지지할 리가 없다는 확실한 기대를 갖고 있다.

노동자들이 자본주의를 신뢰하거나 추종하게 되는 이유는 크게 셋으로 분류되는 층이 지닌 유산계급의식bourgeois consciousness에 연유한다.

그런 층 가운데 하나는 노동자 신분임에 틀림없으나 자본가계급의 이윤을 높이는 데 직접 기여하는 관리자 역할을 수행하는 사람들이다. 이른바 정신노동을 수행하는 사람들로서, 관료 조직에 속한 하급의 직원에서 중급의 과·부장, 상급의 이사에 이르기까지 이들은 관리직 의식을 갖고 있다. 한국의 재벌 대기업에서는 사장이나 대표이사까지도 이 관리자층이 맡고 있는데, 최고 관리자를 최고 경영자, 즉 CEO라 부르고 있다. 이들은 자신의 부를 생산수단 등 자본으로 바꿔 생산을 하지 않을 뿐이지 주식과 채권과 부동산으로 변형된 재산을 소유하고 있어 자본가와 거의 다르지 않다. 의식 상태로 볼 때, 이들은 자본가계급에 준하는 계급, 즉 준자본가계급quasi-capitalist class으로 분류하는 게 오히려 적절할 것이다. 이런 관리자 계층 의식을 갖는 노동자들에는 기업에 소속된 사람들 외에 의사, 변호사, 회계사 등 자유 전문직은 말할 것도 없고 은행원, 언론인, 연구원, 교육자 등 지식인 계층도 포함된다.

둘째는 위의 첫째 층처럼 자본가계급의 부를 관리하는 것과는 관련이 없으며 일상적인 생산적 위계 체계에서 명령을 받는 지위에 있으며 주로 육체노동을 수행하는 생산직 노동자들이다. 여기에 해당되는 노동자들에는 현재 다양하게 발전하고 있는 특수직 서비스 노동자들도 포함된다. 이들의 의식은 관료적이지 않기 때문에 민주적 질서를 존경하지만, 자본주의 생산 체계에 깊숙이 연루되어 있어서 자본주의와는 다른 유형의 사회나 체제는 생각할 수 없는 처지에 있다. 이런 계층에 속하는 노동자들은 도시 근로자들의 평균임금수준 내외의 소득으로 일상생활을 꾸려 가면서 저축하기에 바쁜 나머지, 노동조합에 가입했어도 자본주의를 벗어난다는 문제는 현실의 일로 생각하지 못한다. 이 두 번째 부류는 이른바 전통적 노동자계급proletariat으로 분류되는데, 위의 첫 번째 준자본가계급과 함께 자본주의를 뒷받침하는 이른바 중산계급 middle class을 이룬다.

세 번째 부류의 노동자는 위의 두 번째 노동자에 비해 낮은 임금으로 신분이 불안정한 상태에 있는 비정규직 노동자 등이다. 이들은 자본주의적 현실에 만족할 수 없지만, 자본주의가 아니고는 자신의 현실을 타개할 방법이 없다고 보는 자포자기의 상태에 있다. 비정규직 노동자가 해고되면 정규직과 연대하든 독자적으로 든 복직을 위해 투쟁하지만 성공하는 사례는 극히 드물다. 이것은 그들이 천민·악덕 자본가를 만났다는 점보다는 자신의 무산계급 의식proleterian consciousness이 부족한 데 기인한다. 그들이 해고가 부당하다고 다투는 현장이 바로 자신들에 대한 착취와 소외를 '본업'으로 하는 자본주의라는 사실은 투쟁의 기회를 놓친 나중에야 비로소 깨닫게 된다.

우리는 한국의 자본주의 체제에 길들여진 노동자계급의 의식을 다시 한번 생각해 보지 않을 수 없다. 의식 있는 노동자들도 과거의 사회주의가 내세운 가치들, 예컨대 노동자들의 평등한 연대에 의한 성장은 이미 현실의 국가 체제에서 실패했기 때문에 그런 가치를 주장하는 사회주의국가는 성공하기 어렵다고 생각한다. 그래서 과거에는 투쟁했던 한국의 '선진적' 노동자들도 자본주의의 점진적 개혁을 통해 어떤 사회주의 가치를 찾는다는 명분으로 민주노동당이나 진보신당과 같은 개량주의 정당reformist party을 지지하고 있다. 그들이 개량주의적인 이유는 '밤에는' 마치 사회주의를 지지하는 것 같은 생각을 가지다가 '낮에는' 자본주의자들의 사상인 자유민주주의나 사회민주주의를 지지하는 발언을 하기 때문이다. 원래 사회주의자들은 자신의 사상과 이념을 낮과 밤을 가리지 않고 공개적으로 천명하는 사람들이다. 이들의 사상은 '계급투쟁'에 있고, 이것은 곧 그들의 이념인 '노동자계급 독재'와 결합되어 있다.

그래서 한국 사회에서 사회주의정당이 제대로 들어서려면 개량주의적 또는 기회주의적 정당들의 본질을 노동자들이 제대로 이해할 필요가 있다. 과거에 기회주의자들은 자본주의는 결코 몰락하지 않는다는 사상을 갖고 있었다. 그들에 따르면, 자본주의가 수행해 온 생산의 집중, 자본의 축적, 그것에 의한 독점자본의 성립은 오히려 경제 파국을 조장하는 것이 아니라고 주장한다. 이에 노

동자들은 궁핍화하는 것이 아니라, 노동자들의 생활은 계속 향상
된다는 것이다. 따라서 자본가와 노동자의 대립은 점차 완화되어,
노동자는 자본주의사회의 시민인 중산층이 된다는 것이다. 그러
나 이들은 간혹 개량주의적 경향인 개혁적 의식을 갖고는 있다. 그
들은 자본주의의 해악을 비난하고, 착취와 억압을 비판하기도 한
다. 그러나 정부가 노동자를 보호하기 위한 각종 노동 관련 법률을
만들었고, 고용보험과 사회보장제도가 확립되어 있으며, 나아가
노동자들이 조합을 조직할 수 있고 교섭과 행동을 할 수 있는 만
큼, 사회의 개량이라는 수단에 의해 모든 노동문제는 해결된다고
주장한다. 이처럼 자본주의는 노동자들로 하여금 노동귀족의 윤
택해진 생활 덕분에 개량주의에 몰입하게 함으로써. 결국 그들의
생활이 향상되고 안정될 것이라는 환상을 갖도록 만든다. 이제 한
국의 '선진' 노동자들은 기회주의 내지 개량주의로 의식이 전환되
어, 이제 과거처럼 격렬한 계급투쟁 없이도 자본가계급에 버금가
는 후생을 얻어낼 수 있을 것이라고 착각하고 있다. 이런 한국의
현실에서 노동자들이 해방된다는 이상은 사라졌고, 그들은 과거
의 노예나 다름없는 임금생활을 영위하는 현실에 만족할 뿐이다.

한국이라는 민주공화국의 본질

자본주의가 현재 세계를 풍미하는 체제가 된 것은, 위에서 본
바와 같이, 어쩌면 인간의 태생적 한계인 보수적 의식과 그것의 토
대인 사유재산권 유무가 사회관계를 '자연스럽게' 계급 관계로 만
드는데 기인한다. 그러나 아무리 역사가 바뀌어도 이 계급 관계,

지배와 복종의 계급 관계를 깰 수 있는 주체와 역량은 노동자계급으로부터 나온다. 그러나 한국 사회는 거의 모든 노동자들이 내면의 의식에서는 근본주의적 내지 개량주의적 친자본주의에 오염되어 있기 때문에, 그들은 계급간 모순이 격화되든 말든 관계없이 자본주의는 유지되어야 할 것으로 보고 있다. 그런 점에서 자본주의가 계급 관계를 기본적인 요소로 하고 있음에도 불구하고, 한국의 노동자들은 계급 관계를 의식하지 못하거나 그대로 수용하고 있는 셈이다. 이러한 사실은 한국 사회가 반反진보적, 반反혁명적 사회임을 가리킨다. 사회주의자들은 자본주의사회에 존재하거나 군림하는 국가가 발생한 원인을 계급 관계에서는 타협이란 있을 수 없기 때문으로 본다. 자본가와 노동자, 두 계급은 서로 대립하는 경제적 이해관계에 있기 때문에 충돌은 필연적인 현상이 아닐 수 없으며 급기야 화해할 수 없는 기본적인 사회문제가 된다.

노사의 갈등과 대립이라는 사회문제 하나를 해결하기 위해 국가가 반드시 필요하다고 보는 것은 어쩌면 지나치게 단순한 견해일지도 모른다. 그러나 지난 19세기처럼 노동자계급이 서구에서 정치적 해방 투쟁을 뜨겁게 벌여 자본주의가 위기에 빠졌던 시기라면 사회주의자들이 내세우는 국가의 존재 이유는 충분히 납득될 수 있을 것이다. 사회가 노사간 대립으로 혼란에 빠질 경우 자본주의 자체가 붕괴의 위기에 빠질 것은 너무나 뻔한 이치이다. 이것보다 더욱 중요하게는, 노동자계급의 투쟁을 거점으로 전 인민들이 자본가계급의 지배를 거부할 때 자본주의사회 자체가 마침내 파멸에 이르게 되는 것이다. 이것을 방지하기 위해 사회는 그것 위에 군림하는 존재로 권력을 창출하여 우선 투쟁의 기운을 누그러뜨리고, 만약 투쟁이 일어날 경우라도 그것이 질서의 한계 내에서 유지되도록 할 필요가 있게 된다. 이 권력이 바로 국가이며 한국에서는 이명박 정부가 그 기능을 수행하고 있다. 그래서 자본주의 권력은 계급 지배의 기관이 될 수밖에 없는데, 그것은 자본가계급이 노동자계급을 억압하기 위한 기관으로 전락한다. 그래서 국가는 사회의 지배 질서를 만들어 내기 위해 억압을 법률화하고 착취를 사회화하는 체제를 창출한다.

국가가 존재한다는 것은 이처럼 계급 모순이 결코 화해할 수 없다는 것을 증명한다. 계급 간 화해할 수 없는 모순은 현대 자본주의사회에서 빈부 격차와 실업 문제를 일으키고 있는 경제문제로부터 규명할 수 있다. 자본가계급이 이윤을 최대한 많이 가져가고자 할 경우, 임금은 그만큼 줄어 노동자계급은 최소한으로 가져갈 수밖에 없다. 이것이 양 계급 간 경제적 이익이 상충하는 관계이다. 이명박 정부가 말하는 '친기업적business friendly 실용 정책'이란 바로 이런 자본주의적 관계를 기업의 현장에서 강화함으로써 국민경제 전체에 파탄을 일으키게 되는 통속적 논리이다. 이명박 정부의 이런 통속주의적 실리 정책들philistine policies은 극심한 빈부 격차, 대량 실업, 물가 급등, 금융 파탄 등으로 한국 경제를 위기로 몰아갈 것이며, 결국에는 한국의 반진보적, 반혁명적인 보수 지향적인 친체제적 노동자계급마저 자본주의 정부에 등을 돌리게 될 가능성은 언제든지 있다.

이명박 정부의 친기업적 실리 정책은 결국 자본가들을 더욱 부유하게 만드는 데 비해 노동자들을 더욱 가난하게 만드는 정책이다. 이것은 사회가 창출한 가치(화폐)가 불로소득인 이윤과 근로

소득인 임금이란 두 가지 형태로 갈라질 수밖에 없는 상황에서 피할 수 없는 원리이다. 그렇다면 자본주의사회에서 부富가 자본가와 노동자 양 계급의 사회적 수입인 이윤과 임금으로 갈라지게 되는 이유는 무엇일까? 자본주의사회에서는 양 계급에게 각각 이윤과 임금으로 나누어 분배되는 가치를 시장에서 상품의 가격으로 실현한다. 자본주의적 생산이 가능하려면, 양 계급은 시장(노동시장)에서 노동력 사용에 대한 대가로 임금을 지불하는 계약을 체결해야 한다. 양 계급의 이러한 사회관계가 자본주의사회의 첫 번째 특성인 계급 관계에 이어 나타나는, 그리고 이를 바탕으로 성립되는 두 번째 특성인 자본주의적 교환관계이다. 이처럼 상품을 거래하는 시장과 노동시장, 이 두 개의 기본적 시장이 없으면 자본주의는 성립될 수 없다. 그래서 자본주의를 유지하고 있는 세계의 어느 나라도 국내는 물론 해외에서 시장을 절대적으로 보호하는 정책을 추진한다. 자본주의국가는 자본가계급이 노동자계급(노동시장에서의 공급자이자 그 밖의 시장에서의 소비자)을 확보하여 이윤을 최대한 실현할 수 있도록 보장한다.

인간을 합리적 존재로 가정하는 경제학은 이런 가정 하에서 인간이 교환관계에서 자신의 이익을 최대화maximization하는 것을 기본 원리로 설정한다. 물론 신고전학파의 합리주의적 최대화 원리에 반대하는 학파도 있다. 그러나 이 원리는 자본가의 내면적, 심리적 동기인 이기주의적 탐욕을 표현하고 있을 뿐만 아니라, 사회적으로는 사유재산권을 확대하고자 하는 경제적 유인을 밝혀 주고 있다. 자본가계급은 본질적으로, 자신의 사유재산권 확대를 위해 자본의 최대한 축적과 확대재생산을 노린다. 이것이 자본의 사회관계가 지니는 마지막 특성인 최대 이익을 창출하고자 하는 성과 관계 또는 산출 관계이다. 자본의 계급 관계 및 교환관계에 이어 마지막으로 이 성과 관계에 의해 자본주의는 마침내 노동자들을 착취하는 최악의 경제체제가 되는 것이다. 착취란 불로소득자인 자본가계급이 노동자가 창출한 이윤을 무단으로 가져가는 것을 의미한다. 나아가 착취란, 이윤이 자본으로 전화되기 때문에 결국 자본 자체의 원래 소유자는 노동자가 되어야 함에도 불구하고 자본과 이윤이 자본가의 소유로 되는 것을 의미한다.

이처럼 노동자들이 생산한 가치는 그 일부가 이윤이라는 이름으로 마치 정당한 성과인 양 자본가계급에게 착취된다. 자본주의 국가는 결국 더 많은 임금을 요구하는 노동자계급의 정당한 요구 자체가 현장과 사회에서 표출될 수 없도록 법률로 규정하고, 그 법률을 집행하는 경찰과 사법기관을 정비하고 있다. 이것이 이른바 국가의 공권력public power이다. 국가 공권력의 주요 목적은 자본가계급의 착취와 약탈을 비판하는 노동자들이 자신들의 정당한 요구를 관철하고자 하는 행동을 불법으로 몰아 전면 금지하는 것이다. 자본주의 선진국에서는 지난 19세기 국내 계급 모순이 첨예화되었을 때, 그리고 20세기 두 차례의 세계대전이 일어났을 때, 국가의 특별 기구인 경찰과 군대의 억압과 침탈이 극도에 달했던 경험이 있다. 특히 군대는 당시 제국주의적 식민지들을 쟁탈하여 외국에서도 국내와 동일한 착취와 약탈을 수행하기 위해 필요한 공권력의 수단이었다.

결국 자본주의사회에서 국가는 결코 화해할 수 없는 계급 모순을 억압하기 위해 존재한다. 국가는 계급 지배를 영구화하기 위해 법률을 제정하고 최소한 이 범위 내에서의 국법 질서를 확립한다. 국가가 계급 모순에 개입함으로 인해 자본주의사회의 경제문제는 더욱 확대되어 오늘에 이르고 있다. 한국 사회는 더구나 이명박 정부가 계급 지배의 기관으로의 역할을 자임하고 나서, 피지배계급의 반발로 인해 경제위기가 더욱 가중될 가능성이 커지고 있다. 자본주의는 계급 모순을 기반으로 한 교환관계와 성과 관계를 본질로 하는 만큼, 자본가계급이 이윤을 확대하여 자본을 축적하고 나아가 자신의 사유재산권을 확대하는 체제이다. 자본주의국가는 오늘날 민주공화국의 형태를 취하고 있지만, 국가가 계급 차별적 성격과 계급 지배적 성격을 그대로 갖고 있어 자유와 평등을 기반으로 하는 자유민주주의 질서마저도 유지하기 어렵다. 그런 점에서 한국과 같은 자본주의국가는 헌법에는 민주적 질서를 규정하고 있지만 실질적으로 인간 간 차별과 지배를 제도화하고 이를 실현하기 위한 법률과 공권력 기관인 폭력을 보유하고 있다. 그런 점에서 자본주의국가는 자본가계급의 지배를 위한 폭력적 수단으로까지 정의되고 있다.

우리는 추가로 국가의 행정 기구에 관해 언급해야 한다. 20세기 초에 국가의 기구가 관료 조직bureaucracy의 성격을 지닌다는 주장이 일반적으로 제기되었다. 그런데 관료 조직이 관료주의로 변형되는 것을 막는 데에는 지도자의 카리스마적 인격이 중요하다는 자유주의 학설도 제기된 바 있다. 국가가 계급 지배의 수단인 것과는 반대로 관료 조직은 독자적인 정치적 중립주의를 표방하고 있다. 그러나 관료 조직은 성격상 철저한 위계질서 체제에서 상명하복의 관계를 발전시키며, 나아가 사회 위에 군림하는 비민주적이고 권위주의적인 관료주의가 조직의 원리로 준수되고 있다. 이들의 비민주적 전문성은 국가의 계급 지배 성격과 맞물려 국민에 대한 통제에서 나아가 노동자계급의 참여를 거부하는 권위적 성격을 갖게 된다. 관료 조직은 이런 성격으로 인해 권력에 봉사하는 조직이 됨으로써 지배계급의 뇌물 공세 등 부정부패에 익숙하게 된다. 자본주의자들은 이들을 옹호하여, 관료주의적 병폐가 발생하는 것은 현대사회가 복잡해지고 국가 기능들이 차별화되기 때문인 것으로 해석한다. 그런 논리들이 마치 과학적인 것처럼 들리지만, 이 논리는 자본주의사회의 기본적인 사실인 계급 적대가 행정조직에 영향을 미친 결과일 뿐이다.

한국 사회의 변혁적 발전을 위한 계획

한국과 같은 자본주의사회는 외형상 국민의 보통선거에 의해 권력이 창출되어 민주공화국을 유지하는 것으로 여겨지고 있다. 그러나 내면적으로 한국 사회에서는 지배계급인 자본가계급이 보수 지배 세력과 직간접으로 결탁하여 권력을 창출하고 있다. 이것이 자본주의사회에서 자본과 권력이 사회를 지배하는 원리이다. 그들의 선동·홍보 기관인 보수 언론까지 조직적으로 가세하여 자본을 옹호하고 권력을 지지한다. 과거에 정통 사회주의자들은 국민의 보통선거로는 권력의 성격이 사회주의로 교체될 수 없으며 결국은 대중의 조직적인 폭력혁명만이 최후의 수단이 될 것이라고 보았다. 혁명에 대한 이러한 생각, 이른바 대중 혁명론은 지난 세기에 남미의 칠레에서 사회주의 정권이 선거에 의해 조직되었

다는 사실과는 거리가 있는 주장이다. 물론 미국의 사주를 받은 군
사 쿠데타에 의해 1973년 아옌데 정권이 붕괴된 사실은 다시 대중
혁명론을 정론으로 수용하려는 빌미가 되고 있다. 그러나 1990년
대 이후 중남미에 범좌파 정권들이 민주적 선거로 들어서고 그 뒤
에도 사회가 평화적이며 정권이 안정적이라는 사실로 인해, 이제
사회주의자들은 체 게라바 식의 폭력혁명을 재고할 수 있는 소지
가 있는 것으로 보고 있다.

　사회주의를 새로운 권력으로 세우려면 우선 현재의 평화로운
선거와 합법 정당 제도를 이용할 필요가 있다. 이것은 자본주의사
회가 진화되어 인권이 보장되고 민주제도가 발전되는 것을 전제
로 한다. 국가의 권력도 그것의 지배계급적 성격이 완화되어 국민
의 대다수인 피지배계급의 이익도 법률과 정책에 반영하는 실질
적 정치권력으로 부상될 수 있어야 한다는 것이다. 이를 위해 진보
적 또는 변혁적 세력과 정당들이 해야 할 일은 지난번 촛불시위와
는 달리, 대중의 계급적 의식을 발전시키는 동시에 권력으로 하여
금 실질적 인권 보장과 민주화를 강제해야 하는 것이다. 이러한 임
무가 한국에서 진보적 또는 변혁적 세력에게 주어진 최소한의 역
할이 될 것이다. 이것은 결국 지난 세기 대한민국의 건국 이래 60
년 간 재벌의 지배와 반공 이념으로 인해 국민들 거의 모두를 '사
회주의 문맹' 으로 고착화시킨 현실을 타개할 수 있는 단초를 열
것이다.

　이와 더불어 한국 사회의 '변혁적' 발전을 위해 투쟁하고 있는
개인과 단체는 자신들의 사상을 반드시 사회주의로 전환해야 할
것이다. 이에 따라 그들은 국가가 실시하는 선거의 '사회적' 정당

성에 대해 회의하는 음모주의적 견해를 버리고 한국을 21세기 사회주의국가로 전환시키겠다는 의지를 천명하고 행동으로 실천해야 한다. 우리는 21세기 사회주의의 이념을 아래에서 소개하고 그것에 대한 노동자계급의 합의를 구할 것이다. 하지만 이것보다 더욱 어려운 합의는 노동자들이 지금의 민주노총으로 모일 것이 아니라 '아래에서부터' 하나로 단결되어야 한다는 계급적인 연대 운동의 전개이다. 자본주의에 살고 있는 국민은 자본가계급이 아닌 한, 모두가 농민과 같이 전국적 단위로 조직되든, 또는 자영업자와 같이 지역적 단위로 조직되든, 노동 현장에서 정신적으로 또는 육체적으로 일하는 노동자이다. 이런 노동자라는 피지배 계급의 의식이 없이, 국민들이 민주공화국의 정치적 시민이요 경제적 중산층이라고 고집해서는 안 된다. 이와는 거꾸로 모든 국민이 정치적 자유와 경제적 평등의 원리 위에 생활하는 사회로 변혁해야 한다. 사회주의 문명은 지금까지 자본과 권력이 국민들을 무기력한 숙명주의자로 만든 모든 제도와 여러 정책을 현실의 달콤한 유혹에도 불구하고 뿌리친 결과이다. 우리도 오늘부터 그런 해묵은 굴레를 벗어던지자.

이제 우리는 한국 사회의 변혁적 발전을 위한 '대안'을 제1권에서보다는 구체적이겠지만 여기 제2권보다도 간략하게만 제안할 것이다. 이 책에서는 이명박 정부가 추진하고 있거나 하려고 하는 주요 정책들을 분석해, 제1권 『이명박 정부 비판』에서 규정한 바 있는 이명박 정부의 실체가 제대로 규명되었는지를 다시 한 번 확인한다. 그런 점에서 제1권이 거시적 규명의 총론이라면 제2권은 미시적 규명의 각론에 해당된다. 이 책을 통해 실험 대상에 오를 이명박 정부의 본질에 대하여, 우리는 이미 제1권에서 자본주의적 민주 정권, 미국 지향의 보수주의, 신자유주의 노선의 심화, 민간 주도의 성장 전략, 정부 권한의 왜곡 심화라는 다섯 가지로 요약한 바 있다. 우리는 거기에서 이명박 정부가 향후 한국을 반역사적이고 반민중적인 사회로 변화시키려는 계획에 과감히 맞서, 한국 사회를 아래와 같이 크게 다섯 가지로 분류되는 사회주의적이고 민중적인 사회로 바꾸어야 할 것으로 규정하였다. 우리의 사회주의에 대한 신념은, 그것이 하루아침에 하늘에서 떨어진 것이 아니라 그간 인류 역사에서 자본주의에 대한 '근원적' 비판론자들의 견해들을 압축한 것이었다. 이것으로부터 구축한 '21세기' 사회주의는 향후 제3권인 『이명박 정부의 대안』에서 근본적인 이론과 함께 구체적인 실천이 거론될 것이다.

첫째, 이명박 정부가 제1의 본질로 하는 자본주의적 민주 정권은 '올바른' 민주주의가 아니다. 자본주의는 물질인 화폐와 자본이 인간과 사회를 통제하는 것을 본질로 하는 체제이다. 우리에게 가치 있는 것(화폐)을 창출하는 데 사용되는 자본재 — 이것은 동시에 비가치적인 오염도 배출한다 — 를 소유하는 자본을 진실로 인간과 사회의 통제 하에 두려면 무엇보다 먼저 자본의 사적 소유자들인 자본가·자산가 계급을 해체하여야 한다. 이들이 소유하는 자본과 자산은 다른 사람들의 노동력을 착취해서 축적한 것이기 때문에, 자본주의 체제가 아니라면 그것의 정당성은 상실되기 때문이다. 그런 유산계급들은 자본주의사회가 실질적으로 인간을 부자유스럽고 불평등하게 만듦에도 불구하고 형식상 자유롭고 평등하다는 식의 신념을 일반 국민들에게 심어 주는 권력을 대표하는 사람들이다. 이런 유산계급이 해체될 때만이 사회는 모든 민중들이 '진실로' 주인(주권자)이 되는 민주주의를, 모두가 자유롭고 평등한 인권을 민주주의의 바탕으로 실현할 수 있다.

둘째, 이명박 정부의 수장이 지난 4월에 방문했던 미국을 지향하는 보수주의는 미국 자체는 물론 세계의 인민들이 일시적으로 추종하는 현상에 불과하다. 미국은 제2차 세계대전 이후 지금까지 자신의 제국주의적 이익과 지배를 관철하기 위해 세계 인민들에게 자국의 정치적 체제는 물론 경제적 질서를 군사·외교적으로 강요하였다. 미국은 지난 세기말 동서 냉전에서 승리한 후, 자본주의 선진국들의 모임인 경제개발협력기구OECD를 주축으로 세계 인민들의 안녕과 후생을 희생시키는 신자유주의(신제국주의)의 세계화를 진척시키고 있다. 세계화는 자본주의의 이윤 창출 능력을 세계적으로 증가시키는 한편, 그와 동시에 자본축적 위기를 세계적으로 확산시킨다. 미국은 자본주의의 세계화를 보장하기 위해 군사력을 증진시켜 이에 의한 전쟁의 항시적인 위협으로 세계의 평화를 해치고 있다. 미국이 주도하는 세계 체제에서는 세계의 민족들과 국민들의 의식적 변화에 따라 군사력을 포기하고 전쟁을 종식시키는 행동이 뒤따를 것으로 전망된다.

셋째, 이명박 정부가 향후 강화하고자 하는 신자유주의는 자본가계급이 이윤의 하락과 축적의 위기를 해소하기 위해 택한 대책이며 음모이다. 자본주의사회에서 자본과 권력은 사실상 통합되어 있다. 신자유주의라는 노선에서 양자는 정치적 민주주의를 이용하여 사회를 이제 노골적인 '자본에 의한 통합 세상'으로 바꾸고자 한다. 신자유주의는 작은 정부라는 구실 하에 우선 세금을 감축한다. 여기에 해당되는 세금은 주로 인적 직접세인 개인소득세, 법인세, 재산세, 상속세 등이다. 개인소득세의 감축은 소비를 진작시켜 상품 구입을 활성화시키고 저축이 개인의 주택 투자로 몰리게 함으로써 자본의 이윤을 증대시키게 된다. 그리고 법인세 등의 감소는 자본가계급과 같은 부자(금융자산가)들의 이익배당을 늘리며, 재산세 및 상속세의 감소는 그런 부자들의 자산을 더욱 증대시키는 효과를 가진다. 또한 신자유주의는 정부기업들을 사유화하거나 민간화하여 자본가계급의 이익을 더욱 확대시키는 효과를 가진다. 최근 유럽과 미국에서 신자유주의의 실패가 일부 노출됨으로써 국민들은 권력에게 그 책임을 묻고 있다. 지금 선진국에서는 신자유주의가 자본가계급의 이익을 증대하기 위한 것이라는 증거가 하나씩 실증적으로 밝혀지기 시작하고 있다. 그리하여 그러한 정부들은 국민들의 요구에 의해 자본가계급이 지배하는 실물 및 금융 시장에 대한 국가의 통제를 강화하고 시장의 질서에 대한 국가의 계획과 정책을 주도해야 하는 상황에 처해 있다.

넷째, 이명박 정부가 신자유주의로 추진하고자 하는 민간 주도의 성장 전략은 자본가·자산가 계급의 성장을 위한 국가의 전략이다. 자본주의가 당초 부익부 빈익빈富益富貧益貧이라는 사회 양극화를 구조적으로 심화시키는 체제가 된 이유는 생산관계를 기초로 정립된 자본가와 노동자로 구분된 계급사회이기 때문이다. 양대 기본적 계급으로 구성된 자본주의는 일찍이 지배계급인 자본가들의 이익을 위한 민간 부문private sector이 사회 활동의 기본 축으로 자리 잡았다. 자본가계급은 민간 기업의 사용자로서 자신들의 이윤을 계산하는 방법에서부터 실제 생산자인 노동자계급을 기업의 주인으로 대우하지 않음은 물론이고, 자신들이 늘 말하듯 생산의 협력자로도 생각하지 않는다. 그들 사업의 손익계산서P/L account에서 노동자계급의 임금은 단지 비용의 일부일 뿐 사업 결과인 이윤의 일부가 결코 아니다. 이처럼 자본가계급의 비용일 뿐인 자신의 현실을 자각하게 된 노동자계급은 이제 자신들을 생산의 자율적 주체로 승격시켜 자신들이 주도하여 모든 민중이 협력하는 사회를 이룩할 것이다.

끝으로, 이명박 정부가 추진하고 있는 정부 권한의 왜곡 심화는 자유주의 이념이 권력을 독점하려는 처사이다. 자유주의는 원래 사유재산권을 옹호하여 그것의 자유로운 연장인 민간 자산과 자본의 축적을 확대하자는 경제 논리에 기초를 두고 있다. 오늘날 자유주의는 민주주의의 기초 위에서 주장된다는 점에서 그것의 경제 논리는 정치적 한계를 가진다. 자유로운 경쟁의 강화는 독점자본을 창출함으로써 이것은 결과적으로 자유주의에 반하는 것이지만, 민주주의의 형식화로 인해 정당화되어 합법적인 대자본이 유지되고 있다. 현대의 정치적 민주주의는 자유주의를 위해 개인 자유의 보장을 강조하면서도, 자유주의를 제한하는 행동의 규제는 물론 나아가 사회정의의 확보와 일반 복지의 고양을 균형 있게 발전시켜 왔다. (『이명박 정부 비판』, 118~130쪽 참조.) 현대 선진 민주 정부들의 문제는 개인의 자유를 더욱 강화하는 신자유주의를 권력에 도입함으로써 결과적으로 자본가계급의 권력을 강화시키고 있다는 점이다. 이것은 곧 자본에 대한 노동의 통제를 후퇴시킬 뿐만 아니라, 국민의 통제하에 있어야 할 자본에 의한 환경오염을 더욱 가중시킬 것이다. 향후 인간 사회는 자연의 가치를 존중하여 자연 생태계의 지속적 생육력을 보장하는 조치를 취하게 될 것이다.

이상이 우리가 주장하는 21세기 '사회 발전'의 과제인 사회주의에 의거해 총론적으로 이명박 정부를 비판하고 그것의 대안을 제시하고 있는 것이다. 사회주의는 한국은 물론이고 세계의 어떤 선진국에서도 실현해야 하는 과제이기 때문에 이념이라는 지위를 얻을 것이다. 그러나 위에서 본 사회주의의 다섯 가지 이념은 세계의 인민들이 지금 즉시 그것들의 실현에 착수해 금명간 어느 하나라도 곧 달성해야 할 '희망'이다. 희망이 없는 사회는 변혁적인 사회일 수 없다. 사회주의는 곧 과학적으로 무장한 실천적 이념이다. '과학적'이란 사회의 변혁적 발전으로부터 나온 개념으로서, 인간이 사회 발전에 대해 궁극적으로 자각해서는 그것을 급진적으로 달성할 수 있도록 개인들을 올바르게 조직하는 것을 의미한다.

이 책의 구성

우리는 제1권 『이명박 정부 비판』(2008년 3월 출간)에서, 현 정부에 이념이 없는 것이 아니라 현재 어떤 선진국이든 추진하고 있는 자본주의적 민주주의라는 현 정부의 사상을 굳이 '이념'이라고 부를 필요가 없다는 것을 논증하였다. 자본주의적 민주주의는 과거 '국민의 정부'가 주장했던 민주주의와 시장경제의 균형 발전과 궤를 같이하는 정치경제적 이념이다. 이런 이념은 결국, 정치적 민주제도에 의거하여 자유 시장 체제가 발전되어야 한다는 아주 일반적인 자본주의 옹호일 뿐이다. 자본주의 체제를 수용하는 어떤 민주공화국에서든 오랜 기간 유지되었던 자본주의 지배계급의 사상에 따르는 정부 선택권이라는 절차적 민주주의가 정착되어 있을 뿐이다. 이명박 정부는 이런 절차적 민주주의를 이념으로, 극우 보수주의인 신자유주의 전략을 기본적으로 채택할 것이다. 그런 국가 사회의 구조 하에서 형식상 국민을 위한 권력은 그 왜곡이 필연적으로 심화될 수밖에 없다.

이 책은 우리의 총괄적 계획인 "이명박 정부 비판과 대안A Critique and Alternative of Lee Myung Bak Government"에서 제2권에 해당된다. 우리는 이명박 정부의 정책들 가운데 어떤 정책들을 '주요한' 것으로 선택할 것인가를 고민하지 않을 수 없었다. 여기에서 우리는 정책을 시장이 실패할 경우 정부에 의한 의도적 개입이라는 차원에서 접근하였다. 그러나 '시장의 실패'란 현 가격 체제가 효율적이거나 공평하게 작동하지 않기 때문에 정부에 의한 강제적 가격 체제의 수정인 정책이 뒤따르는 경우를 말한다. 그러나 우리는 시장의 실패가 자본주의 경제학의 원리인 만큼 그것의 한계를 인식하지 않을 수 없다. 이에 우리는 현대 자본주의사회에 대한 과학적 인식 하에서 세계의 국가들이 실천하고 있는 정책들을 탐구하여, 우리는 아래의 표와 같이 정부의 권한과 연계하여 10대

정부의 권한	관련 정책
국가 안전의 유지	국법 질서 대책, 남북 경협 대책
사회정의의 실현	교육정책, 주택 · 부동산 정책
개인의 자유의 보장	산업 · 과학 정책, 금융정책
개인행동의 규제	환경정책, 노동정책
일반 복지의 구현	에너지 정책, 사회복지 정책

정책들을 선정하였다. (이 표의 왼쪽은 제1권의 제5장 「정부 권한의 왜곡 심화」에서 소개한 정부의 5대 권한이다. 권한과 정책 간 연계에 관하여도 위의 장을 참고하기 바란다.)

우리는 위의 5대 권한을 21세기 선진 자본주의국가들이 모범적으로 유지해야 할 권한으로 제1권에서 규정하였다. 정부의 권한들은 자본주의사회의 자본가계급 등 지배 세력들이 자신의 경제적 권익을 현대의 주어진 정치적 질서 내에서 최대화하기 위해 결정된 것들이다. 또한 정부의 권한들은 보수 권력들에 의해 정치적으로 변경되더라도 자본주의 지배계급의 근본적인 한계를 벗어날 수가 없다. 여기서 말하는 근본적인 한계란 지배계급의 정치적 자유로 인해 오히려 국민 간 경제적 불평등이 초래되는 것을 말한다.

우리는 각 권한에 속하는 대표적인 정책들을 위 표에서처럼 2개 정도씩만 골라 분석할 것이다. 각 장별로 정책에 대한 분석은 대체로 크게 5개의 절로 나누었다. 첫 번째 절에서는 이명박 정부의 정책을 소개하고, 두 번째 절에서는 이명박 정부의 정책에 대한 비판을 실었다. 이어서 셋째 및 넷째 절에서는 현재 한국 사회에서 이슈로 거론되고 있는 제도 및 정책들을 논의했다. 끝으로, 다섯째 절에서는 향후 해당 정책 분야가 나아가야 할 '선진적' 방향에 대해 거론하였다. 이 개혁 방향이 사회주의적 개혁이 아니라 자본주의적 민주주의의 선진적 개혁이지만, 우리는 그것을 앞에서 제시했던 사회주의로 변혁하기 위해 향후 반드시 거쳐야 할 이행기 과정인 것으로 이해한다. 이명박 정부는 그간 공식적으로 6개월 정도 권력을 행사해 왔지만, 그간 국내외의 권력 환경이 많이 변화되어 사실 당초의 공약을 대부분 지킬 수 없게 되었다. 우리는 이를 반영하여, 당초 주요 정책에 포함시켰던 '대운하 건설'의 문제를 폐기하는 대신에 고유가로 문제가 되고 있는 에너지 정책을 다루었다.

끝으로, 이명박 정부의 정책들은 거의 대부분이 현재 한국뿐만 아니라 다른 나라들도 시행하고 있는 것들이다. 그렇지만 한국이 다른 선진국과 문화적 차이를 보이는 남북 경협 문제, 재벌 규제 문제, 노사문제, 교육개혁 문제, 주택·부동산 문제 등을 이 책은 특별한 '지역적' 정책 사안들로 다루고 있다. 한국 사회의 그런 특수한 문제들에 대한 이명박의 접근은 신자유주의 한계를 고스란히 드러내고 있음이 밝혀질 것이다. 나아가 현대 자본주의사회가 안고 있는 '일반적인' 문제들로 말하자면 이명박 정권 자체의 한계도 문제지만, 그가 임기 5년간 해결하거나 완화할 수 있을 것으로 기대할 수는 없다. 자본주의사회의 일반적인 문제들에 대한 현실적이고 이념적인 접근은 물론 그것들의 근본적 해결을 위해, 우리는 앞으로 제3권에서 사회 발전을 위한 변혁 과제들을 소개할 것이다.

제 1 장

국법 질서 대책

한나라당 제17대 대통령 선거 정책 공약집을 보면, "잘 사는 국민," "따뜻한 사회," "강한 나라"라는 3대 비전이 제시되어 있다. 그리고 그 가운데 "강한 나라"에는 "일 잘하는 실용정부"라는 희망 사안에서 "법과 질서 확립"을 그러한 정부의 주요 과제로 꼽고 있다. 이 과제와 관련, 『MB노믹스』 245쪽 이하에서는 다음과 같은 5가지의 실천 사안들이 제시되고 있다. 첫째, 표현의 자유는 최대한 보장한다. 둘째, 글로벌 스탠더드에 맞지 않는 규범 및 관행을 정비한다. 셋째, 뇌물 수수액의 50배를 벌금으로 부과한다. 넷째, 고소득 전문직 탈세범의 형사 처벌을 강화한다. 마지막으로, 주요 발주 사업에 최저가 낙찰제와 계약 심사제를 강화한다.

국가 질서 확립, 모든 나라의 희망 사안

지난 4월 9일 제18대 총선에서 과반수를 확보해 실질적인 여당

이 된 한나라당이 내건 국법 질서 확립 5대 실천 사안들을 구체적
으로 검토해 보자.

위 실천 사안들은 크게 두 가지 '규정 원칙'에 의거 작성되었
다. 어떤 법률이나 명령이든 강제 규정을 정하는 원칙이란, 개인의
권리를 보호하거나 보장하는 것을 위주로 하는 규정과 개인의 행
위에 대한 규제인 처벌이나 처단을 위주로 하는 규정으로 나눌 수
있다. 이명박 정부가 추진해야 할 실천 사안들 가운데 첫째인 표현
의 자유에 대한 보장과 둘째인 글로벌 스탠더드(세계 기준)의 보
호는 원칙적 보장 방식으로 규정된 것이다. 그리고 셋째인 뇌물 수
수액의 50배 벌금 부과와 넷째인 탈세범의 형사 처벌 강화는 예외
적 처벌 방식으로 규정된 것이다.

우리가 볼 때, 후자, 즉 예외적 처벌 방식으로 규정된 것은 그야
말로 '실천적'인 사안이어서 여기에서 규정하고 있는 '실천 사안
들'에 포함될 만하지만, 전자, 즉 원칙적 보장 방식에 따라 규정된
것들은 규정의 지위에 관한 한 예외적 처벌 방식과는 전혀 격이 다
른 것이다. 전자에서 첫째인 이념이나 사상을 표현하는 자유는 현
대 국가에서 인권의 핵심인 언론, 출판, 집회, 결사 등 모든 유형의
표현 방식에서의 자유를 의미한다. 민주주의의 핵심 원리인 표현
의 자유를 정당의 '실천 사안들'에서, 그것도 인권의 자유가 아니
라 그것을 제한하는 데 역점을 두는 "법과 질서 확립"이라는 항목
에서 제시하는 것은 한나라당이 자유민주주의를 사상으로 하면서
도 그것의 기본적 원리에 얼마나 소홀한 정당인가를 잘 드러내고
있다. 이런 차원의 원칙은 정당의 모든 공약을 통할하는 규정인
'전문'에 규정하거나, 아니면 헌법상 너무나 당연한 권리이기 때

문에 아예 빼든지 해야 하는 것이다. 그랬다면 이명박 정부는 국민들에게 보호와 처벌 행위에 대한 구별과 이에 기초하여 예측이 가능한 일관된 정부로서의 권위를 획득할 수 있을 것이다.

다음으로, 국법 질서 확립을 위한 실천 사안들 가운데 원칙적 보장과 관련된 둘째 사안인 글로벌 스탠더드의 보호에 관한 규정을 보자. 이 실천 사안은 자본주의가 발전시킨 세계 기준에 맞지 않는 규범과 관행을 정비한다는 계획이다. 이것은 한편으로, 한국의 문화적 특성을 살리되 그렇지 않은 것들은 가급적 세계화의 틀에 맞도록 고치자는 것이다. 이것은 다른 한편으로는, 선진국에서 시행하고 있는 세계 기준에 맞추어 국내 법령과 관습을 고치자는 의미이기도 하다. 세계 기준이란 일반적으로, 어떤 선진국에서 시행된 사안이 그간 국제적인 시행착오를 거쳐 세계적으로 조정되는 과정에서 가장 합리적이라고 인정되는 어떤 표준으로 이해될 수 있다.

이런 세계적 표준의 수용은 정치, 경제, 사회, 문화 등 모든 영역에서 상당히 많이 벌어질 것으로 짐작이 간다. 또한 한국이 설사 그것들을 문화적 충돌이 없이 수용할 수 있는지의 여부는 물론이고, 나아가 그것들을 수용하는 데 얼마나 많은 시간이 걸릴 것인지의 여부도 중요하다. 그런 점에서 글로벌 스탠더드의 수용, 즉 국내화는 상당히 선언적이며 심지어 애매모호한 규정이기 때문에 실천 사안으로 여기에 규정할 성질의 것이 아니다. 세계화란 결국 인간의 자연적이며 자유로운 선택의 영역이지, 국가가 일거에 강제적으로 요구할 영역이 아닌 것이다.

이명박 정부의 위의 다섯 가지 실천 사안들 가운데 셋째에서 마지막까지 사안들은 구체적인 행위에 대한 처벌과 이행을 강화한다는 내용의 계획이다. 그러나 범법 행위에 대한 처벌은 이미 법률로 규정된 것인 만큼, 이 사안들은 그저 그런 사실을 다시 엄중히 알리고 있는 것뿐이다.

국민이 정부에 진실로 요구하는 것은 그런 뇌물 수수범, 탈세범과 같은 반사회적 경제사범들이 법치주의에 따라 엄정하게 처벌되어야 한다는 것이 아니다. 이것보다 더욱 중요한 것은 그런 종류의 범법자는 형기를 마치기 전에 사면이나 복권의 대상이 되어서는 안 된다는 것이다. 이명박 정부는 한국의 역사에서 얼마나 많은 정치인, 재계 인사, 관료들이 부정부패와 비리를 저질렀는가를 알고 있을 것이며, 그들 가운데 얼마나 많은 사람들이 법망을 피해 갔는가도 아마도 우리처럼 짐작하고 있을 것이다. 따라서 그들 가운데 겨우 일부만이 처벌을 받았으며, 또한 판결문의 잉크가 마르기도 전에 형 집행정지나 사면의 혜택을 받은 사실도 충분히 알고 있을 것이다. 이제 한나라당은 공약으로 새삼 국법 질서를 강조하기 전에, 먼저 자신들이 과거에 부정부패는 물론 그런 불법 비리로 먹칠한 보수정당이라는 것을 엄중히 상기해야 하며 여기에 해당되는 개인들은 국민에게 사과하고 공직에서 즉각 사퇴해야 한다.

그런데 한국 사회에는 경제사범과 같은 반사회적 범죄만이 문제인가? 지난 3월에 한국 사회를 떠들썩하게 했던 초등생들의 유괴와 살인은 과연 무엇인가? 한나라당의 정책공약집을 보면 "따뜻한 사회"라는 비전의 하나인 "안전한 사회"라는 희망에는 구태의연하게도 식품 안전과 학원 폭력 근절만이 '어린이' 들을 위한 공약으로 올라와 있다(『MB노믹스』, 254쪽). 당시 안양만이 아니

라 지금 전국 곳곳에서 벌어지고 있을 어린 여아들의 성폭력·살
해범들을 엄벌하고자 하는 사회의 노력은 마땅하나, 그것이 한때
의 전시 행정적 유행이 되어선 안 된다. 어떤 범죄의 유형만을 쫓
다 보면 다른 유형의 범죄들을 소홀히 다루게 되는 쏠림 현상이 일
어날 수 있다. 어린 아이들을 대상으로 하는 각종 범죄는 반드시
엄벌되어야 한다. 나아가 아이들의 유괴, 폭행, 살인은 물론 이들
의 노동 착취에서부터, 범죄 및 군사 활동에의 이용 등은 반사회적
인 것을 넘어 반인륜적인 범죄로 규정해야 할 것이다. 유엔 산하
국제기구들은 아동을 마약, 매춘 등 범죄로부터 보호하기 위한 운
동을 적극 실천하고 있는데, 지금처럼 자본주의의 세계화가 맹위
를 떨치면, 비인간적 탐욕으로 인해 그러한 범죄들이 한국에 이미
상륙했거나 곧 상륙할 것으로 충분히 예측된다.

국가에 대한 불신이 권력과의 갈등과 대립을 초래

어떤 국가 사회에서든 법질서의 준수는 국민의 국가에 대한 기
초적 신뢰를 보여 준다. 이에 대한 간단한 증거는 '촛불시위'이다.
촛불시위는 이명박 정부가 국민의 건강권을 무시하고 미국 쇠
고기 수입을 결정하자 국민이 권력의 사회 통합 의지에 회의하게
되어 발생한 것이다. 국민의 신뢰가 있어야 국법 질서가 유지된다.
이뿐만 아니라, 국민의 신뢰가 있어야 정부는 세금을 거둘 수 있
다.
국민이 국가를 신뢰하여 의회가 만든 법률에 동의하고 그것의
집행에 협력하거나 동조하는 사회가 '성공적으로' 정착되기 위한

조건은 과연 무엇인가? 이것은 지금까지 사회과학자들의 진정한 연구 주제였다. 하지만 인류가 존속하는 한 이 문제는 계속 거론되고 토론될 것이며, 이에 국민 모두가 흔쾌히 동의하는 '이상 사회'의 도래는 아마도 불가능할지 모른다. 이런 결론은 역사적으로 수많은 정권들이 형성, 발전, 소멸하는 것에서부터 유추해 볼 수 있다. 현재 존재하는 모든 국가에서 벌어지고 있는 이념 논쟁, 정치 투쟁, 경제 대립, 문화 충돌 등 국민 간, 계층 간, 지역 간 존재하는 모순으로부터 전개되는 갈등은 이상 사회의 도래가 어려운 것임을 잘 말해 주고 있다. 그래서 국가의 현실적 해법은 바로 민주주의의 다수결 원리에 의거하여 모든 모순과 갈등을 봉합하는 것이다.

그러나 한 국가 내에서 국민 간 갈등이 극도로 심화될 경우, 기존의 국가 질서를 수호하기보다는 새로운 변화에 부응하는 권력을 창출하는 것이 민주주의적 해결 방식인 것이다. 국민에게는 국가에 저항할 수 있는 권리가 있다. 국민의 그때그때의 저항권에 기초하여 정기적으로가 아니라 수시로 권력을 갈아치울 수 있는 내각책임제의 장점을 이와 관련 지을 수 있다. 향후 한국의 개헌 논의는 내각제의 수용 여부가 관건이 되어야 할 것이지만, 이에 반발하는 보수 기득권 정치인들을 다시 제2의 '촛불시위'로 막아 내거나 갈아 치울 수 있는 능력이 국민에게 있어야 할 것이다.

현재 한국에서 벌어지고 있는 권력의 '조그만' 사건으로부터, 우리는 권력과 법률을 바꾸는 민주적 결단과 실천의 필요를 배울 기회를 얻을 수 있다. 우리가 여기서 제시하는 사건은 국가권력의 차원에서는 조그만 일이지만, 지역 생활 차원에서는 큰 사건임이 분명하다. 지방자치단체에서 쓰레기 소각장과 매립장의 건립이나 증설을 둘러싸고 벌어지고 있는 해당 단체와 주민 간 갈등과 대립이 그것이다. 서울 목동과 경기도 남양주시에서 그런 일이 벌어졌는데, 여기서는 앞의 경우만 다루기로 하겠다.

우선 목동 주민들의 목소리를 들어 보자. 당초 양천구청은 목동에서 배출되는 쓰레기만 소각한다는 목적으로 1986년에 150톤 처리 규모로 목동에 소각장을 건립하였다. 그러다가 1992년에 양천구 전체의 쓰레기를 소각한다는 명목으로 400톤 규모로 증축함으로 인해 주민들의 반대에 부딪혔다. 그런데 양천구는 다시 2007년에 강서구와 영등포구의 쓰레기 처리를 위해 소각장 광역화를 추진하고 있다는 것이다. 지방자치단체가 소각장 광역화를 주먹구구로 추진함으로 인해 주민들만 피해를 보고 있다는 주장이다. 더구나 목동소각장은 초 · 중 · 고교 및 아파트 단지와 담 하나를 사이에 두고 있어, 주민들은 물론 학생들의 건강마저 위협을 받고 있다고 한다. 이처럼 소각장으로 인한 최대 피해자는 주민인데, 소각장 광역화 논의에서 주민은 배제되어 있다. 주민들은 소각장 문제가 서울시와 양천구가 독단적으로 논의해서 해결되어서는 안 된다고 강조한다.

주민들의 반대에 부딪힌 양천구청은 소각장 건설에 소요되는 예산을 갖고 있는 서울시가 해결할 문제라는 입장만 되풀이해 왔다. 이에 따라 주민들은 서울시에 민원을 넣었지만 현재 서울시와의 협상은 중단된 상태라고 한다. 목동소각장 문제를 해결하려면 지방자치정부와 주민이 아닌 제3의 기구, 곧 중재 기구가 필요하다는 것이 주민들의 입장이다. 또한 주민들은 소각장 영향권을 반경 300m로 설정하는 것은 어불성설이라며 그 범위가 확대되어야 한다고 주장한다.

주민들과 양천구청 간 갈등에 대한 전문가들의 조언을 들어 보자. 이들은 이른바 '갈등 조정' 전문가답게 지방자치단체의 주민 설득 노력과 함께 주민들의 양보 노력도 이끌어 내려는 '중재 기구'로서의 역할을 자임하고 있다. 중재 기구는 현행의 법률과 제도 하에서 양자가 조금씩 양보하여 합의에 이르도록 하는 것을 목적으로 한다.

나아가 전문가들은 정부의 쓰레기 정책 실패를 지적한다. 목동 소각장의 예에서 보이듯 지방자치정부들은 쓰레기 배출량을 제대로 예상하지 못해 엄청난 처리 능력을 갖춘 거대 쓰레기장을 건설했다는 것이다. 그리고 이런 초과 투자를 만회하기 위해 다른 지역의 쓰레기를 들여와 처리하려 함으로써 주민의 불만을 키웠다는 것이다. 주민들이 관심을 가지는 것은 소각장에서 나오는 다이옥신 등 유해 물질로 인한 건강상의 문제는 물론, 소각장 같은 '혐오 시설'로 인한 재산상의 손실과 환경오염으로 인한 피해이다. 정부가 환경오염 피해 지역을 소각장 반경 300m로 설정해 보상하고 있는 관례는 객관적이고 합리적 판단에 입각한 것이 아닌 행정 편의적 발상이라는 지적이 있다. 주민들이 인접 지역에 혐오 시설이 들어서는 것에 대해 반대하는 것을 정부가 집단 이기주의, 곧 님비 NIMBY 현상으로 비판해서는 안 된다는 것이 갈등 조정 전문가들의 일치된 견해이다.

1995년에 지방자치제를 도입하기 전, 지방정부는 주민들의 필요와 수요에 귀를 기울이지 않고 중앙집권주의 내지 행정 편의주

의를 앞세운 관료주의적 병폐에 젖어 있었다. 그간 지방자치단체
장과 지방의회 선거를 몇 차례 치루면서부터 그런 반민주적인 관
료주의가 다소 시정되었고, 지방정부는 주민이 지역사회 발전의
주역이라는 인식을 점차 갖게 되었다. 그러나 서울 목동의 소각장
증설과 같은 사태에서 알 수 있듯이, 자치단체와 주민들 간 이해관
계의 상충과 충돌은 아직도 상당수가 해결되지 않고 있다. 일부 개
혁적 주민들은 단체장에 대한 '주민 소환제'의 발동까지도 고려하
고 있다. 그러나 정당이 아니고는 그런 일을 상시적으로 주도하여
주민들의 동의를 얻어 내기가 사실상 어렵다. 주민들이 인내하며
협력하여 차기 선거 때 지방권력을 갱신하는 정도가 아닐까 예상
된다. 국민은 물론이거니와 주민은 국가나 지자체의 서투르고 졸
속적인 행정 처리로 인해 안녕을 해치거나 재산상의 피해를 입는
것을 원치 않는다. 이것은 국민이나 주민의 복리를 위한 일인 만큼
그 사회가 자본주의를 유지하든 사회주의를 추구하든 관계없는
사안이다.

그러나 국가가 어떤 토지를 이용해 국민의 삶의 질을 높이는 공
공재인 도서관, 공원, 운동장과 같은 편의 여가 시설은 물론이고
쓰레기 처리장이나 소각장, 폐기물 매립장, 공공 묘지 등 이른바
혐오 기피 시설을 건립할 때, 토지 사유제가 원칙인 자본주의 체제
에서는 정부의 한계가 노출될 수밖에 없다. 물론 헌법상으로는 국
가가 필요한 경우에 사유 토지의 강제수용으로 어떤 시설물을 건
설할 수도 있다. 그러나 공공재를 설치하기 위해 일정한 토지를 정
부가 수용할 경우, 예컨대 노무현 정권 때 '행정 도시' 건설의 경
우에서 경험한 것처럼 시장가격을 고스란히 지불하지 않으면 안

된다. 이것은 사유 경제 체제가 광채를 발하는 측면인 반면에 공유 경제 질서를 암흑으로 몰아가는 대목이다. 그러나 토지가 원칙적으로 국가나 지방자치단체의 소유였던 소련과 같은 구 사회주의에서는 토지에 관한 한 시장가격이 형성되지 않음으로써 국가는 자본주의국가처럼 수용 가격을 줄 필요도 없이 토지를 자유롭게 이용할 수 있었다. 이에 따라 사회주의국가는 국민이나 주민의 대표자 회의(국회 또는 지방의회)의 결정을 거쳐 정부가 공공시설을 건설할 수 있게 된다. 우리는 향후 공공재를 제공할 필요가 있을 때에는 국가가 사유제 만능주의에 일정한 제한을 가해 국회 또는 지방의회의 민주적인 결정에 의거하여 어떤 토지든 낮은 가격으로 강제적으로 수용할 수 있는 '선진적' 제도를 마련해야 할 것이다.

촛불시위는 자유민주주의 선양을 위한 투쟁

지난 2008년 5월부터 7월에 이르기까지 도심 전역에서는 시민들의 반정부 투쟁이 벌어졌다. 촛불을 들고 모인 시민들의 숫자는 몇 천에서 몇 십만까지를 헤아릴 정도여서, 지난 1987년 6월 이후 20여년만의 '국민 행사' 라 하지 아닐 수 없다. 이런 대규모 시민 항쟁은 1987년 이래 10년만인 1997년 초에 안기부법과 노동법 개악을 저지하는 투쟁으로 다시 살아났다. 특히 노동자·민중 진영에서는 명동성당을 거점으로 노동법 개악 반대 투쟁을 가열차게 진행시킨 바 있다. 한국에서는 정부에 대한 국민들의 항쟁이 마치 자본주의의 공황처럼 꼭 10년 주기로 벌어지고 있다. 2008년 올해의 촛불시위도 노동법 개악 투쟁 이후 근 10년만에 다시 살아난 시민 항쟁이다.

자본주의가 지배하고 있는 사회에서는 그 사회가 평소 조장하고 있는 모순이 갑자기 폭발하여, 자본이 일으킨 경제적 파탄에 대한 책임을 권력에게 묻는 정치적 파동이 주기적으로 닥친다. 사람들은 올해의 정치적 저항의 경우에도, 보수 언론들이 말하는 '잃어버린 10년' 인 '진보 정부' 가 막을 내리고 보수 정치가 시작되는 해라는 정치적 근거에서 해석하고 있다. 올해 시민들이 쇠고기 문제를 기회로 저항한 것은 올해가 지난 1997년 IMF공황이 벌어진 후 10년 만에 처음 경제 후퇴를 맞이하는 데 기인하는 것으로 볼 수 있다. 이는 현재 한국의 경제 양극화 현상이 10년 전에 비해 더욱 심화되고 있는 것으로부터 간단히 알 수 있다. 이명박도 마치 이것을 인정하듯이 '제3차 오일쇼크' 라고 부를 정도로 지금은 거의 모든 경제지표가 뒷걸음치는 공황과 같은 난국이다.

과거 1987년과 1997년 두 차례 사회민주화 투쟁 당시에는 학생과 노동자가 시위를 주도했다. 올해 촛불시위를 처음 주도한 세력을 흔히 시민이라고 하지만, 사실은 「서론」에서 언급한 제2의 노동자계층인 중산층에 해당되는 사람들이다. 그들은 서울 한복판에서 마치 소풍을 즐기듯 여유롭고 평화로운 시위를 벌였다. 소풍 가방을 멘 가족들이 길바닥에서 도시락을 먹는 광경도 볼 수 있었다. 이런 유형의 거리 시위를 시위자들은 '촛불문화제' 라고 명명했으며, 이것을 과거에 파리나 뉴욕에서 볼 수 있었던 축제 분위기의 집회 문화로 치부하기도 하였다. 그러나 서울 시민들이 모인 결정적 이유는 경제 불황으로 더욱 심화된 사회 양극화이다. 이것은 이명박 정부에 대한 불신으로 이어져 촛불문화제라는 형식을 빌린 반정부 집회가 열린 것이다.

이명박 정부에 대한 불신은 그가 경솔하게도 부시 대통령에게 약속한 쇠고기 전면 수입으로 도입될 수 있는 치명적 질병인 광우병에서 비롯된 것이었다. 광우병은 이미 너무나 잘 알려져 지금 세계 어느 나라에서나 정부가 '검역 주권'으로 지켜야 할 핵심 질병이 되었다. 이것을 개인이나 기업이 합리적으로 피할 수 있는 질병으로 생각하고 마치 사익과 관련된 사안인 것처럼 가볍게 취급했던 이명박으로서는 차제에 국가가 지켜야 공익 public interest이 무엇인지를 깨닫게 했던 시위였던 것이다.

그래서 "쇠고기 수입 반대"에 이어 곧장 "이명박 OUT"이라는 구호가 등장했던 것이다. 지난 6월 10일에는 마침 1987년의 항쟁을 기리기 위한 집회가 계획되어 100만 명의 시민, 학생, 노동자들이 정부에 대해 쇠고기 수입 고시 철폐, 협상 무효, 재협상을 요구했다. 국민들의 이런 총체적인 요구는 결국 이명박 탄핵에서 타도로 구호를 바꾸게 했다. 광우병국민대책회의 등이 주관한 무대에서는 집회 참가 시민들과 야당 정치인들의 자유 발언이 이어졌다. 그런데 국민들의 집회와 시위에는 반드시 다른 당사자가 있으니 그것은 바로 경찰이다. 경찰은 촛불시위가 반정부 시위에서 불법 시위로 확산된다는 판단 아래 강경 대응에 나섰다. 강경 대응은 특히 지난 5월 31일 처음 사용했던 살수차로 인해 과잉 진압이란 비판을 듣게 되었다. 그 후 6월에 경찰은 시청과 광화문 일대를 아예 시위대의 해방구로 풀어 주는 소강 진압을 펴다가, 7월에 들어서서는 촛불시위를 불법으로 규정하여 시위 관련자들을 구속하고

광우병국민대책회의 지도부들의 수배 조치를 내렸다. 또한 종교
계가 미사와 법회 등을 열어 촛불시위의 정신을 계승하려는 의지
를 보였다. 그러나 이들의 집회는 노동자 대중의 반정부 시위를 중
화시키고 국법 질서 내로 돌리기 위한 것 이상도 이하도 아니었다.

지난 촛불시위는 미국의 자본과 정부에 일정한 타격을 가했던
것은 사실이다. 광우병 의심 쇠고기의 원천 차단에는 이르지 못했
지만 월령 30개월 미만의 쇠고기에 한해 수입하는 조치를 취하게
했다. 또한 세계 최대의 인권 단체인 국제엠네스티는 한국 정부가
집회, 시위 등 표현의 자유를 제한하고 있다는 비판을 지난 5월 연
례 보고서에서 발표한 바 있었다. 이어서 이 단체는 7월에 자신의
조사관을 한국에 파견하여 촛불시위 상황과 인권 침해 여부를 조
사했다. 이 단체는 한국 사회의 자본과 권력이 어느 정도 개전하도
록 영향을 미칠 것으로 분석된다.

이번 촛불시위는 이명박 정부가 출범한 지 3개월 만에 시민들
의 거센 저항에 부닥쳤던 것을 상징적으로 보여주고 있다. 국민의
건강과 관련된 주권이 기본적으로 국회의 의결을 거쳐야 하는 사
안이 되었음을 이번 시위로부터 확인할 수 있다. 이것은 한마디로
대의 기구의 활동을 강조하는 민주주의 요구이다. 국민들 개개인
의 선택의 문제일 수도 있었던 광우병 같은 질병에 대한 관심이 공
익의 주제로 떠오른 것은 국민의 건강과 복지의 권리를 수호하기
위한 투쟁의 결과이다. 또한 쇠고기 시장의 문제점을 지적한 촛불
시위는 우리보다 일찍이 1970~80년대에 대중 소비 단계에 진입했
던 선진국들에서 흔히 볼 수 있었던 식품과 의약품의 안전을 위한
국민의 저항이었다. 따라서 촛불시위의 본질적 함의는 인권의 보

장을 앞세운 자유민주주의의 내실화 투쟁이다. 촛불시위는 향후
'2008 민주시민의거'로 명명되어 마땅하다. 그래서 한국과 같은
민주국가는 이런 성질의 국민 투쟁을 적극 보호할 때만이 국법 질
서 자체가 더욱 내실을 기한다는 것을 깨달아야 할 것이다.

언론은 여론 형성의 주체임을 자각해야

한국의 언론이 지난 대통령 선거 때 한나라당 이명박 후보를 거
의 직접적으로 지원한 것은 그들이 이명박과 같은 보수 우파적 노
선을 갖고 있기 때문이었다. 당시 각종 여론조사에서 지지율 50%
를 차지했던 이명박 후보의 당선 가능성이 점고되면서부터 언론
들의 일방적 지지는 더욱 강화되었다. 언론은 특히 노무현의 개혁
적 정책에 대한 비판을 통해 거꾸로 이명박 후보의 수구적 정책을
밀어주었다. 노무현은 집권 초기부터 언론과 등을 돌렸지만, 정권
말기에 와서는 국정 기자실을 폐쇄함으로써 언론과는 화해할 수
없는 형편이 되었다. 우리는 언론이 수구적 정권이 아니라 거꾸로
개혁적 정권을 비판하는 일을 사회 발전에 한 몫을 해야 할 '언론
의 자유'를 행사하는 것이라고 생각하지 않는다. 더구나 한국의
언론은 자신들의 역할이 여론의 형성에 결정적이라는 사실을 알
고는, 거의 일방적으로 사회 진화와는 거리가 먼 보수 우파적 논조
를 펴 대중을 거기에 동화시켜 왔다. 언론이 종래 여론의 형성이나
조작에 아주 중요한 영향을 미쳐 왔던 것은 사실이다. 하지만 이번
의 촛불시위와 같은 사례에서 보듯이, 종래 언론기관과는 다른 정
보 통신 수단인 인터넷internet이 올바른 여론의 형성과 발전을 보

여 주었다. 향후 선진적 사회에서는 대중 인터넷을 통한 여론 형성이 주를 이룰 것이다.

우리는 특히 신문의 사설이 보수적이고 수구적인 논조로 일관되어 역사의 진전을 막으려는 의도를 매일 보고 있다. 『조선일보』, 『중앙일보』, 『동아일보』, 『문화일보』 등이 매일 거의 독점적으로 내뿜는 수구적 사설만 없었다면, 노동자·민중이 그간 수없는 투쟁에서 피와 땀을 대량으로 흘리지 않았어도 한국 사회가 '쉽게' 민주화될 수 있을 것이라 가정해 볼 수 있다. 이런 언론 자본이 권력에 미치는 영향력은 재벌 산업자본의 영향력에는 한참 미치지 못하기 때문에 대중이 권력을 갈아치우는 데에는 기여하지 못하더라도, 언론은 엄중한 사실 보도를 통해 권력의 대중에 대한 폭력 등 만행을 어느 정도 줄일 수는 있을 것이다. 우리가 오늘날 그런 일간신문들을 어쩔 수 없이 보면서 한탄하지 않을 수 없는 사실은 향후 그런 사설을 쓰는 지위에 오를 젊은 신문기자들의 글들도 사회의 진화를 가로막는 수구적인 성향을 보인다는 점이다. 우리는 그런 사실로부터 한국 사회가 진보적 여론은커녕 보수 개혁적 여론의 형성마저 기대하기가 상당히 어렵다는 것을 실감하지 않을 수 없다. 우리는 그런 기자들이 자신이 언론 노동자인 것을 아예 모르고 있거나, 그런 사회적 지위를 알고 있다 하더라도 사주에게 충성을 맹세하는 노예나 다름없는 신분이 되어 있다고 생각한다. 이들은 사실 「서론」에서 정의한 제2의 노동자에서 제1의 노동자 계층인 준자본가계급이 되려는 야망에 사로잡혀 있는 것이다.

우리는 여기서 그런 젊은 기자들이 쓰고 있는 글들을 간단히 소개해 그들의 의식을 입증할 필요가 있을 것으로 본다. 2008년 2월 29일『중앙일보』의「취재일기」를 보자. 제목은 '전교조 변화 언제쯤…'이다. 전국교직원노동조합(이하 전교조) 대의원 대회를 취재한 이 글의 목적은 전교조의 이른바 '강경파'가 제출한 사업 계획 수정안이 통과되었다는 사실과 이에 반대하는 현 집행부의 온건한 입장을 독자들에게 전달하는 것이었다. 기사는 특히 현 집행부의 입장을 다소 상세하게 소개하면서, 내년에 창립 20주년을 맞는 전교조 내부에서조차 "전교조에 창립 이념인 참교육은 없다"라는 말이 나오고 있다고 언급했다. 한마디로, 이 기사는 전교조에 대한 사회적 여론이 좋지 않은 현실을 감안해, 전교조가 투쟁 일변도에서 탈피해 교육개혁에 대안을 제시하는 노조로 거듭날 것을 당부하고 있다.

이 대의원 대회에서 통과된 '강경파'의 '학교시장화저지투쟁본부(가칭)'는 자율형 사립고 확대, 교원 평가의 법제화, 영어 몰입 교육을 저지하기 위한 전교조 내부 조직이다. 이 각각의 사안을 검토해 보기로 하자.

이명박 정부는 사교육비 절감을 명분으로 자립형 사립고를 100개 만들겠다고 발표한 바 있다. 그런데 이 계획은 과거의 명문고를 부활하겠다는 발상이며, 도입 명분은 고등학교에서 드는 사교육비의 절감이지만 실제로는 중학교, 나아가 초등학교에서부터 일찍이 사교육을 강화시킬 계획일 뿐이다. 자율형 사립고의 확대는 결국 기숙형 공립고 150개 설치와 함께 학생들의 무한 경쟁과 학교 서열화를 조장하여 사교육 강화의 빌미를 제공할 뿐이다. 또한 그런 '명문고'에 입학한 학생이 이제 사교육과는 담을 쌓을 것이란 발상은 이미 인간이 태어나서 유치원 때, 초등학교 때부터 심화될 엄청난 경쟁이라는 현실에서 힘을 잃을 수밖에 없다. 이미 한국에서 사설 학원은 사실 공교육의 연장과 대안이 되었다. 이런 현실에서 자녀가 그런 특목고, 자립고, 기숙고 등의 명문고에 들어갔다고 가만히 앉아 학원에 보내지 않아도 되겠다고 생각하는 학부모가 과연 얼마나 될까?

다음으로 교원 평가 법제화의 문제를 검토하기로 하자. 종래 중학교나 고등학교에는 대학처럼 연구를 중시할 필요가 없다는 이유로 연구실, 연구 조교, 실험 조교 등이 갖추어져 있지 않다. 대학에서 최근에 교수 연구 평가제가 강화되어 카이스트KAIST나 서울대학교에서 승진이나 승급에 탈락한 교수가 있는 것에 대해 우리는 심히 유감으로 생각한다. 하지만 국가 간 경쟁이 심화되어 있는 현실에서 연구 경쟁이 어느 정도 필요하다고 인정할 수는 있다. 그런데 중등 교육과정에서의 '교원평가제'란 무엇인가? 이 제도에서는 결국 연구보다는 교육과 사회봉사 등이 주요한 평가 항목이될 것이다. 교육 항목에 대해 말하자면, 정부와 교원 단체 간 협의로 규정한 교육과정이 있는 만큼 이를 이행하는 학교와 교사의 자율적 판단에 맡기면 될 일이다. 교원평가제가 도입되면, 결국 평가의 주체는 물론 기준에 미달하는 교원에 대한 조치를 놓고 논란이벌어질 것이다. 우리는 교원평가제의 도입이 교육계를 경쟁이나담합이 판치는 관료주의적 사회로 만들 가능성이 크다고 본다. 오히려 교사들의 협력과 보완으로 교육 풍토를 자치적으로 개선해나가는 것이 더욱 민주적이고 효율적인 결과를 낳을 것이다. 중국에서 교원을 평가하는 제도는 새로운 사회체제의 도입과 건설을 위해 추진된 것이고, 미국에서는 신자유주의 경쟁 체제에 부응하기 위해 교원 평가 제도를 도입했다. 이러한 역사적, 문화적 특성을 무시한 채 한국의 교원 사회에 평가 제도를 도입한다는 것은 교육과 가장 밀접한 문화의 특수성을 무시하는 처사이다.

전교조의 '학교시장화저지투쟁본부'가 저지하고자 하는 또 하나의 사태는 영어 몰입 교육이다. 이미 지난 1월에 대통령직인수위원회(이하 '인수위')는 이 제도의 시행이 무리라는 것을 자각하고 현 정부에서는 추진하지 않기로 했다.(그러나 영어 몰입 교육은 사교육에서 버젓이 실시하고 있다.) 따라서 전교조 투쟁본부가 반대하는 것은 '영어 전문 교육', 곧 영어로 진행되는 영어 수업에 집중될 것이다. 이 문제에 대해서는 나중에 교육정책을 다루면서 자세히 검토하겠지만, 영어 전문 교육은 학부모와 학생으로 하여금 사교육비의 대부분을 차지하는 영어 학원 수강료를 절감하게 해 준다는 점에서 우리는 이 계획에 동의할 수 있다. 현재의 세계화 추세를 감안할 때 향후 영어 교육은 듣고 말하기 위주로 전환되어야 하며 이를 위해 초등학교 때부터 영어 교육을 시작하는 것이 바람직하다는 것이 언어학자들의 권고이기도 하다.

결론적으로 우리는 전교조의 방침에 영어 교육 강화를 제외하곤 거의 전적으로 동의하는 바이다. 이명박 정부의 교육 '개악안'은 아마도 한국의 교육 시장에 마치 다이아몬드 같은 우수한 교육 상품을 만들어 놓을 것처럼 보인다. 그러나 이 '우수 교육'은 사교육비를 감당할 수 있는 부자들만이 이용할 수 있는 서비스이기 때문에, 신자유주의의 부익부 빈익빈 교육정책을 도입하고자 하는 이명박 정부의 방안은 개악안이다. 교육은 사회의 모든 구성원에

게 평등하게 제공되어 정의를 실현해야 한다는 것이 21세기 현재
의 세계적 합의이다. 이런 합의가 지켜지지 않는 곳일수록 동료가
총을 들어 다른 동료를 학살하는 학원 내 사고가 빈발하는 것이다.
이제 「취재일기」의 기자는 자신의 사상이나 이념이 어떤 스펙트럼
에 있는가를 곰곰이 생각하고 그와 같은 '수구적 잡문'을 쓰는 일
을 멈추어야 할 것이다.

인간의 생존권 보장 자체가 국가 질서의 목표

어떤 국가 사회든 질서가 유지되려면, 또한 민주주의의 원리에
따라 국가가 조직되려면, 무엇보다 먼저 국민의 최소한의 경제적
생존과 사회적 번영이 달성되어야 한다. 기본적인 민생 문제와 민
권 문제를 해결하지 않은 채 형사 또는 민사의 질서를 법에 따라
세울 수는 없다.

국가가 형사 질서를 바로 잡으려면 법전에 나오는 모든 범죄들
을 균형 있게 예방하는 것은 물론이고 범죄 발생 시 처벌에도 만전
을 다해야 한다. 문제는 한국의 경찰력과 사법권이 이런 기능을 온
전히 수행하고 있는가이다.

한국의 경찰력은 사법경찰과 진압경찰(전투경찰)로 나누어져
있다. 진압경찰이란 어떤 집단적인 폭력으로 사회질서가 혼란해
지는 것을 예방하거나 그런 사태가 발생했을 때 그 폭력을 억제하
는 것을 목적으로 하는 경찰력이다. 말하자면 평화 시위가 아니라
폭력 시위를 막기 위해 조직된 경찰이다.

시위를 진압하기 위해 별도의 경찰조직을 보유하고 있는 곳은

현재 한국뿐이다. 한국에서는 전두환 정권 시절부터 군인들 가운데 일부를 진압경찰로 전환하였다. 당시 증가하던 반독재 시위를 저지하기 위해, 군인을 경찰의 신분으로 전환하였던 것이다. 그 후 진압경찰의 규모와 예산이 늘어났고, 진압 장비도 발달했고, 기동력도 향상되어, '시위 문화'의 한 요소가 되었다. 한국에서 그간 시위가 잦았던 데에는 물론 사회경제적 이유가 있다. 군사독재가 사회 전반에 미친 억압과 차별로 인해 국민들의 임금과 소득은 아주 낮은 단계에 유지되고 있었던 것이다. 그 결과, 한국에서 벌어진 시위의 대부분은 생존권이 박탈되거나 위기에 처한 노동자와 민중들에 의한 것이었다.

이를 뒷받침하는 증거가 있다. 지난 3월 20일, 검찰은 참여정부 때 불법 파업이나 시위 등 이른바 '떼법' 앞에 공권력이 무력화된 사례로 2003년의 철도노조 파업, 화물연대 시위, 부안 방사물폐기장 반대 시위, 2005년의 맥아더 동상 철거 시위, 쌀 협상 저지 농민 시위, 2006년의 평택 미군기지 이전 반대 시위, 포항건설노조 시위, 한미FTA 반대 등 9건을 들었다. 이들 가운데 맥아더 동상 철거 시위를 제외하면 모두 생존권과 관계된 것들이다.

우리는 인간의 생존권 문제에는 우파와 좌파가 있을 수 없다고 본다. 과거에 한국의 천민적 자본가계급의 지배 전략은 시위의 배후를 '친북 좌파'라고 기만하고 선동하는 것에 초점을 맞추었다. 그러다가 그 배후가 확실하지 않으면 「국가보안법」이 아니라 「집회와 시위에 관한 법률」을 적용하여 시위자들을 처벌했다. 지금 한국에서는 천민적 재벌 자본가계급과 이들을 지지하는 권력이 이른바 '공안 정국'을 조성할 가능성은 많이 줄었다고 할 수 있다.

그러나 검찰을 위시한 사법 당국은 정부의 '비즈니스 프렌들리' 방침을 존중하여 인간의 생존보다 자본의 이윤을 더욱 높이 평가하기로 한듯, 인간의 생존권 확립을 위한 투쟁을 '국법' 질서의 확립이란 명분으로 탄압하려는 기미를 보이고 있다. 인간의 생존권은 모든 인권 가운데 가장 기본적 권리라는 것을 사법 당국은 인식해야 한다. 정부가 오히려 그것을 보호하고 장려할 때만이 국가 질서가 진실로 바로 설 수 있다는 것은 동서고금의 진리이다.

한국에서 노동자계급은 1987년을 기점으로 투쟁을 통해 노동삼권을 비롯한 자신들의 권익을 쟁취해 나갔다. 그런데 한국에서의 노동삼권이란 그야말로 '빛 좋은 개살구'이다. 선진국에서는 헌법상 보장된 정당한 행위인데도 한국에서는 교묘하게 불법화되었던 것이다. 그리하여 노동조합의 일상적인 투쟁은 물론이고 교섭이나 행동이 합법적으로 이루어지기란 사실상 불가능하였다. 그간 국가가 불법으로 여겼던 노동법 개정 투쟁으로 많이 개선되기는 했지만 지금도 노동 관련법들은 전근대적 조항들을 많이 포함하고 있다. 노동자들은 '불법의 합법'을 주장하며 투쟁하였지만, 결국은 대부분 위법으로 처리되는 신세를 면치 못하고 있다.

한국에서 노동자들의 요구는 본질적으로 인간답게 살 수 있기 위한 근로조건의 개선과 임금의 인상이다. 이러한 생존을 위한 요구들이 경영권 침해라는 이유로 묵살되면, 노동자들은 농성과 시위로 자신을 뜻을 밝힐 수밖에 없었고 폭력적인 시위도 일어날 수밖에 없다. 사실 김영삼 정권 이후 노동자들은 거리에서 평화로운 시위를 벌였으나 「집회와 시위에 관한 법률」은 노동자들의 상당수 시위 자체를 불법으로 규정하고 있다. 지금도 시위를 주도한 노동조합 간부는 물론 전국적 총연맹의 지도자들은 거의 상시적 '불법 시위'의 주모자로 내사를 받거나 수배를 받고 있다.

1997년 초 노동자·민중의 처절한 파업 투쟁에도 불구하고, 그 해 대통령 후보로 나섰던 권영길 위원장의 민주노총은 2년 유예를 조건으로 정리 해고를 수용하였다. 이 후 지난 10년 사이, 민주노총이 총파업 투쟁을 접고 '전국민주시민세력'으로 변신하고부터 한국에서 파업과 시위는 거의 사라졌다 해도 과언이 아니다. 그 해 말에 민주노총은 '국민승리21'이라는 대통령 선거 단체를 만들어 일부 '진보 세력'을 대표하여 선거를 치렀다. 민주노총은 2000년에 민주노동당 창당에 적극적으로 참여했으며, 민주노동당은 2004년 제17대 총선에서 10명의 당선자를 냈다.

1987년~1997년의 10년이 노동자계급의 투쟁의 시기였다면, 1997년~2007년의 10년은 노동자계급의 타협의 시기라고 부를 수 있다.

역사에서 여러 차례 드러나듯이, 계급 타협이란 노동 대중들을 자본주의 권력에 순응하는 시민 세력으로 만드는 것을 말한다. 타협의 결과, 대중들은 불법적이거나 반半합법적인 파업이나 시위에 반대하게 되었다. 지난 10년 사이 한국에서 벌어졌던 반反자본주의 투쟁에서 민주노총이 탈락한 것은 사회주의 운동의 전략적 구심과 전술적 조건이 붕괴되었다는 것을 의미한다.

끝으로, 지난 3월에 벌어졌던 대학생들의 등록금 인상 반대 투쟁에서도 촛불이 등장했듯이, 이명박 정부의 경찰 당국이 바라는 합법적 평화 시위인 이른바 촛불집회가 이제 정착되었다고 말할 수 있다. 그런데 평화 시위의 정착은 진압경찰의 해체를 요구한다.

진압경찰의 해체는 국민에게 작은 정부를 공약했던 이명박 후보의 논리와도 일치하는 것이다.

우리는 이명박 정부가 진압경찰을 해체해 국가의 예산을 줄이는 한편 국민의 저항권을 살리는 일거양득의 조치를 즉시 취할 것을 주장한다. 우리의 이런 주장을 지난 4월 8일 발간된 경제협력개발기구OECD 통계 연보가 확인시켜 주고 있다. 이 통계 연보는 한국이 2005년 법질서 및 방위 유지비, 즉 국법 질서 유지비로 국내총생산GDP의 4.1%를 지출하여, 미국(6.3%), 영국(5.1%)에 이어 OECD 30개 회원국들 가운데 3위라고 발표했다. 이는 전년도인 2004년보다 0.3% 늘어난 것이다. 우리가 볼 때 한국이 이처럼 높은 국법 질서 유지비를 지출하고 있는 이유는 무엇보다도 국방 및 경찰 인력의 유지비 외에 미국의 값비싼 첨단 무기들을 도입하고 있기 때문인 것으로 분석된다. 이런 근본적인 이유 외에도 여기서 반드시 거론되어야 할 두 가지 다른 이유들이 있다. 하나는 냉전이 끝났는데도 미군이 주둔하고 있음으로써 한국이 미군의 한반도 방위비를 분담하고 있다. 다른 하나는 한국이 민주화되고 있음에도 불구하고 과거 군사독재의 유령인 진압경찰을 유지함으로써 한국의 국법 질서 유지비를 높이고 있다. 이명박 정부가 그의 집권 기간 내에 해야 될 '선진적' 일은 국법 질서 유지비를 획기적으로 떨어뜨려 이것을 교육비와 사회복지비를 늘리는 데 쓸 수 있도록 하는 것이다. 이를 위해 이명박 정부는 우선 주한 미군 방위비 분담 철회와 진압경찰의 해체를 즉각 서둘러야 한다.

제 2 장

남북 경협 대책

이명박 대통령은 지난 2008년 1월 한반도 주변국과의 외교를 위해 미국, 일본, 중국, 러시아에 자신의 대통령 당선을 홍보하기 위한 특사들을 파견하였다. 지금 한반도의 가장 시급한 외교 현안이 한반도 비핵화이며 그 문제의 해결을 위한 국제적 공조가 '6자 회담' 이라면, 이명박 정부는 6자 회담의 핵심 당사국의 하나인 북한에도 특사를 보내는 것이 마땅한 도리였다. 우리는 이명박 정부 스스로가 이념보다는 실용에 가까운 정부라고 부르는 것에 대해 제1권에서 이미 의문을 제기한 바 있다. 이명박 대통령은 한국 국민들이 원하고 있는 남북 화합의 '실천' 을 위해 대북 특사를 파견하는 것이 옳았을 터이다. 이명박 정부가 그렇게 하지 않은 것은 "일 잘하는 실용정부"가 아니라는 것을 스스로 입증하고 있는 셈이다. 그렇다면 "실용정부"가 아닌 이명박 정부는 어떤 이념과 정책을 강조하고 있는 것인가? 이미 제1권에서 규정했던 대로, 북한과의 화합보다는 상호주의로 북한을 고립시켜 미국 강경파의 압력에 추종하도록 하려는 수구파의 반북·친미적 외교 국방 정책이 이명박 정부의 '이념'을 담은 정책이 아닐 수 없다.

이명박 정부의 대북 정책은 '비핵·개방·3000'이 기조

이명박 한나라당 정권의 남북 경협 대책을 분석하기에 앞서 일단 이명박의 외교정책을 검토하기로 하자.

한나라당의 정책 공약인 「강한 나라」에는 "당당한 외교, 평화로운 한반도"를 위한 '한국 외교 7대 원칙'인 'MB독트린'이 선언되어 있다. 7대 원칙이란 전략적 대북 개방정책 추진, 국익 바탕의 실리 외교 실천, 상호 이익을 강화하는 한미 관계 수립, 아시아 외교 확대, 국제사회에 기여하는 외교, 에너지 외교 극대화 및 문화 코리아 지향이다(『MB노믹스』, 260쪽). 이처럼 한나라당은 한반도의 외교와 국방의 첫째 현안이 북한과의 관계임을 인식하고는 대북 개방정책을 첫 번째로 꼽고 있다.

이명박 정권은 특히 전략적 대북 개방정책을 추진하기 위해 '비핵·개방·3000 구상'을 제기하였다. 이에 따르면, 북한이 핵 포기를 전제로 개방할 경우에 400억 달러의 국제 협력 자금이 북한에 투입된다. 그 돈으로 북한의 1인당 소득이 매년 15~20%대 성장하여 10년 뒤에는 3,000달러가 되도록 도와줄 용의가 있다는 것이다. 또한 이명박은 후보 시절에, 비무장지대에 약 900만평 규모의 '나들섬'(사람과 정보, 물자와 자본이 활발하게 넘나드는 곳)을 건설하여 남북 공공의 장을 만들 계획도 밝혔다(『MB노믹스』, 260쪽). 현재 북한의 1인당 국민총소득GNI 추계는 1,108 달

러여서 '빈국' 수준을 벗어나지 못하고 있다(한국은행, 『주요경제 지표』, 2008년 3월).

『MB노믹스』에 소개된 그의 대북 정책은 북한이 일단 핵 폐기 결단만 내리면 국제사회도 그에 상응하는 결단을 내릴 것을 전제로 하고 있다. '9·19 공동성명'이 완전히 이행되면 한반도 평화 체제가 정착되고 북미·북일 관계가 정상화되어, 북한의 경제, 교육, 재정, 인프라스트럭처, 복지 등 5대 분야의 포괄적 지원을 본격화할 수 있는 환경이 조성된다는 것이다. 그리고 이런 국제 환경이 궤도에 오르면 북한 경제가 수출 주도형으로 바뀌고 국제 협력 자금이 투입되어 북한의 경제성장에 속도가 붙을 것이라는 것이다.

기업인 출신답게 이명박은 경제력이 이쯤 되면 "자연스럽게 개방과 평화가 정착될 수 있을 것"이라고 믿는다. 여기서 이명박 대북 외교의 포인트는 300만 달러 이상 수출 기업 100개를 육성시켜 자력갱생의 환경을 만들어 주는 것이다. 이런 구상에 따르면, 남한과 북한의 '외교'가 필요한 것이 아니라 북한은 남한에 경제적으로 예속된 국가인 듯하다. 이명박은 종래 정권들이 국가 안보를 생각하지 않고 이념적 고려만 앞세웠다고 비판했는데, 이명박의 구상은 그보다 훨씬 적극적으로 국가안보와 이념을 뒤로 하고 경제를 앞세운 북한 개발계획이라 할 수 있을 것이다. 이명박의 '북한 경제개발계획'은 마치 박정희의 1960년대 남한의 경제개발계획과 흡사하다.

이를 확인하기 위해 다시 그의 북한 개발계획에 귀를 기울여 보자. 우선, 북한에 전직 경제 관료나 경영인 등 전문 인력을 파견한다고 하며, 북한에 5대 '자유무역지대'를 설치한다고 하고, 이어서 북한이 경제 분야부터 국제무대에 진출할 수 있도록 돕는다고 한다. 또한 북한에도 우리의 한국개발연구원KDI이나 한국과학기술원KAIST 같은 두뇌 집단think-tank이 설립되도록 지원하고 북한 주요 도시 10곳에서 기술 교육 센터의 설치를 도울 계획이며, 나아가 기존 북한의 대학에 경제, 금융, 통상 등과 관련된 교육과정을 확대하는 것을 지원할 생각이다. 남북 관계의 발전을 위해 종래의 개성공단보다 편리한 나들섬을 한강 하구에 건설하여 개발하면, 국내 기업에 대한 사업 기회 부여, 군사 대치 완화 및 국가 위험도 저하에 따른 외국자본 투자 증가, 사회간접자본 구축에 따른 통일 비용 절감, 지역 경제 활성화 및 동북아 허브 구축 등의 효과를 거둘 것으로 기대된다고 한다.(『MB노믹스』, 190~192쪽.)

　　여기서 이명박의 「비핵·개방·3000」 정책에 대한 북한의 신랄한 비판도 들어 보기로 하자. 지난 3월의 『로동신문』은 이렇게 말하고 있다. "한나라당의 리명박 정권은 친미사대, 반북대결을 노골화하면서 자주통일시대의 흐름에 악랄하게 도전해 나서고 있다." "이른바 비핵개방3000은 우리의 핵 완전포기와 개방을 북남관계의 전제조건으로 내건 극히 황당무계하고 주제넘은 넉두리로써 민족의 리익을 외세에 팔아먹고 대결과 전쟁을 추구하며 북남관계를 파국에로 몰아넣는 반통일선언이다." 나아가 이명박을 직접 거론하며 매우 강하게 직접 비판하고 있다. "리명박이 아무리 정치문외한이라고 하여도 대통령 자리에 들어앉으려 했다면 적어도 북남관계 기본원칙을 밝힌 7·4 공동성명과 조국통일의 대강인 6·15 공동선언과 그 실천 강령인 10·4 선언은 알고 있어야 하지 않았겠는가?" 북한의 이런 대남 강경 입장의 표명은 김영삼 정부 이후 처음이다.

대북 경협은 북한의 변화를 고려해야

이명박 정부의 등장으로 남북한 화해와 교류, 나아가 경제협력은 현재 아주 부진한 상태에 놓이게 되었다. 우리가 여기서 분명히 밝혀야 할 것은 남북 경협은 장래의 민족통일을 염두에 두고 진행되어야 한다는 점이다. 양국간 경협은 한편으로는 국가 대 국가의 정책이지만, 다른 한편으로는 민족의 협력이기도 하다. 한마디로 남북 협력은 국가주의와 민족주의의 이중적이며 배타적 협력의 사안이다. 남북 협력 관계에서 국가주의를 피력하는 보수주의자들은 과거 냉전 시대의 국제적 대결 구도에서 벗어나, 이제는 국제적 화해와 교류에 의거하여 평화를 모색하는 국익 추구 시대를 열자고 주장한다.

보수주의자들의 국익 추구 논리는 이명박 정부에 실용 외교로 계승되었고, 이제 남북 관계는 국가주의의 '1·2·3 안보공약'을 기조로 실천될 것이다. 이 공약은 1무無·2강强·3화化 노선을 가리키는데, 이것은 이명박 정부의 통일, 외교, 국방 정책을 모두 포괄하는 이른바 대북 안보 패러다임이다. '1무'는 한반도 비핵화에 이어 생화학무기 등 대량 살상 무기를 없애는 것이다. '2강'은 한미 동맹과 더불어 다자 협력 안보 체제를 강화하자는 것이다. '3화'는 국방의 첨단화, 정예화, 효율화를 말한다. 말하자면, 특히 그간 이완된 한미 동맹을 복원하여 국가 안보의 초석을 다지고, 탈

냉전의 다자 공동 안보의 구현과 튼튼한 국방으로 한반도의 안정과 평화를 실현하자는 것이다.

우리는 위의 '1무' 논리는 세계의 비핵화와 더불어 찬성하지만, '2강' 과 '3화' 는 반대한다. 세계의 인민이 하나같이 평등하고 평화로운 관계에서 생활을 영위해야 함에도 불구하고 한국이 미국 등 선진국들과의 군사 외교적 동맹을 통해 국가 안전을 유지하자는 것은 미국 패권의 신세계 질서에 종속되어서 남한만 그들의 안보 우산 하에서 안전한 생활을 유지하자는 '절대적' 안보 체제를 강화하자는 주장일 뿐이다. 지금의 세계 질서는 어떤 강대국의 지도 아래 종속되는 수직적 안보 체제보다는 각국이 독자적 지위를 보유하면서 집단 안보의 영역을 넓혀 가는 다자 협력적 안보 체제로 바뀌고 있다. 우리의 주장은 그런 다자 협력적 안보도 해체되어 세계 인민이 평화롭게 하나가 되는 만민 평등 체제가 구축되어야 한다는 것이다.

현재 이런 세계 평화로의 행진에 가장 큰 걸림돌이 되는 것은 미국의 네오콘Neocon과 방위산업체 자본들이다. 이들에게 전쟁을 위시한 무력 충돌은 곧 권력의 과시 시장이며 무기의 소비 시장이다. 전쟁이 존재하는 한, 이들 권력의 유지와 자본의 이윤은 보장된다. 미국이 만약 전쟁을 포기하고 평화를 도입할 경우, 이에 반대할 미국 동맹국들은 전 세계적으로 과연 얼마나 될 것인가? 또한 미국의 전쟁 포기를 기화로 득세할 적국이나 테러 단체는 과연 얼마나 될 것인가? 우리의 이 두 가지 질문 자체는 지금 공상에 불과할지 모른다. 그러나 인간의 생존적·번영적 본성은 평화를 지향하는 역사의 발전을 시도해 왔다는 점에서 — 한반도의 비핵화도 궁극적으로 평화를 지향하는 노력인 점에서 — 위의 두 질문들에는 모두 부정적인 '거의 없다' 라는 대답이 기다리고 있을 것이다.

이명박 정부는 이처럼 남북 관계를 국가주의적 안보 정책의 기조에서 추진하고자 한다. 그러나 이명박 정부도 충분히 알다시피, 한반도가 남북으로 분단된 것은 우리 민족의 자율적인 의사가 아니라 미국과 소련의 강제적이고 타율적인 의도에 기인한 것이다. 이제 그런 타율적인 시대는 제국주의의 쇠퇴와 함께 과거 유물인 만큼, 한반도에는 하나의 민족(한민족이든 조선민족이든)이 하나의 국가를 건설해야 할 계기가 남북한 인민들의 자율적인 결정에 일임되어져야 한다. 단일민족국가를 건설하겠다는 의지가 반세기 만에 천명된 것이 있다면, 그것은 대북 경협으로 남북 교류의 물고를 튼 김대중 정권의 '햇볕 정책' 이라고 할 수 있다. 햇볕 정책은 남한의 권력과 자본의 입장에서는 본질상 국가 대 국가의 자본주의적 통합을 기도하는 것이지만, 남한의 노동자·민중의 입장에서는 민족주의적 실험이 가미된 대북 접근이었다.

남북한 간 6·15 선언을 이끌어 낸 햇볕 정책으로 인해 사실상 자신의 국방 외교 정책을 수정해야 할 처지에 몰린 것은 오히려 북한이었다. 북한은 햇볕 정책의 수용으로 인해, 자신들이 볼 때 대미 종속적인 남한의 외세 정권과 외교 관계를 수립해야 할 뿐만 아니라 현대와 같은 남한 독점자본의 협력을 수용해야 하는 처지에 몰린 것이다. 북한이 과거 소련과 같이 국가사회주의 체제를 유지했던 국가 가운데 하나라면, 남한과 같은 자본주의국가에 종속될 위험이 있는 경협이라는 미명의 무상원조란 국가 체제상 수용될 수 없는 것이다. 남한의 우파는 북한의 남한 수용이라는 대외 노선의 변화를 보면서, 북한이 경제난을 타개하기 위해 일종의 수정주의 노선을 채택한 후 곧 국가사회주의 체제를 포기하는 수순으로 가는 것이라고 판단하기 쉽다. 그런데 남한의 좌파에서는 북한의 통치 이념인 주체사상에 대해 서로 통합될 수 있으면서도 서로 근접하지 못하는 두 가지 입장이 대립하고 있다. 하나는 실증적 견해로서, 주체사상이 현실의 인권 문제와 경제난을 타개하기 위해 결국 수정될 것으로 보지만 그것의 사상적 측면은 통치를 위해 계속 유지될 것으로 보는 견해이다. 다른 하나는 규범적 견해로서, 북한의 정치 경제 현실과는 무관하게 주체사상은 20세기 구사회주의가 신봉했던 지도자 이념으로서 전면 폐기되어야 할 것이라고 보는 견해이다.

우리는 북한의 통치 이념인 주체사상이 당초에 내걸었던 반외세(반제국주의) 자주 통일의 입장은 살려야 되겠지만, 그 후 주체사상의 발전상인 수령 중심주의는 북한의 국내외적 정치 및 경제의 현실과 유리된 이념이기 때문에 폐기되어야 할 것으로 본다. 우리는 2002년 대통령 선거 당시 북한 주체사상과 김정일의 '강성대국론'을 비판하는 자리에서, 주체사상은 북한 대중으로부터의 지지 획득 여부와 상관없이, 이미 몰락한 구사회주의권의 사상적, 이념적 유물이어서, 정치적 민주주의를 실시하고 있는 자유주의 세계로부터 '독재주의'로 몰릴 가능성을 제기하였다. 또한 김정일의 강성대국론이 북한의 경제난을 타개하고 자유주의국가로부터 인권 탄압 국가라는 오명을 벗기 위한 노력으로 되려면, 북한 사회는 현실적인 생산력 살리기와 함께 사회적 및 정치적 개혁을 통해

'정통' 사회주의 재건을 시도해야 한다고 주장했었다. 우리는 김 정일이 주장하는 것처럼, 주체사상이 경제력의 발전 없이 단지 정치나 군사의 강국이 되는 것만을 강조한다면 자본주의를 능가할 수 있는 경제와 문화 전통을 재건할 수 없는 '관념론'에 빠질 것이라고 경고한 바 있다.

우리는 북한이 원래의 인민민주주의people's democracy 혁명을 완료하지도 않은 상태에서 1950년대 말에 프롤레타리아 사회주의를 선언한 것은 일반 대중에게는 너무 급진적인 노선의 선회였다고 생각한다. 북한의 급진적인 선회는 주체사상의 반反사대주의와 민족 제일주의 노선의 강화에 기인했던 것으로, 이로 인해 북한은 당시 국제 공산주의 이념으로부터도 스스로 고립되는 처지에 몰리게 되었다. 북한이 너무 급격하고 이르게 선언했던 '북한식' 사회주의는 더욱 발전된 생산양식에 의해 뒷받침되지 않는다면 실현 불가능하다는 것은 이미 국내외적으로 공인되어 왔다. 우리는 북한식 사회주의가 사실은 자본주의적 생산양식의 가능성을 열어놓고 있는, 이와 함께 정권 자체의 사회주의적 자생력이 대중으로부터 시험받게 되는, 인민민주주의 체제에 훨씬 가까운 것이라고 본다. 그런 점에서 남한의 우파는 물론 이명박 정부가 북한을 과거의 국가사회주의 체제로 여겨 남북 대결 구도로 몰아간다면, 이미 10년 가까이 한반도 평화를 위해 추진한 화해, 교류, 경제협력을 사실상 무위로 돌릴 것이다. 우리는 이명박 정부가 이른바 '좌파' 정권들이 추진했던 남북 대결 완화가 적어도 국제사회의 전폭적 동의를 얻고있다는 점을 분명히 기억해 두기를 바란다.

우리에게 현재 시급한 대외 문제가 있다면, 민족이 분단된 채 상호 적대 관계에 있다가 2000년 남북정상회담 이래 진전되어 온 남북 화해와 교류를, 이제는 한반도의 종전 선언을 통해 평화와 협력을 정착시키는 일이 아닐 수 없다. 지난해 노무현 정부가 북한과 맺은 '남북관계의 발전과 평화번영을 위한 선언'(이하 10·4선언)은 근 60년 만에 한반도에 평화를 심기로 합의한 사안이다. 김대중의 2000년 방북에 이어 노무현이 지난해 다시 방북해 북한과 체결한 선언과 관련하여, 이명박 측은 과거 정부의 대북 포용 정책(햇볕 정책)은 실패작이라고 결론짓는다. 국가의 안보가 위협받는 상황에서 대북 유화에만 매달렸고 국민적 합의보다는 이념과 정략적 고려가 앞섰기 때문이라는 분석이다(『MB노믹스』, 189~190쪽). 우리는 이명박 보수주의자들의 이러한 주장에 대해 국민들이 냉정한 평가를 내릴 수 있도록 하기 위해서는 북한의 현실을 실증적으로 분석할 필요가 있다.

한나라당 내 일부 세력은 아직도 남북 관계를 적대적으로 보며, 북한이 핵으로 무장해 미사일로 남한을 공격할 것이라고 믿는 극우적 반공주의 성향을 갖고 있다. 그러나 지금 남북한이 평화 성명까지 채택한 현실에서, 그리고 초강대국인 미국이 남한에 주둔하고 있는 사실로부터, 대다수 국민들은 북한의 전쟁 위협은 사실상 사라진 것으로 보고 있다. 북한이 내적으로는 식량과 의료의 문제, 외적으로는 탈북민 문제 등 기초적인 민생 문제로 국난을 겪고 있는 현실에서, 북한의 지도부나 군이 인민 대중에게 오로지 남한과의 '통일 전쟁' 만이 조선민주주의인민공화국이 살 길이라고 선전한다는 것은 '사실상' 생각할 수 없는 일이다.

한국의 보수 언론은 국가 안보 강화와 남북 화해는 마치 별개인 것으로 간주하고 있다. 2008년 1월 12일의 『중앙일보』가 그 증거이다. 『중앙일보』는 이명박 대통령이 국방부를 방문한 자리에서 "안보를 튼튼히 한다고 남북 화해를 소홀히 하는 것은 아니라"고 말한 것에 전적으로 공감하고 있다. 남북 관계는 '대치와 협력' 의 이중성을 본질로 하는데도 김대중 정부와 노무현 정부는 이를 보지 못했다고 보수 언론은 목소리를 높인다. 김대중은 "튼튼한 안보가 햇볕 정책의 바탕"이라고 말했지만 '서해 교전' 에서 북한에 사과나 책임자 처벌을 얻어내지 못하고 북측의 '유감 표명' 을 수용하는 데 그쳤다고 비판을 받는다. 또한 노무현 대통령은 북방 한계선NLL은 영토선이 아니라는 입장을 밝혀, "유족과 국민의 가슴을 찢어지게 만들었다"고 『중앙일보』는 흥분한다. 두 정권 모두 "북한의 비위를 거스르지 않아야 평화가 깨지지 않는다" 는 얼토당토 않는 발상에 사로잡혔다는 것이다.

제1권에서 이미 이야기했듯이, 우리는 보수 언론들이 지난해 대통령 선거가 있기 오래 전부터 이명박 후보를 지지했던 사실을 잘 알고 있다. 이명박과 보수 언론이 입장을 함께한 예를 들자면 국가 안보와 남북 협력은 별개라는 생각이 있다. 이들은 남북 화해는 거스를 수 없는 시대정신이라고까지 말한다. 그러면서도 북한의 핵 보유나 미사일 발사를 보건대, 북측을 지원하면 북이 자동적으로 화해와 협력에 나설 것이라고 믿는 것은 아직 '낭만' 에 불과하다고 비판한다. 그래서 이들의 결론은, 최근 이명박의 북한에 대한 행동에서도 알 수 있듯이, 국가 안보는 안보대로 튼튼히 챙기되 북한과의 교류와 협력을 강화해야 한다는 이중적 잣대이다. 『중앙일보』는 남한이 올해 26조원이라는 '막대한' 국방비를 지출해야 하는 주요한 이유가 북한과의 대치라고 주장한다. 그렇다면 한국이 국방비를 줄일 수 있는 유일한 방안은 이중적 잣대를 대는 것이 아니라 북한과의 화해를 통해 영구적 평화를 얻는 것이다. 김대중과 노무현은 국방비를 줄이는 방안이 북한과의 관계를 개선하는 것임을 알고 있었고, 『중앙일보』가 비판한 '낭만'의 실현 가능성을 믿고 있었기 때문에, 북한과의 관계를 지금처럼 이중적 음모가 아닌 일원적 진실로 풀고자 북한을 남북 화해에 적극 나서도록 노력했던 것이다.

한국의 보수 언론들이야말로 한국의 국방비가 다른 선진국들에 비해 전체 예산에서 차지하는 비중이 매우 높다는 것을 잘 알고 있다. 국제통화기금IMF의 2005년 정부재정통계GFS를 보면, 한국은 국방비가 전체 예산 가운데 9.3%를 차지하는 데 비해 영국은 6.4%, 일본은 2.6%, 호주는 4.4%, 스웨덴은 3.5%, 이탈리아는 2.8%를 각각 차지하고 있을 뿐이다. 오로지 미국만 11.6%로 한국보다 높은 기능적 구성을 보이고 있다. 이명박 정부에서는 국방비가 더욱 늘어날 전망인데, 그것은 주로 한미 동맹의 강화 때문이다. 지난 이명박의 방미 때 미국이 요구한 바와 같이, 주한 미군의 방위비 분담 비율은 50:50으로 상향될 것이다. 또한 무기 수입국의 지위의 변경에 의해 한국의 미국 첨단 무기류의 수입이 더욱 늘어날 것으로 보인다. 미국은 이에 그치지 않고 일본이 현재 참여하고 있는 전역미사일방위체계TMD 계획에 한국도 참여하기를 요구하고 있다. 이 체제는 북한이 미사일 개발을 포기하도록 압박을 가할 수 있는 대對미사일 요격 체계이다. 노무현 정권 때는 TMD 계획에 엄청난 비용이 소요되므로 참여하지 않았지만, 현재 대북 안보를 강화하는 이명박 정부에서는 이에 참여할 가능성이 커 보인다.

현재 한국은 미국의 군수산업자본이 추종하는 전쟁 놀음에 예산을 책정하기보다는, 적어도 유럽의 선진국들처럼 국방비를 대폭 줄여 교육, 사회복지, 사회간접자본 등에 투자해야 할 처지이다. 따라서 한국이 취할 수 있는 유일한 대책은 미국과의 튼튼한 한미 동맹에 몰두하는 대신에 진실한 남북 평화에 의한 민족 자주 통일을 향한 초석을 놓는 일이다. 보수 언론들은 국민들에게 남북 적대의 의식을 심으려는 무책임한 소행을 즉각 멈추어야 할 것이다.

북한은 이미 이명박 정부를 반민족적, 반통일적 정권으로 간주해 이 정권과는 일정한 대치 관계를 유지하면서, 한반도 비핵화를 주도하고 있는 미국 및 중국과의 외교에 박차를 가하고 있다. 이것은 새삼스러울 것이 없는 북한의 전통적 외교 전략이다. 비핵화를 대북 지원의 전제 조건으로 내걸고 엄격한 상호주의를 주장하는 이명박 정부의 정책에 변화가 없는 한, 북한은 미국과는 교섭하지만 남한과의 교섭은 거부한다는 이른바 통미봉남通美封南의 외교 노선을 고수할 가능성이 크다. 통상적으로 북한은 1월말에 비료와 쌀의 지원을 요청했지만 이번에는 그런 지원요청 대신에 대남 강경 입장을 들어내는 비난을 한국에 퍼부었다. 이것은 지난해 8월 한나라당 경선에서 이명박 후보가 결정된 직후 이명박을 "반북대결분자"로 거세게 비난했던 것의 연장이다. 한반도 비핵화는 무엇보다 남북 자체의 문제 해결 의지가 먼저이기 때문에, 남한의 대미 태도 변화와 함께 북한이 '통남봉미'로 외교 기조를 선회하는 것이 필요하다. 따라서 이명박 정부가 현재 경제 후진국인 북한에 대해 안보와 연계된 상호주의를 내걸며 북한과 경제 협력을 논한다면, 미국의 의식 있는 국민들은 물론이고 다른 선진국들에서 일고 있는 여론의 비판을 면치 못할 것이다.

지난해 북한과 미국이 서명한 '10·3 합의'에 따라, 북한이 핵 프로그램과 관련하여 이행할 의무는 완전한 신고에서 부분·단계별 신고로 바뀌었다. 양국은 남은 과제인 핵 폐기를 위한 최종 협의에 들어갈 계획이며, 북미 간 관계는 거의 화해 단계에 이르렀다. 미국은 이에 앞서 지난 4월말 북한이 핵 신고만 제대로 할 계획이라면 신고 전이라도 '테러 지원국'에서 해제시킬 것이라고 천명한 바 있다. 미국은 지난해 10월 아프리카의 소말리아 해역에서 해적에 나포된 북한 상선 대흥단호를 구축함 제임스 윌리암스 호號가 구출하도록 조치하였다. 이는 해난 구조에 관한 국제 협약에 따라 국제해사국IMB으로부터 구조 요청을 전달받은 바레인 소재 연합해양군사령부가 내린 명령을 미 군함이 이행한 것일 뿐이지만, 북미 관계의 변화를 예고하는 전조가 될 수도 있을 것이다. 지금 북미 간에는 공식적인 외교 관계보다는 민간 차원의 교류가 활발히 이루어지고 있다. 예컨대, 북한의 여자 축구 국가 대표팀이 미국 대표팀과 친선경기를 치렀으며, 이어서 뉴욕 필하모닉 관현악단의 평양 공연도 무사히 치렀다.

남북한 통합은 경제 발전과 인권 보장을 우선시해야

이명박 정부가 들어선 이후 그간 남북한 간 공동의 노력으로 진전되어 왔던 민간 차원의 교류와 국가 간 공식적 협력이 모두 위축되고 있다. 이를 아주 간단히 확인할 수 있는 사례는 남한의 식량 지원에 대한 북한의 거부이다. 남한은 지난 5월 중순 대한적십자사를 통해 옥수수 5만 톤 지원을 위한 실무 접촉을 제안했으나, 북한은 이를 거부했을 뿐만 아니라 공식 입장을 확인하기 위한 대한적십자사의 전화 통지문 접수마저 거부하였다. 나아가 6·15 선언 이후 북한에 대한 지원은 통일부를 통해 이루어졌지만, 이제는 남한이 대한적십자사를 내세웠다는 점부터 남북 관계의 크나큰 후퇴를 의미한다. 정부 일각에서는 핵 문제의 진전으로 북미 관계가 개선되어 미국이 대북 식량 지원을 시작한 상황이어서 북한이 남측의 지원을 당분간 받지 않아도 된다는 판단을 내린 것 아니냐는 해석을 하고 있지만, 북한은 이에 앞서 남한과의 경제협력 등 다양한 수준의 교류를 재검토하고 있을지 모른다.

남북한 간 경제협력은 형식적으로는 국가 간 외교 관계이지만 실질적으로는 민족의 화합을 나타내는 관계이다. 이런 남북한 관계의 진전은 우선 상호 경제협력을 시작으로 해, 향후 군사적 대치 관계를 종결지어 평화를 정착시키고, 나아가 분단을 허물어 통일된 독립국가를 실현할 것이다. 남한과 북한이 양국의 국민에게 통일이 궁극적 목표라는 것을 분명히 밝히고, 그것을 위해 남북한이 공동으로 협력, 평화, 통합이라는 과정을 밟을 것이라는 것을 국민

에게 확신시켜야 한다. 지난 세기의 적대적 통일과는 다르게 남북
의 평화로운 통일을 여는 초기의 과정인 화해와 협력은 이미 2000
년 남북정상회담으로부터 시작되었고, 이것을 이어받아 지난해에
는 남북평화선언이라는 진일보된 조치를 단행하였다. 그러나 이
명박 정부와 한나라당을 위시한 수구 보수 세력은 그간의 반북대
결적 입장에서 다소 후퇴하여 보수 개혁 정권들이 미국과 협력해
쌓아 놓은 남북 화해와 협력을 수용하면서도, 그런 남북한 협력은
국가 간 상호주의를 기반으로 해야 한다며 상호 협력의 조건으로
한반도 비핵화를 못 박고 있다.

그러나 한국 정부가 분명히 알아야 할 것은 한반도 비핵화는 북
한도 동의하고 있다는 점이다. 북한의 동의가 있기에, 이미 국제적
해결 절차로 남북한 당사자는 물론 미국, 중국, 러시아, 일본을 포
함하는 6자 회담이 진행되고 있지 않은가? 남한은 비핵화의 과정
이나 결정은 6자 회담에 일임하면 되지, 그것이 어떤 결정을 하기
도 전에 이미 비핵화를 기정 조건으로 내세워 북한을 압박하는 것
이 국제 관례상 올바른 일인가? 북한은 지난해 대통령 선거가 진
행되던 시기에, 이명박이 당선되면 기존의 남북 협력이 후퇴될 것
을 고려해 이명박의 당선을 극구 반대했다. 지금의 남북한 간 경색
은 이미 지난해부터, 특히 이명박이 '비핵·개방·3000'의 대북 정
책을 발표했을 때부터 시작되었던 것이다. 그 정책은 미국의 부시
대통령 집권 초기의 '선비핵 후협력'이라는 반북 구도와 흡사하
다. 게다가 미국은 이미 그러한 대결 정책을 폐기하고 새로운 협력
정책을 구사하고 있다는 것을 이명박 정부는 알고 있는가? 여기서
다시 강조하지만, 이명박 정부는 비핵화 정책은 6자 회담에 맡겨

야 한다. 그래서 한국 정부는 비핵화와 무관하게, 과거에 소련이 채택하고 지금의 중국이 추종하고 있는 '개혁·개방' 정책을 북한이 수용할 수 있는 각종 대안들에 대해 적어도 국가 입장에서 협력하면 될 것이다.

이명박 정부의 한반도 비핵화는 미국 자본주의의 세계적 패권주의에 따른 것이지만, 우리는 비핵화를 한민족의 평화와 통일을 위해 필요한 것으로 보고 지지한다. 김대중 정권과 노무현 정권이 미국의 양해를 구해 북한의 개혁과 개방을 유도한 온건한 정책이 '햇볕 정책'이다. 그런데 현재는 그 대신에 이명박 정부와 수구파의 전통적인 반북 대립적 강경 정책이 주도하고 있다. 이런 반북 대립적 구도를 종결시켜 한반도에서 분단과 전쟁을 종식시키고 통일과 평화를 심고자 하는 것은 김대중 정권과 노무현 정권의 '개혁파'만의 생각이 아니라 국민과 세계가 희망하는 일이다. 북한도 이에 호응하여 지금 미국과 적극적인 자세로 협상에 임하고 있으며, 지난 6월에는 북한 핵 개발의 상징적 보루였던 냉각탑을 미국의 비용으로 폭파시킨 바 있다. 미국은 북한의 핵 신고서 제출과 동시에 북한을 '테러 지원국' 명단에서 삭제하며, 나아가 북한에 대한 경제 제재를 향후 단계적으로 취소할 계획에 있다.

여기서 잠깐 미국의 국내 사정을 살펴보자. 미국은 자유민주주의 체제답게 대북 외교정책을 정파들 간 복잡한 이해관계에서 결정하고 있다. 그러나 외교정책을 실무적으로 주도하는 국무부는 대북 강경론자인 부시 대통령과는 입장이 다르다. 국무부는 지난 세기 말에 북핵 문제가 제기되었을 때에도 북한과의 관계가 파국으로 치닫는 상황을 막기 위해 외교적 융통성을 발휘했다. 지금 국무부는 대체로 민주당 대선 후보인 버락 오바마의 외교적 입장을 지지한다. 오바마는 북한의 김정일 위원장과 조건 없이 만나겠다고 재삼재사 밝힌 바 있다.

북한은 현재 어느 정도의 경제난에 봉착하고 있는가? 북한의 경제난이 가중된 해로는 1995년을 꼽을 수 있는데, 이때 북한은 홍수 등 자연재해로 대량의 식량 부족 사태를 겪기 시작했다. 이전에 북한이 경험했던 식량 위기는 1991년 구舊소련의 패망 이후 에너지와 식량의 원조가 끊긴데서 발생하게 된 사태였다. 북한은 지난 세기말까지 극심한 경제위기를 겪다가 결국 유엔에 식량 원조를 요청하기에 이르렀다. 하지만 북한은 그런 임시방편으로 만족하지 않고, 강성대국이란 기치 아래 경제개혁을 단행하기 시작했다. 그것의 일환으로 북한은 세계의 도움은 물론 나아가 남한과의 협력을 추진하여 위기를 극복하고자 했던 것이다. 북한의 총체적인 저개발 수준과 후진적 경제체제는 지금도 여전하지만, 그런 이유로 정권이 쉽게 붕괴되리라고 믿는 사람들은 그렇게 많지 않다. 외국의 언론들이 북한의 실상을 소개하거나 고발하는 내용을 보면, 그들은 북한 인민이 자신들의 낙후되고 빈곤한 처지를 정부의 책임이나 실정으로 보고 있지 않다는 점을 강조한다. 다만 외국의 언론은 북한 정권이 인민에게 주체사상을 보급하며 수령인 김일성의 개인 우상화를 시도함으로써 그들에게는 다른 사상이나 체제에 대한 인식이 없다는 점을 강조할 뿐이다.

북한은 우선 지난 세기 남한을 무력으로 도발하여 혼란을 일으켰던 다양한 기도들이 실패했다는 것을 인정해야 한다. 이것은 미국의 군사적·외교적 지원을 받는 남한이 북한의 그러한 기도에 효과적으로 잘 대응했는가라는 문제와는 별도의 판단에 따르는 것이다. 북한은 21세기 초 지금 개혁과 개방이라는 과제를 마주하고 있다. 이 과제를 해결하려면 구舊사회주의적 이념과 실천을 과감히 벗어던질 필요가 있다. 북한이 우선적으로 해야 할 과업은 생산력의 증대에 의한 경제 입국이다. 미국이 20년 전 북한을 테러국으로 지목해 경제 제재가 전 세계적으로 오랜 기간 가해진 것이 가장 결정적인 원인이 되어 북한은 지금 경제 낙후국이 되어 있다. 우리는 어떤 국가 사회든 그것이 자본주의보다 더욱 높은 물질적·문화적 사회인 사회주의로 발전하기 위한 토대가 생산력의 발전이라는 것을 알고 있다. 어느 국가든 그런 경제 발전이 있어야 정신적, 이념적 발전이 가능하다. 북한은 향후 그런 질 높은 사회를 구축하기 위해 한반도 비핵화를 통한 평화를 위해 전향적인 조치를 취해야 한다.

남북한이 향후 상호 통합하기 위해서는 경제 발전이 기초이지만, 나아가 국가 안보와 개인 인권과의 관계를 어떻게 보고 있는가의 문제도 중요하다. 국가가 안보를 강화하면 개인의 인권에 대한 보호는 약화되는 음의 상관관계(상반 관계)라는 것이 일반적 이론이다.

한국의 이에 관한 좋은 사례인 국가보안법은 인권의 보호에 반하는 법률로 거론되어 왔다. 지난 1992년 7월에 유엔인권위원회는 국가보안법이 국제인권협약에서 규정하고 있는 권리들을 침해할 소지가 있다고 밝혔다. 국가보안법 2·3·4·6·7·8·10조에서 반국가단체의 간첩 활동과 국가 기밀 등을 모호하고도 광범위하게 규정하는 바람에 헌법이 정하고 있는 표현과 결사의 자유가 심각하게 침해되고 있다는 것이다. 이에 유엔인권위원회는 한국 정부에 국가보안법을 단계적으로 폐지해야 한다고 권고하였다.

남한 정부는 그간 국가보안법에 대한 국제적 환경이 불리함을 의식하고는 국가보안법의 폐지 또는 수정을 검토해 왔다. 특히 김대중 정권하에서는 국가보안법이 규정하고 있는 핵심 안보 조항을 형법에 규정하면 된다는 국가보안법 폐지론과 인권에 반하는 모호한 조항을 삭제하자는 국가보안법 수정론이 제기되어 왔다. 국가보안법의 폐지론이나 수정론은 역대 보수 정권들이 국가의 안보를 이유로 인권을 침해해 온 데 대한 반성이며 국가보안법의 '실질적' 개정이라는 점에서 양자 간 큰 차이는 없다. 국가보안법의 개정론자들은 두 개의 극단적인 주장인 우파의 국가 안보 우선론자와 좌파의 인권 보호 우선론자의 대결에서 안보를 살리되 인권도 중시하자는 이른바 중립적인 입장을 취하고 있는 셈이다. 이런 중립주의적 태도는 국가보안법에 담긴 표현과 결사의 자유에 대한 제한 조항들이 결국 국가 안전과 공공질서의 유지에 필요한 제한의 범주를 초과하는 것이라고 생각하는 것이다. 그런데 이들은 국회 내 국가 안보 우선론자, 즉 국가주의자들을 설득하기 위해, 개인 기본권의 온전한 자유를 향유할 수 있다면 그것은 오히려 국가의 안보와 이익에 크게 기여할 수 있다는 논리를 편다. 다시 말해, 어떤 개인이 살 만한 가치가 있는 사회는 곧 지킬 만한 가치가 있는 사회라는 것이다. 그래서 모든 국민들이 기본적 인권을 완전히 보장받을 때 진정으로 지속적 의미의 국가 안보가 성취될 수 있으며, 그렇게 될 때 한국 사회의 위장된 국민, 즉 북한의 간첩도 쉽게 색출해 발붙일 수 없게 만들 수 있다는 것이다.

김대중 정권과 노무현 정권에서는 대체로 국가의 안보와 인권이 동시에 국법에 의해 존중되어야 한다는 중립적인 견해가 우세한 편이었다. 이들의 차이점은 '안보 없이 인권 없다' 와 '인권 없이 안보 없다' 의 차이에 불과했다. 그러나 그런 중립적 개정 의지도, 김대중 정권이 안전기획부의 인권유린 관행을 줄이고 국가 보안의 주적主敵인 북한과의 화해와 교류를 추진하는 이른바 '햇볕 정책' 을 펴면서 유야무야되고 말았다. 다시 말해, 국가보안법을 개정하지 않고 그대로 두더라도 국가가 인권을 보호하는 방향으로 법을 운용하면 될 것이라는 안일한 발상이 정권의 지배적인 시각이 되고 말았다. 그렇지만 역대 정권의 그런 안일한 발상 자체가 인권을 안보와의 관계에서 사각지대에 방치하는 결과를 초래했던 것이다. 이처럼 국가보안법을 위시해 안보를 강화하는 제반 법률들이 인권을 사각지대에 두는 일은 이명박 정부에 의해 더욱 가속화될 것으로 우려된다.

우리는 남북한 모두가 국가 안보를 빙자한 인권유린을 즉각 중지할 것을 촉구한다. 개인의 인권은 국가에 의해 헌법상 보호되는 국가주의적 속성을 갖고 있지만, 정권이 이것을 남용하여 개인적 자유의 본질인 인간의 기본권을 해치는 사태가 초래되어선 안 된다. 현재 북한은 국제사회로부터 '정신의 국가' The State of Mind(영국 BBC 의 사실 기록 보도의 제목)로 비하되어, 정부에 반대하는 인민의 목소리가 숨을 쉴 수 없는 국가로 여겨지고 있다. 북한의 체제에 반대하거나 개인적 경제난으로 인해 중국으로의 탈북자들이 외교 문제를 일으키고 있다. 우리는 북한이 설사 사회주의혁명을 진행하고 있는 국가라 하더라도, 개인의 언론, 출판, 집회, 결사 등 표현의 자유를 존중하는 국가가 될 것을 차제에 권고한다. 과거 러시아혁명 이전에 레닌이 발표한 수많은 문헌들이 짜르의 비밀 경찰에 의해 압수되었던 압제적 전례를 생각해 보자. 지금의 북한이 과거 러시아의 짜르 봉건 체제가 아니라면 적어도 인민들이 표현하는 자유를 가로막을 하등의 이유가 없는 것이다. 심지어 우리는 북한에게 연방제 통일안이냐 남북 연합안이냐를 놓고 한반도 통일의 방안과 과정에 대해 토론할 용의가 있음을 차제에 밝힌다.

한반도 비핵화는 세계 반핵평화운동의 초석

이명박 정권의 대북 경협 대책을 보면, 노무현 정권까지의 소극적 지원을 넘어 이제는 마치 북한의 경제개발을 적극적으로 지원할 것으로 보인다. 그렇지만 이런 적극적 지원의 대전제는 현재 진행 중인 6자 회담이 노리는 한반도 비핵화denuclearization이다. 북한의 이런 대결단이 전제되어야 대북 경협의 핵심인 400억 달러 규모의 다국적 경제 지원이 일사천리로 진행될 수 있다. 다시 말해, 북한의 핵 포기 없이는 MB독트린도 없는 셈이다. MB독트린은 미국의 한반도 비핵화 정책인 부시독트린과 입장을 거의 같이 하고 있다. 미국의 국익인 이른바 신세계 질서 구축에 현재 가장 위협적인 요소가 대량 살상 무기인 핵무기로 무장하는 국가인 이란과 북한이다. 지금의 핵확산금지조약NPT은 미국, 러시아, 중국, 인도, 영국, 프랑스, 파키스탄, 이스라엘 등 8개 핵보유국들을 제외한 다른 나라들의 핵무기 개발을 금지하고 있다.

우리는 기본적으로 이 지구상에 어떤 유형의 핵무기가 제조되거나 인도되어선 안 된다는 입장을 갖고 있다. 우리는 위의 핵무기 보유 8개국이 핵무기를 전면 폐기하는 것을 조건으로 지금의 핵확산금지조약을 '핵무기보유금지조약'으로 대체하여야 한다는 입장이다. 오늘날 핵무기가 세계 인구를 모두 절멸시키고도 남는 양이라는 것은 누구나 잘 알고 있다. 우리는 원자력발전소와 같이 핵의 평화적 이용도 점차 중지할 것을 촉구한다. 그러기 위해서는 핵에너지 개발도 중지해야 하며 그것의 평화적 이용은 국제적 감소 계획에 의거하여, 예컨대 유엔에 의해 실천될 수 있도록 해야 한다. 향후 핵의 군사적 및 평화적 이용은 모두 중지되어야 함은 1986년 러시아의 체르노빌 원자력발전소 참변으로 충분히 입증되고도 남는다.

한반도 비핵화는 지구를 핵 위기로부터 구제하여 평화를 놓는 초석이 되어야 한다. 우리는 이제 "캄보디아의 지뢰 제거에서부터 미국의 핵 제거로까지"의 세계평화운동이 곧 전개되어야 할 것으로 믿는다. 이처럼 한반도 비핵화로 시작하여 미국 등 핵보유국에게 부메랑으로 돌아가게 될 반핵평화운동을 UN사무총장인 반기문을 동원해 세계적으로 일으킬 수 있는 당사자는 지금 볼 때 한국의 이명박밖에 없다. 이명박 대통령이 반핵평화운동을 추진할 경우, 김대중에 이어 노벨평화상 수상자로 추천될 소지가 충분히 있지 않을까?

물론 우리는 한나라당 이명박 정부의 한계를 잘 알고 있다. 이명박 정부는 한미 간 전통적 국제 관계를 강화하는 틀 위에서 북한에 대한 한국의 우위를 챙기는 실리 외교를 추구할 것이다. 그런 점에서 이명박 정부는 반북 친미 정권의 한계를 넘기가 상당히 어려울 것이다. 이명박 정부는 '당당한 외교'에서 밝힌 '국익 바탕의 실리 외교 실천'을 '양국 이익 바탕의 자주 외교 실천'으로 바꾸어야 할 것이다. 그렇게 할 때만이 이명박 정부는 세계에 한국의 위상을 자주독립을 지향하는 국가로 떳떳이 세울 수 있을 것이다. 이렇게 할 때만이 이명박이 지난 4월 방미 때 제안한 '남북공동사무소' 설치도 가능할 것이다. 이명박은 현재 한반도 비핵화 6자 회담의 걸림돌을 객관적 시각에서 미국과 일본이 북한 지원 책임을 회피한 것으로 보지 않고, 오로지 북한의 핵 개발과 군사적 시위에만 회담이 지지부진한 책임을 돌리고 있다. 이는 북한이 아직도 핵 개발을 완전히 포기하고 있지 않다는 미국식 왜곡된 극우적 시각을 그대로 드러내고 있는 셈이다.

미국의 북한 압박이 완화되는 조짐을 보이고 있다. 미국은 지난 1월에 북한이 핵 개발계획을 스스로 공개하여 신고하도록 하던 방안을 부분별 단계별 신고 방안으로 바꾸었다. 미국은 그간 북한에 대해, 우라늄농축프로그램UEP과 시리아 핵 확산 의혹을 포함한 모든 핵 프로그램을 완전하고 정확하게 신고하라고 압박해 왔다. 그러나 북한은 그동안 추출한 플루토늄 생산량이 30kg밖에 없다고 제시했으며, 이에 대한 특별 사찰도 받을 수 있다는 뜻을 비쳐왔다. 이에 지난 1월 미국은 우선 플루토늄 문제만이라도 정리하고 넘어가자고 결정하여, 걸림돌이던 UEP와 핵 확산 문제는 북한이 '비공식 채널'에서 계속 논의하겠다는 단서를 다는 것으로 6자 회담의 돌파구를 마련하고자 했다. 북한이 그 같은 신고서를 제출할 경우, 미국은 즉각 북한을 테러 지원국 명단과 적성국교역제재법 적용 대상에서 제외하고 핵 폐기를 위한 최종 협의에 들어갈 계획이다. 이런 북미 양해는 지난 4월 북미 책임자 회담에서 더욱 구체적으로 진전되었다.

그러나 문제는 미국 의회와 워싱턴의 강경파인 네오콘의 반발이다. 이들은 미국의 안보를 위협하는 북한의 핵 프로그램의 완전한 신고를 주장해 왔으며, 단계별 신고 방안은 사실상 북한 핵 문제를 덮고 가려는 술수라고 공격할 가능성이 크다. 그러나 네오콘은 이미 이라크 전쟁이 미국의 국익에 더 이상 도움을 줄 수 없다는 것을 파악한 미국 국민들의 4명 가운데 3명으로부터 비난을 받는 존재로 전락하고 있다. 그런 점에서 이번 미국 대통령 선거는 민주당에게 유리하게 끝날 공산이 크다. 그리고 민주당이 승리할 경우, 네오콘의 영향력은 현격하게 줄어들 것이다.

제 3 장

교육정책

우선 후보 시절 이명박의 교육에 대한 시각을 『MB노믹스』 (204~205쪽)에 따라 정리하면 이렇다. 우수한 인적 자원이 경제 성장의 가장 큰 동력인 나라에서는 창의력 있는 인재 양성만이 선순환적 경제 발전을 이룰 수 있는 동력이라는 것이다. 아울러 이명박은 교육이 가난의 대물림을 끊을 수 있는 최선의 방법이라고 생각하고 있다. 저소득층 학생들이 경제적 부담 없이 공교육 틀 내에서 질 높은 다양한 교육을 받을 수 있어야 한다고 강조하는 것도 이 때문이다. 그런데 문제는 사교육비다. 고교생의 월평균 과외비가 45만 원(2006년 말 기준)이어서 국가 전체적으로는 연간 30조 원에 이르니, 사교육비 부담으로 서민들의 허리가 휘청거리고 있다. 사교육비 규모가 한 해 정부 교육예산(2008년 35조7천억원 규모)과 맞먹는 규모라니 '코미디'가 아닐 수 없다. 결국 한국인들은 사교육비 때문에 아파트 규모를 줄여서 이사해야 하고 노후 준비도 제대로 못하고 있는 실정이다.

이명박 정부의 개혁, '5대 실천 프로젝트'

이명박은 사교육의 팽창이 곧 계층 간의 사교육 격차로 이어져 가난이 교육으로 대물림되는 악순환으로 이어지고 있다는 점에 주목한다. 나아가 그동안처럼 입시 제도만 바꾸는 임시방편을 택하는 것이 아니라, 학교교육의 질을 높여 학교교육만으로 원하는 대학에 갈 수 있도록 시스템을 바꾸겠다고 약속하고 있다. 고교 평준화 제도(1973년), 대학 입시 자율 박탈(1980년), 대입 3불 정책(1998년) 등 수십 년간 입시 제도를 바꾸어 왔지만 사교육비만 늘었지 상황은 나아지지 않았다는 것이다. 노무현 정부도 교육개혁에 '올 인' 했지만, 학생들에게는 수학능력시험(이하 '수능시험'), 내신, 논술의 3중고를, 학부모에게는 막중한 사교육비 고통을 가져다주었을 뿐이라는 것이 이명박의 평가이다.

그래서 이명박 후보는 2007년 10월 9일, '학교 만족 두 배, 사교육 절반' 프로젝트를 국민 앞에 내놓았다. 우리가 아래에서 검토할 이명박 정부의 '5대 실천 프로젝트'는 바로 그 약속을 지키기 위한 행동 강령이라고 봐도 좋다. 한마디로, 학교교육의 질을 획기적으로 높여 사교육비를 반으로 줄이고 교육으로 가난의 대물림을 끊는 사회를 만들겠다는 전략이다.

첫 번째 약속은 '고교 다양화 300 프로젝트'다. 누구든 적성에 따라 선택할 수 있는 고등학교 300개를 만들겠다는 것이다. 이 프로젝트에는 기숙형 공립고 150개, 마이스터고 50개, 자율형 사립고 100개를 만들겠다는 구체적인 안이 포함돼 있다. 모두가 사교육이 필요 없는 다양한 형태의 고교들이다. 이 프로젝트가 달성된다면, 현재 연간 총 7조 원에 달하는 일반계 고교의 사교육비를 절반으로 줄일 수 있다고 한다.

두 번째 약속은 '영어 공교육 완성 프로젝트'다. 고등학교를 졸업한 누구든지 영어로 대화할 수 있도록 만들겠다는 약속이다. 이 공약이 지켜지면 2007년 현재 14조 원에 달하는 영어 사교육비가 절반으로 줄어들 것으로 예상하고 있다. 이 프로젝트를 위해 영어 수업을 영어로 하는 교사를 해마다 3,000명 양성하겠다고 약속했다. 장기적으로 초등학교 고학년 이후에 영어 과목 외에도 영어로 수업하는 과목의 비중을 단계적으로 높여 나가는 방안도 적극 검토한다고 한다. 이 같은 목표를 달성하기 위해 우선 원어민 보조교사 확보에 힘을 기울일 예정이며, 외국의 정부나 교원 단체와의 협력도 지원할 계획이라고 한다.

세 번째 약속으로는 '3단계 대입자율화'를 제시하고 있다. 누구나 좋아하는 분야를 열심히 공부하면 원하는 대학을 갈 수 있도록 입시 제도를 바꾸겠다는 약속이다. 입시 부담과 학습 부담을 줄이는 최선의 방법은 대입 자율화라고 보는 것은 사실 이명박의 교육 정책의 핵심이기도 하다. '3단계 대입자율화'는 다음과 같이 이뤄질 예정이다. 먼저 학생부와 수능시험 반영률을 자율화하겠다는 전략이다. 다음 단계로 수능시험의 과목을 축소할 계획이다. 마지막 단계로 입시와 관련된 사항을 완전 자율화하겠다는 방침이다.

네 번째 약속은 '기초학력, 바른 인성 책임교육제'다. 공부 잘하는 학생만을 양성하고 그들을 중심으로 교육하는 교육 시스템을 바꾸겠다는 것이다. 학교가 기초학력과 바른 인성만큼은 절대

포기하지 않고 가르치도록 바꾸겠다고 약속했다.

끝으로, 다섯 번째 약속은 '맞춤형 학교지원 시스템'을 갖추겠다는 것이다. 온 동네, 온 나라가 함께 나서서 좋은 학교를 만들도록 하겠다는 의미다. 이를 위한 실천 방안으로 우선 교원의 경쟁력과 전문성을 높이겠다고 약속했다.

이 같은 다섯 가지 프로젝트가 달성되면 사교육비가 절반으로 줄어들 것으로 이명박 측은 보고 있다. 영어, 수학, 예체능 등 과목별 감소 효과와 내신, 수능, 논술 등 부문별 감소 효과를 감안하면 2007년 현재 약 30조 원 규모의 사교육비를 절반인 15조 원 규모로 줄일 수 있다는 것이다. 교육개혁은 대한민국의 지상 과제이며 교육개혁에 성공한 대통령이 가장 존경받는 대통령이 될 것이라는 데는 이견이 없을 것이라고 『MB노믹스』(205~211쪽)는 강조한다.

사교육비 절감은 영어 교육의 공교육화로부터

지난해 도시 근로자 가구가 벌어들인 소득 가운데 12%가 자녀 교육비로 나가는 것으로 2008년 2월 통계청이 발표한 『한국의 사회지표』에서 드러났다. 국민들은 경기가 침체되면서 물가가 올라 소비를 줄였지만 교육비만은 아끼지 않았다. 이처럼 높은 교육비 비중은 통계 작성 이후 최고치이다. 지난 6월 4일에도 한국은행은 지난 1분기 교육비에 지출한 액수를 7조 8,753억원으로 집계했다. 이에 따르면 교육비가 전체 소비 지출에서 차지하는 비중은 6.1%이며 이 역시 1분기 기준 사상 최대였다. 이처럼 한국의 교육 현실에 경제적으로만 접근해 봐도, 교육개혁이 진실로 국가의 지상 과제가 될 수밖에 없는 상황에 이르렀다.

한편, 고등학교 졸업생이 대학에 진학하는 비율은 82.8%에 달해 지난 10년간 22.7% 상승했다. 고등학교 졸업생 5명 중 4명 이상이 대학에 진학한다는 것이다. 무조건 대학을 가고 보자는 인식과 높은 '교육열'은 서로 맞물려 있다. 경기가 뒷걸음질을 치더라도 교육비에 대한 지출은 더욱 '앞걸음질'을 친다. 한국의 교육이란 결국 '명문 대학' 입학을 위한 전쟁터로 변한 것이다. 이로써 한국은 학벌이 사회에서 아주 중요한 위치를 차지하는 '이상한' 나라가 되고 있다.

결국 이명박 정부는 시험지옥과 입시 경쟁의 종착역이랄 수 있는 대학 입시 방안을 제시하였다. 인수위가 지난 1월 22일 발표한 '대입 3단계 자율화 방안'이 그것이다. 대입 자율화의 3단계는 수능 등급제 보완 및 교육과학기술부의 대입 관여 금지(2009학년도), 수능 응시 과목 축소(2012~13학년도), 대입 완전 자율화(2013학년도 이후)로 추진된다고 한다.

1단계를 시작으로, 2008년 현재 고등학교 3학년들에게 해당될 2009학년도부터 수능 등급과 함께 백분율 점수와 표준 점수가 성적표에 기재된다. 이는 말로는 수능 등급제를 보완한 것이라 하지만, 사실은 노무현 정부가 시행한 '평준화 수능 등급제'를 1년 만에 폐지하는 것이다. 나아가 2008년 상반기 중에 교육과학기술부는 대입 업무를 대학 협의체인 한국대학교육협의회(이하 '대교협')에 넘길 예정이다.

대입 자율화 2단계는 현재 중학교 3학년이 수능시험을 치르는

2012학년도 대입부터 적용되는데, 수능시험 과목을 언어, 수리, 영어 등 3과목 외에 탐구·제2외국어에서 2과목을 선택해 총 5개 과목으로 줄일 계획이다. 그리고 올해 중학교 2학년이 수능시험을 치르는 2013학년도부터는 영어 시험을 치르지 않아도 되기 때문에 수능 과목은 4개로 줄어든다. 하지만 수능시험에 영어 시험이 포함되지 않는 대신에 정부가 주관하는 '영어능력평가시험'을 치르고 그 성적을 대학에 제출할 계획이라고 한다.

현재 정부 차원에서 논의되고 있는 영어능력평가시험은 연4회 정도 치를 예정이며, 말하기·듣기·읽기·쓰기 등 4개 영역의 능력을 평가할 계획인 것으로 되어 있다. 이에 따라 이명박 정부는 중·고교는 물론 초등학교 고학년에서 영어로 진행하는 수업을 확대하기로 하였다. 당초 인수위는 "고등학교까지 다니면 영어를 쓸 수 있게 만들자"거나 "영어 교육 강화의 최종 목표는 '기러기 아빠'의 퇴출이다"라는 명분으로 영어의 공교육을 강화할 계획에 있었다. 이런 취지에 따라 인수위는 모든 과목을 영어로 강의하는 이른바 영어 몰입 교육 프로그램English Immersion Program을 내년부터 농어촌 군지역에 150개를 설립할 예정인 기숙형 공립고를 시작으로 도입할 계획이었다.

지난 1월 22일에 인수위가 영어 몰입 교육에 관한 계획들을 발표하자 반대 의견이 쏟아지기 시작했다. 영어 공교육의 강화가 아무리 좋은 명분을 갖고 있다 하더라도, 기숙형 공립고의 설립 자체도 아직 미진한 상태에서 그것을 당장 실시한다는 것은 무리라는 의견도 있었고, 영어 몰입 교육은 현재의 교육과정, 교과서, 교원 인사제 등을 개편해야 가능한 일임에도 불구하고 내년부터 실시

한다는 것은 전혀 불가능한 일이라는 의견도 있었다. 영어 몰입 교육은 고사하고, 영어 수업을 영어로 진행하는 교사를 선발하는 제도를 마련해 매년 3천명을 양성한다는 계획도 교육 현장에서는 그 실현 가능성을 매우 낮게 보고 있는 실정이다. 현재 사교육시장의 원어민 영어 강사의 보수를 감안할 때, 공교육에 원어민 보조 강사를 증원하기란 사실 불가능하다. 결국, 인수위는 영어 몰입 교육을 국가적 차원에서 추진할 계획이 없다고 사실상 백지화했다.

지금 한국의 학부모들과 학생들 대부분은 목숨을 걸 정도로 영어 교육에만 매달리고 있다. 현재 14조원에 달하는 영어 사교육비뿐만 아니라, 이른바 '기러기 아빠', '펭귄 아빠' 수가 20만에 달한다는 사실이 이를 잘 말해 주고 있다. 이명박 정부는 국민들 모두가 영어에 '미쳐 있는' 이유를 분석해야 할 뿐만 아니라 지금의 영어 문제를 공교육의 강화로 풀어야 할 건지 아니면 지금처럼 공·사교육 영역으로 놔둘 것인지에 대해 결정해야 할 것이다. 한국은 이미 그런 엄중한 판단이 필요한 단계에 진작 도달했던 것이다. 우리가 특히 이명박 정부를 '친미 보수'라고 부르는 이유들 가운데 하나는, 국민들이 미국의 문명과 문화의 세계화로 인해 영어에만 매달리고 있는 상황을 변화시켜 다른 외국어도 우리에게 필요하다는 인식을 최소한 교육에서라도 심어 주지 못할 것이기 때문이다.

한국의 현실 교육에서 영어는 불가결한 제1외국어가 되었다. 아니 한국어를 버리고 영어를 아예 모국어처럼 생각하는 국민들이 늘어나고 있다. 그렇다면 한국 정부는 어떤 입장을 가지고 영어에 대한 교육에 임해야 될 것인가? 이런 질문에 '올바르게' 대답하려면, 우선 현재 인류가 경험하고 있는 세계의 정치·경제·사회·문화 상황에 대한 분석이 필요하다. 제2차 세계대전 이후 미국 자본주의가 주도하는 권력과 자본의 힘이 세계 최강이 되었다는 것은 누구나 잘 알고 있는 사실이다. 스위스의 국제경영개발원 IMD은 국력에 대한 종합적이며 계량적 평가 결과를 매년 국가 경쟁력 순위로 발표하는데, 여기서 미국은 줄곧 1위의 자리를 유지하고 있다. 미국의 이와 같은 세계적 지위로 인해, 사실 한국뿐만 아니라 세계의 어디에서건 영어가 '만국 공용어'로 사용되고 있으며 국민의 영어 사용을 돕기 위해 영어에 대한 교육과 훈련이 성행하고 있다.

이명박 정부의 인수위 시절인 2008년 1월, 이명박은 시·도 교육감 간담회에서 모든 학생들이 영어 사교육을 받지 않아도 대학에 갈 수 있도록 하겠다는 영어 공교육 강화를 포부로 밝혔다. 영어 공교육 강화는 2010년부터 고교 영어 수업을 영어로 진행하는 것을 골자로 하는 것이며, 이것이 성공할 경우 독특한 이산가족인 '기러기 아빠', '펭귄 아빠'를 없앨 수 있다고 장담했다. 당시 인수위원장은 심지어 정부가 사교육비 15조원의 극히 일부만 투자해도 영어 교육은 충분히 완성될 수 있다고 강조했다. 실제 인수위에선 교육과정뿐만 아니라 교과서, 교원 인사제를 모두 검토했으며, 이 가운데 가장 비중 있게 논의된 것이 바로 영어 전문 교사의 확보 문제였다. 인수위는 비영어권에서 영어를 가르칠 수 있는 자격 제도인 테솔TESOL(Teacher of English to Speakers of Other Languages)과 유사한 제도를 도입하는 방안을 유력하게 검토 중이라고 했다.

한국의 현 영어 교육의 가장 큰 문제점인 사교육비를 줄이기 위해선 무엇보다도 영어 전문 교사의 양성이 필요하다. 공교육이든 사교육이든, 영어 교육시장에는 요사이 영어 전문 교사의 공급이 시장의 수요에 훨씬 못 미쳐 그들의 가격(강사료)이 그야말로 천정부지로 오르고 있다.

영어 강사들의 공급 부족을 일으키는 주요 요인 가운데 하나는 '원어민' 강사의 입국을 제한하는 정책 때문이다. 법무부는 2007년 12월 15일부터 '원어민회화지도사증'(E-2 비자) 제도를 도입하여, 한국에서 강사로 취업하려는 외국인은 범죄 경력 증명서와 마약 흡입과 에이즈 감염 여부가 표시된 건강 진단서를 제출하도록 했다. 또한 새로 한국에 입국하는 강사들은 자국의 주한 영사와 면접을 거쳐야 하도록 규정했다. 이는 외국인 강사들의 허위 학력 기재, 성 범죄 및 마약 복용 경력 등이 문제가 되었기에 시행된 제도이다. 엄격해진 비자 발급 요건으로 인해 원어민 강사들의 한국 진출이 그만큼 어려워졌다. 원어민 강사의 공급이 대폭 줄자, 인건비는 인상되고, 이는 곧장 수업료 인상으로 이어졌다. 학원 측은 E-2 비자 제도의 완화를 건의할 계획이지만, 정부로서는 이 제도가 학생을 보호하기 위한 것인 만큼 완화는 어렵다는 입장이다.

영어 교육이 중요한 교육 상품으로 자리를 잡은 현실을 감안할 때, 정부가 택할 수 있는 유일한 방안은 '내국인'이 원어민처럼 영어 교육을 담당할 수 있는 방안을 찾는 것일 수밖에 없다.

하지만 한국인 영어 교사들 가운데에는 영어 말하기·듣기 교육에 필요한 능력을 갖추지 못한 교사들이 너무 많다는 것이 교육과학기술부의 입장이다. 영어가 국어가 아닌 국가에서는 이런 현실이 너무나 당연할 것이다. 교육인적자원부(현 교육과학기술부)

가 2006년 4월에 조사한 통계에 따르면, 전국의 영어 교사는 초등 5,306명, 중학교 11,141명, 고등학교 14,379명 등 모두 31,096명이며, 원어민 영어 보조 교사는 1,909명이라고 한다. 그런데 모든 영어 교사를 상대로 실시한 조사는 영어로 주당 1시간 이상 수업할 수 있다고 밝힌 교사는 49.8%라는 결과를 보여 주었다. 그 1시간도 교과서를 읽는 외에는 기본적인 의사소통만이 영어로 가능하다는 것이 조사 결과였다. 이런 현실을 반영하듯, 2008년 들어 서울시 교육청은 이명박이 공약한 '영어 공교육 완성 프로젝트'의 일환으로 '영어능력인증제' 도입을 추진하기로 했다. 현직 영어 교사를 상대로 강의 능력을 평가하고 원어민 면접을 거쳐 자격증을 주겠다는 제도이다. 서울시 교육청은 이 이외에 현재 진행 중인 영어 직무 연수의 기회도 늘리고 의무화할 방침이다. 또한 영어 교사로 임용되면 첫 1년간을 의무적으로 영어 수업 컨설팅을 받도록 할 방침이다. 아무튼 서울시 교육청은 이명박이 공약한 대로 영어로 수업을 진행하는 이른바 전문 교사를 양성하겠고 한다. 하지만 프로그램이 잘 갖춰져 있지 않으면 교사들의 반발이 클 수밖에 없으며, 또한 영어 전문 수업이 효과를 낳으려면 수준별 수업 실시가 불가피하다는 등 여러 반론이 제기되고 있다.

한국 문화가 중심이 되는 국가교육의 현장으로

재정학계에서는 교육을 국가가 전적으로 책임지는 집단 소비재인 공공재로 볼 것인가 아니면 개인 자신이 책임지는 단독 소비재인 민간재(사용재)로 볼 것인가를 두고 논쟁이 벌어진 바 있다. 만약 교육을 공공재로 본다면, 국공립학교에서 그렇듯 개인들은 교육을 받기 위해 서로 경합하지도 않으며 수업료를 내지 않아도 배제되지 않는다. 교육은 공공서비스가 된다. 그런데 만약 교육을 후자인 민간재로 본다면, 사립학교에서처럼 피교육자는 서로 경합하며 스스로 수업료를 부담하지 않을 경우 배제된다. 교육은 사적 서비스가 된다. 자본주의국가에서 교육의 성격에 대한 이론적 논쟁은 결국 "국가가 어느 등급의 학교까지 교육비를 책임질 것인가"의 문제, 즉 의무교육의 범위의 문제로 귀결된다.

그렇다면 잠시 우리는 교육을 의무교육제와 관련해 어떤 '특성'을 지닌 재화로 보는지에 관한 학계의 견해를 살펴보자. 공공경제학자들은 대체로 교육을 소비 측면에서 볼 때, 그것은 시장의 실패marker failure로 정부가 반드시 제공해야 할 공공재가 아니라 개인이 각자 교육시장을 통해 소비할 수 있는 사적 재화 즉 민간재로 본다. 왜냐하면 교육은 학생들이 많으면 서로에게 불편(비용)을 초래하기 때문에 그것을 줄이기 위해 학교는 정원을 넘는 학생들을 배제할 수 있기 때문이다. 이처럼 효율의 관점에서 교육을 민간재로 설정한 공공경제학은 정부가 교육을 공교육public education으로 제공하는 근본적 이유를 또 다른 시장의 실패인 다른 사람에게 편익(외부 편익)을 주는 민간재로서의 특성에서 발견한다. 교육에는 사회를 민주적으로 발전시키는 교양과 덕성을 가르침으로써 다른 사람들에게 더욱 살기 좋은 사회적·정치적 혜택을 주는 공공성(외부성)이 있다. 그런데 교육의 공공성에 대한 최근의 연구에 따르면, 국가마다 문화, 역사, 사회제도 등이 달라 교육과 민주주의와의 상관관계는 실증적으로 증명하기가 어렵다고 한다.

그러나 이런 연구에도 불구하고 대개의 국가는 교육의 공공성을 인정해 적어도 중등교육까지를 대체로 공교육으로 인정해 의무교육제도를 도입하고 있다.

이제 교육을 효율보다는 형평의 차원에서 연구하는 공공경제학자들의 견해에 귀를 기울여 보자. 이들 가운데 일부는 사람들에게 필요한 재화를 누구나 이용할 수 있어야 사회가 공평하다는 견해를 피력하고 있다. 이것은 상품 평등주의commodity egalitarianism라고 부르는데, 이 견해는 의료 서비스와 마찬가지로 혜택이나 비용에 관계없이 누구에게나 교육을 받을 권리를 허용해야 한다고 믿는다. 그런데 여기에서의 문제는 상품 평등주의가 현재 거의 대부분의 국가에서 시행하고 있는 바와 같은 대학과 같은 고등교육에 대한 정부 보조금을 정당화할 수 있는가이다. 이에 관해 평등주의 견해는 교육이 정상재라면 소득의 격차가 곧 교육의 격차를 발생시킬 것이라는 이유로 정부의 대학에 대한 연구비, 장학금 등 지원을 정당화하고 있다. 그런데 대학 진학에 더 큰 영향을 주는 변수는 가구의 소득보다는 개인의 능력 지표라는 실증적 연구 결과가 발표되었고, 이에 근거하여 대학교육에 대한 정부의 지원은 철회되어야 할 것이라는 주장이 최근에 제기되었다. 그러나 이 주장을 수용한다 하더라도, 우리는 정부가 순수예술과 같은 가치재merit goods를 지원하듯이 교육 능력도 그런 유형의 가치재로 보고 이에 대한 정부의 대학 지원을 정당화할 수 있다. 가치재란 사회 구성원이 요구하지 않아도 그것의 사회적 가치로 말미암아 정부의 지원이 정당성을 얻는 재화이기 때문에, 우리는 위의 주장을 타당한 '선진적' 이론으로 간주하고자 한다.

한국은 지금 중등교육과정인 중학교까지 의무교육을 실시하고 있다. 교육은 문맹 퇴치와 경제적 평등 등 사회정의를 실현할 수 있는 거의 유일한 수단이라는 '가치'를 지니고 있다. 우리는 적어도 고등학교까지인 중등교육을 정부가 제공하는 의무교육에 편입하여야 한다고 주장한다. 이에 '적어도' 고등학교까지는 민간 자본의 사립학교가 폐지되어야 함은 물론이고 '자율형' 국공립학교들도 즉시 의무형이자 협력형(비경쟁형) 학교로 전환되어야 할 것이다. 비록 사회 정의에 따른 의무교육은 아니라 해도, 대학 역시 모두 국공립으로 전환해 적정한 교육비와 정부의 적극적 지원이 결합되어 교육 자본의 이윤 논리가 지배하지 못하도록 해야 할 것이다.

이처럼 모든 교육은 국가가 비용을 전적으로 또는 부분적으로 부담하는 공교육 체제로 시행하되, 학교 운영은 교사 및 교수의 책임 아래 의무적 성격에 자율성을 양립시키는 제도로 운영되어야 할 것이다.

교육이 국가의 의무라 할 때 반드시 지켜져야 할 것은 바로 교육에는 한국어를 전용해야 할 뿐만 아니라 외국어도 반드시 한국어로 번역해 사용할 것을 권고 내지 강제해야 한다는 점이다. 물론 외국어 교육의 경우에는 예외일 수 있을 것이다. 이처럼 한 국가의 언어 제도에 관한 한 정부가 강제성을 동원하는 것은 앞서 설명한 전교조의 학교시장화저지투쟁본부가 주장하는 영어 몰입 교육 반대 취지에도 일치한다.

현재 한국을 비롯한 많은 국가들이 영어에 집착하는 것은 영어만으로도 외국인과의 의사소통이 가능하기 때문이다. 게다가 여러 국가가 영어에 세계어로서의 대표적인 지위를 부여하는 것은 과거의 제국주의 시대처럼 경제적인 측면만이 아니라 미국 위주의 세계 질서에서 교육, 국방, 무역, 투자 등 제반 활동에서 이익의 유인을 찾기 위한 활동에서 비롯된 것이다. 이는 결국 미국이 주도하는 자본주의의 세계화에 따른 결과이다.

물론 일본처럼 미국의 세계화가 왜곡된 경우도 있다. 일본에서는 외국어를 일본어로 번역해 모국어를 풍부하게 하지 않고, 해당 외국어의 발음을 일본의 문자로 그대로 표기한다. 예를 들면, 맥주를 영어 beer의 일본식 발음인 '비루(ビール)'로 표시하는 식이다. 이는 민족 고유의 언어는 물론 사상과 문화를 왜곡시키는 행위일 것이다. 일본인들은 일본식으로 발음한 영어를 일본식 문화로 착각하고 있다. 여기에는 한편으로는 일본의 국가 안전을 위해 미국의 미사일방위체제에 협력하는 것을 제일의 국가 과제로 삼는 것처럼 방위비용의 절약이란 경제적 효과를 거두는 실리주의 측면도 있지만, 다른 한편으로는 미국의 군국주의적 지배에 순응하는 식민지적 근성을 발휘하는 측면과도 궤를 같이 한다.

한국은 미국에 점령되어 미국 문화의 영향을 매우 강하게 받게 된 국가들 가운데 하나로 성장하게 되었다. 그런 가운데 미국과의 의사소통은 반드시 필요했다. 하지만 이를 위한 영어 교육은 그간 어떻게 이루어졌는가? 듣기와 말하기 등 대화 위주가 아니라 읽기와 쓰기 등 독문讀文 위주였다. 따라서 영어 교육을 10년 이상 받았어도 영어가 모국어인 사람과의 의사소통이 사실상 불가능했던 것이다. 언어학자들은 외국어 등 언어 습득의 최적 연령을 13세 이전으로 본다. 초등학교 시절에 영어를 듣기와 말하기 중심으로 배우면 이어서 읽기와 쓰기는 자연스럽게 익힐 수 있게 된다는 것이다. 향후 영어 공교육이 초등학교에서부터 대화 중심으로 바뀐다면, "고등학교만 졸업하면"이 아니라 초등학교만 졸업해도 사회생활에서 영어를 구사할 수 있게 될 것이다.

이명박 정부는 영어가 무엇보다 외국인과의 의사소통을 위한 수단이므로 학문의 대상이 아니라 습득하여야 할 '기술'이라는 점을 알아야 한다. 따라서 영어능력평가시험도 이제는 대화 위주의 능력 평가로 바꿈으로써 한국의 모든 영어 시험이 영어능력평가시험에 준하는 제도가 되도록 해야 한다. 물론 결국은 '무엇'을 말하고 쓰는가가 중요하므로, 모국어인 한국어로 여러 분야가 번역되어 학습되는 것이 수반되어야 할 것이다. 특히 초등학교의 영어교사는 영어뿐만 아니라 한국어도 정확히 구사할 수 있는 사람을 선발해야 할 것이다. 이를 위한 최적의 대책은 외국인이 아니라 한국인을 초등학교 영어 전문 교사로 양성하는 일이다.

향후 한국 사회가 아무리 변한다 하더라도, 평생 외국인을 한번도 접하지 않을 사람이 많이 있을 것이고 외국인과 상시적으로 영어로 의사를 소통할 사람도 그리 많지는 않을 것이다. 그렇기 때문에 국민 모두가 영어를 잘할 필요는 전혀 없다. 영어 공교육은 초등학교 고학년 3년 정도의 집중적인 회화 위주의 실용적인 교육이면 충분하다. 중등교육은 물론이고 대학 입시를 위한 영어 교육도 실용적인 목적을 위해 짜여져야 할 것이다. 나아가 취업에 필요한 자격은 국가가 인정한 영어능력평가시험에 따르면 될 것이다.

국민은 세계화의 흐름에서 영어가 중요하다는 점을 인식하고 있다. 일부 대학이 영어 몰입 교육을 장려하고 있을 뿐만 아니라

기업들의 채용 시험에서도 영어 실력이 당락을 좌우하고 있다. 그러나 한국에서 정부가 추진하고 있는 모든 교육과정은 향후 당연히 한국어가 모국어로 사용되는 가운데 영어 등 다른 외국어를 배우는 과정이어야 한다. 과거 제국주의적 침략에 의해 외국어인 스페인어나 포르투갈어를 지금도 모국어로 쓰고 있는 중남미 등 나라들과 한국은 다르다. 그 차이점은 바로 한국은 역사적으로 한국어로 형성된 독특한 문화를 누리고 있는 점에 기인한다.

신우파의 역사 교과서는 폐지되어야 마땅

우리는 앞에서 영어 대화 교육을 초등학교에서 3년 정도 실시하는 것이 영어를 만국 공용어로 배우는 현실에서 최선의 '시작'이라고 단언하였다. 그러나 영어가 만국 공용어로 변신하고 있는 것은 미국 자본주의의 세계화 시대의 일종의 음모라 할 수 있다. 다시 말해, 초등학교 때부터 영어를 배운다는 것은 곧 미국의 자본주의가 국내외에 끼치고 있는 영향을 '있는 그대로' 배우게 되는 것을 의미한다. 따라서 정부는 자본주의가 사회에 미치는 부정적 영향 역시 초등학교 때부터의 교육과정에서 철저히 가르쳐야 한다. 자본주의에 대한 비판은 곧 국민에게 역사 및 세계에 대한 인식을 올바르게 정립할 수 있는 기회를 제공한다. 자본주의의 좋은 측면만 바라보는 보수적 입장은 멀리하고 그것의 단점과 함께 그것을 극복하는 방안을 가르치는 진보적 관점이 교육과정에 포함되어야 한다. 그렇게 할 때만이, 미국이 현재 초강대국이란 지위에서 향유하고 있는 세계 인민에 대한 억압과 자본주의라는 착취와 소외의 세계는 언젠가 반드시 진화될 것이라는 역사관, 그리하여 결국 세계의 인민이 해방되어 만국이 평등하게 되는 사회가 도래할 것이라는 세계관을 정립하게 될 것이다.

최근 한국에는 이러한 진보적인 역사관과 세계관에 전면 배치되는 미국식 자유민주주의를 표방하고 옹호하는 보수적 관점이 교육과정에 침투하려고 한다. 이런 침투는 최근 한국의 역사를 '재인식' 하자고 주장하여 제국주의적 식민사관을 벗어난 올바른 역사의식을 갖자는 신우파의 역사 교과서인 『한국근현대사』(2008년)가 대표하고 있다. 신우파의 '역사 교과서'의 시안이 처음 공개된 2006년 11월, 그것이 역사적 사실에 근거하지 않은 서술로 인해 당시 한국의 역사 학계에서 상당히 논란이 많았다. 그런데 지금도 그들은 여전히 사실을 객관적이고 엄정하게 평가하지 않은 채 주관적인 역사 미화 작업을 계속하고 있다.

신우파가 비양심적으로 시도하는 수많은 인물 미화 작업 가운데 박정희에 관련된 것을 예로 들어 보자. 신우파는 박정희에 대한 미화 작업 끝에 그가 "근면하고 검소했다"라고 호평한다. 우리는 박정희에 관한 모든 것을 생략하고, 그가 최후를 맞았던 1979년 10월 26일로 거슬러 가 보자. 국가 예산을 유용해 만든 궁정동 안가라는 비밀 연회 장소가 있었던 것도 문제일 뿐만 아니라, 그날 그가 젊은 여성들을 불러 부하들과 '질펀하게' 주흥을 즐겼다는 사실도 국가 원수로서의 자격에 문제를 던지게 한다. 물론 사건 하나를 두고 사람의 일생 전체를 평가할 수는 없다. 그러나 그가 죽는 자리에서까지 벌였던 주색 타락을 생각한다면, 신우파에게 교육자로서의 양심이 조금이라도 남아 있다면, 그가 평소에 근면하고 검소했다는 평가는 삭제하는 것이 올바를 것이다. 신우파의 미화 작업은 박정희가 그런 독재자의 한 사람일 뿐이라는 일반적인 평가를 감히 부정하려는 어리석은 소치인 동시에 역사를 왜곡하려는 고의적인 음모인 것이다.

『한국근현대사』가 시안과 다른 점 가운데 하나는 4·19와 5·16이라는 한국의 역사에서 큰 획을 긋는 사건에 대한 규정이다. 2년 전에는 '학생운동'이었던 4·19가 이제는 '혁명'이 되었으며, '혁명'이었던 5·16은 '쿠데타'로 변경되었다. 우리는 양 사건에 대한 일반적 규정을 지금까지 세계사의 정통적 해석에 따라 각각 '민주의거'와 '군사 쿠데타'로 내린다. 이명박 정부는 한승수 총리를 보낸 4·19 기념식에서 신우파의 규정대로 '4·19 혁명'이라는 플래카드를 높이 내걸었다. 그러나 4·19를 혁명으로 규정하려면, 당시의 '혁명 세력'이 자본주의를 추종하는 보수 권력을 갈아치웠거나 그것에 상당하는 정치적 세력과 질서의 교체가 있어야 한다. 다시 말해, 서구의 혁명 전통에 따르면, 혁명이란 4·19처럼 자본주의를 바꾸지 않았으며 그것의 권력을 독재에서 민주로 바꾸는 정치적 교체가 아니라, 사회의 기초인 경제체제(생산양식)를 봉건주의에서 자본주의로, 나아가 자본주의를 사회주의로 바꿈과 함께 나아가 사회의 상부구조인 국가를 경제적 기초에 부응하는, 즉 생산양식에 모순되지 않게 일치시키는 권력을 총체적으로 창출하는 것이다. 이런 혁명에 대한 개념을 4·19에 적용하자면, 당시 자유당에서 민주당으로의 보수 권력의 교체가 아니라 사회경제적 질서를 근본적으로 바꾸기 위해 정치권력 자체가 보수에서 진보로 바뀌는 변화라야 한다.

정치권력을 독재에서 민주로 바꾸는 방법에는 의례적이고 정기적인 선거 말고도 4·19와 같이 헌법상 국민의 저항권에 기초하는 방법이 있다. 4·19는 국민의 저항에 의한 물리적 방식에 의존한 항쟁으로서 당시 3·15 부정선거를 무효화하려는 학생과 시민들의 궐기와 시위에서 시작된 것이었다. 4·19 이후에 치룬 선거는 이승만 정권 대신 당시에 야당이었던 보수정당이 집권하는 결과를 초래하였다. 종래의 독재 권력을 민주 권력으로 바꾸는 합헌적 체제로 전화시킨 공로가 있었지만, 혁명과는 거리가 먼 자본주의 보수정당인 야당을 권력에 앉혔던 것이다. 그런 점에서 4·19는 혁명이라고 부르기보다 '민주 의거' 또는 '민주 항쟁' 이라고 부르는 것이 그것의 객관적인 성격에 비추어 본 일반적 규정이 될 것이다.

이와 같은 일반적 규정은 4·19를 지난 1987년 6월 시민 항쟁과 거의 같은 성격의 민주화 투쟁으로 평가한다는 것이다. 1960년의 4·19나 그로부터 한 세대의 시간이 흐른 후의 1987년의 6월이나 모두 피지배 민중이 지배계급의 독재에 반대한 투쟁이다. 그러나 전자는 이승만 대통령이 하야下野하는 것으로 독재를 무너뜨렸지만, 후자는 전두환 대통령이 하야하는 대신 헌법 개정으로 민주주의를 수용할 수밖에 없었던 결과를 낳았다. 한국 국민들이 그간 두 차례의 피와 땀의 투쟁으로 얻은 것이 있다면, 지금의 보수적 정치체제인 자본주의적 민주주의를 획득하는 정도인 것이다. 따라서 이런 모든 투쟁의 결과는 자본주의가 발전하는 진화evolution 과정에서 최선의 정치체제로 간주되어 온 민주공화국을 대중 폭력에 의해 완성한 것이었다.

어느 민족이나 국민에게든 자신들의 역사를 성공한 것으로 평가하려는 경향이 있는 것은 사실이다. 그러나 어떤 나라의 역사에서 성공의 이면에는 동시에 실패가 자리 잡고 있다고 보는 것이 합리적이며 객관적일 것이다. 이에 한국의 역사에 대해 '올바로' 인식하려면 종래의 지배계급, 제국주의 위주의 관점만 주장할 것이 아니라 피지배계급, 민중주의 관점도 포괄하는 중립적이고 종합적인 역사관이 필요하다.

『한국근현대사』 머리말의 표제는 '대한민국 근현대사를 바로보다'이다. 하지만 우리는 '대한민국 근현대사를 왜곡하다'가 더 적절한 표제라고 생각한다. 저자들인 신우파는 지난 세기 한국의 최대 과제가 서구식 근대화의 달성이었다고 단정한다. 그들의 인식에서 서구식 근대화란 지배계급이든 피지배계급이든 자본주의적 시민국가를 형성하는 것을 의미한다. 그렇지만 신우파는 피지배계급에게 서구식 근대화에 대한 지향이 있을 뿐만 아니라 지배계급을 타파하여 물질적 및 문화적 발전을 이루려는 역사의식도 있음을 끝내 의식하지 못한다. 신우파를 위시한 보수주의자들이 갖고 있는 민중에 대한 그런 무지 자체가 결국은 그들이 역사뿐만 아니라 모든 인간 활동에 대해 퇴보적인 통속적 결론을 내릴 수밖에 없게 만든다.

끝으로, 우리는 한국의 신우파에게 일본 내 어떤 극우파가 아니라 일본 '정부'가 독도를 다께시마[竹島]라고 부르며 자신의 영토로 규정해 일본 교과서를 발간하는 데에 대해 어떻게 생각하는지를 묻지 않을 수 없다. 또한 한국의 신우파는 1945년 패망 직전 일본군이 오키나와의 주민에게 집단 자살이라는 옥쇄玉碎를 강요한 사건을 일본 정부가 역사 교과서에서 삭제한 사실에 대해 2007년

9월에 오키나와 주민 11만 명이 항의한 것을 어떻게 생각하는가?

우리는 한국 사람들이 일본처럼 '우경화' 되어 한국은 물론 세계의 역사를 왜곡시키는 일이 벌어져서는 안 된다는 것을 차제에 엄숙히 경고하고자 한다.

교육은 결국 인간의 창의력을 개발하는 장이어야

2008년 3월 12일, 미국 하원의 과학기술위원회는 창립 50주년을 맞아 '혁신과 국가 경쟁력'을 주제로 기념 청문회를 열었다. 그 자리에 참석했던 빌 게이츠가 미국의 교육제도를 비판한 것이 여러 언론에 크게 보도된 바 있다. 미국이 현재 세계 최고의 경쟁력을 갖추고 있긴 하지만 수학과 과학에 꾸준히 투자하지 않으면 경쟁력을 잃고 말 것이라는 내용이었다. 2005년 이후 기초과학 분야에 대한 미국 정부의 지원이 계속 줄고 있는 현실을 비판한 빌 게이츠는 매년 10% 이상 기초과학에 대한 투자를 늘려야 할 것이라고 주장했다. 나아가 그는 비자 발급 체계를 바꾸어 해외 인력을 적극 끌어들이고 민간의 연구·개발에 유인incentive을 제공해 국가 경쟁력을 강화해야 한다고도 역설했다.

빌 게이츠의 미국 교육제도에 대한 비판이 있기 1주일 전 쯤에 한국에서는 그 교육제도를 획기적으로 평가할 만한 사건이 벌어지고 있었다. 지난 3월 6일, 전국 시·도 교육감협의회의 결정에 따라 전국의 중학교 1학년 학생들을 대상으로 국어, 수학, 영어, 사회, 과학 등 5개 교과목에 대해 학력진단평가를 실시한 바 있다. 이런 평가는 학생들을 경쟁의 시험지옥으로 내몰 뿐만 아니라 학교를 서열화할 것이다. 물론 평가의 결과는 향후 학습 계획을 수립하고 교육 능력을 개발하는 일에 필요할 수도 있다. 하지만 우리는 경쟁과 서열화라는 사회적 손실이 그러한 교육적 편익보다 훨씬 큰 국가적 폐해를 초래할 것이라고 본다.

지난 3월 21일 아래 표와 같이 공개된 학력진단평가의 결과에 따르면, 지역별 학생들의 실력 차이는 뚜렷하지 않지만 빌 게이츠가 강조한 수학이나 과학에서는 그 차이가 6점과 5점으로 두드러지게 나타났다.

영어는 서울에 비해 제주가 4점 뒤떨어졌고, 수학은 서울과 비교해 울산이 6점이 뒤떨어진 것을 알 수 있다. 하지만 과학은 모든 지역이 서울보다 높았으며 대전과 광주는 무려 5점이나 높았다. 결론적으로 초등학교 때 서울은 영어와 수학 위주로 가르쳤던 데 반해 지방은 사회와 과학 위주로 가르쳤다고 평가된다.

빌 게이츠는 미국의 교육정책에 대해 지적하면서, 교육은 '자본주의'를 위해 기업의 경쟁력을 강화시키는 데 기여하는 제도라

중1 학력진단평가의 지역별 평균점수

지역	국어	영어	수학	사회	과학	종합
서울	86	87	85	83	76	83.4
부산	86(0)	85(-2)	85(0)	82(-1)	78(+2)	83.2(-0.2)
대구	87(+1)	84(-3)	83(-2)	84(+1)	79(+3)	83.4(0)
대전	87(+1)	85(-2)	83(-2)	86(+3)	81(+5)	84.4(+1.0)
광주	87(+1)	86(-1)	86(+1)	84(+1)	81(+5)	84.8(+1.4)
울산	85(-1)	84(-3)	79(-6)	83(0)	79(+3)	82.0(-1.4)
제주	86(0)	83(-4)	82(-3)	84(+1)	77(+1)	82.4(-1.0)

※ 괄호 안은 서울과의 차이. 일부 지역의 과목별 평균은 반올림.
표에 없는 지역은 점수를 발표하지 않았음.

는 했다. 그래서 정부는 특히 수학과 과학은 물론 기초과학 연구에 지속적으로 투자해야 된다는 것이다. 그래야 첨단 기술을 이용해 비용을 절감하여 다른 국가와의 경쟁에서 승리하여 초과이윤을 낼 수 있을 것이다. 이것은 수백 년을 버텨 온 자본주의의 비밀이고 결과이기도 하다. 빌 게이츠도 다른 자본과의 경쟁에서 이겨 초과이윤을 취득하고 있는 독점자본가이다. 우리는 자본주의사회에 살면서 경쟁에 너무나 익숙해져, 마치 그것이 문명과 문화를 발전시키는 '절대적인' 동인動因인 것처럼 착각하고 있다.

이명박 정부가 들어선 이후 한국의 교육 현장에는 경쟁이 더욱 치열해졌다. 대학들은 2009학년도부터 신입생의 출신고별 인원을 공개하도록 하는 등 정보 공개를 의무화하기로 했다. 이로 인해 당장 고등학교들에는 비상이 걸렸다. 서열화의 위협 속에서 고등학교 간 치열한 경쟁이 뒤따를 것이다. 이것이 지금 한국 교육의 현실이다.

고등학교에서의 경쟁은 이미 초등학교 때부터 시작되고 있다. 한국에서 태어난 사람들은 우선 자연과 친교하고 인간과 화합해야 할 어린 시절부터 사회의 탐욕이 암시하는 경쟁 지옥에 내몰리는 교육열과 맞닥뜨린다. 어느 일간지는 어린 나이인 어떤 초등학생이 냉혹한 사교육 현장으로 내몰린 한국의 경쟁적 현실을 르포 기사로 아래와 같이 고발하고 있다.

서울의 초등학생이 방학 기간에 쓰는 사교육비가 2백여만원이라니, 웬만한 비정규직 임금 2배를 넘는 엄청난 금액이다. 거기다가 학원을 마치 학교처럼 날마다 짜여진 일정에 따라 다닌 사실도 드러나 있다. 이 정도라면 이것은 정상적이 아니라 비정상적인 교

요일	월요일	화요일	수요일	목요일	금요일	토요일
오전	영어 원어민 과외	영어 일본어	영어 원어민 과외	영어 일본어	영어 원어민 과외	한자 발레
오후	수학 발레	한자 발레	수학 발레	한자 발레	수학 발레	일본어
사교육비	영어 : 30만원 | 원어민 과외 : 100만원 | 수학 : 25만원 | 발레 : 20만원 일본어 : 15만원 | 한자 : 15만원 | 교재, 교구 : 20만원 | **총 225만원**					

출처 : 『한겨레』, 2008년 7월 21일자

육 과열이고 '교육 망국론'이 어제 오늘의 일이 아니라는 것을 알 수 있다. 이런 교육 과열은 어린 시절부터 몸에 벤 경쟁의식으로 인해 그 후 일생 동안 치열한 경쟁 사회를 스스로 만들고 있다. 한국의 경쟁 심화는 사회에 마침내 뚜렷한 병리 현상을 일으킨다. 최근에 사회문제로 불거진 인터넷 '악플'은 본질적으로 다른 사람들의 경쟁력을 훼손시키려는 잠재의식의 발로이다. 또한 한국을 세계 1위의 자살 국가(하루에 33명 꼴로 자살)로 기록하게 만드는 것도 근본적으로는 경쟁에서의 탈락은 곧 죽을 자유밖에 누릴 수 없는 처지에 놓이게 만든다는 의식의 결과이다. 세계의 어디에 한국처럼 비인간적 탐욕의 발로인 경쟁이 인간을 망치고 사회를 파탄으로 몰아가는 나라가 또 있을까?

지난해 한국인들이 이명박 정부를 지지한 것은 그가 지금의 살얼음판 같은 경쟁을 더욱 부추기는 교육 자율화 정책을 지지했기 때문이다. 국가의 중등교육정책이 근본적으로 실현해야 할 이상은 개인의 자율화가 아니라 자율화 이전의 개인의 인성, 지성 및 덕성으로 대표되는 교육의 근본 이념이다. 교육은 개인 간 협력을 위한 인성 교육을 기초로 지식과 인격을 함양하는 것이다. 교육의 자율화는 대학 이상의 고등교육에 주어진 임무이지 중등교육에 부과된 의무가 아니다. 과거에 선진국은 의무교육을 확대하여 중등교육까지는 적어도 국가라는 공동사회 유지를 위해 개인 간 협력을 중시했다. 그러나 지난 세기 말 서구에 몰아닥친 신자유주의의 광풍으로 자본 간 경쟁이 학원에 침투하여 대학은 물론이고 그 이하의 중등교육까지, 위에서 본 한국의 초등학생까지 경쟁의 광풍으로 몰아가고 있다. 다시 말해, 자본 간 경쟁이 대학에서의 경쟁을 부추기고 이것은 곧 전체 교육체계에 여과 없이 반영되어 오늘과 같은 치열한 입시 경쟁이라는 시험 지옥을 만들어 버렸다.

교육에서 자유경쟁 체제를 만드는 이른바 교육 자율화란 무엇인가? 위의 초등학생 사교육 현실에서 보듯이, 교육 자율화라는 '빛 좋은 개살구'를 쫓자마자 개인의 자유는 어디에도 없고 오히려 노예처럼 구속되어 버리는 현실을 우리는 어떻게 이해할 수 있을까? 자유주의자들은 사회 전체가 경쟁 체제로 돌아서면 개인도 여기에 추종하고 이런 경쟁은 결국 사회를 효율적으로 만들어 누구에게나 이득으로 돌아간다고 주장한다. 자유민주주의자들은 자유주의의 원칙에 찬성하지만 과당경쟁이 사회에 미치는 역효과를 감안해 그것에 대해 일정한 규제를 가하고 있다. 그러나 신자유주의는 그런 경쟁의 역효과도 사회 차원이 아니라 개인의 자유로운 결정에 맡겨 두는 것이 옳다는 논리를 편다. 그러나 모든 자유주의 노선은 한결같이 경쟁 우위론에 있으며, 여기에 국가나 사회가 개입해 강사의 요건이나 학원비 정도를 규제하는 정도의 기능을 주고 있을 뿐이다. 이런 경쟁 우위론이 한국의 교육 현실에 그대로 반영되어 있으며, 이런 경쟁 우위를 더욱 강조하는 것이 이명박 정부의 자율화 조치이다.

　교육의 자율화 조치는 개인의 자유의사가 국가의 계획 의지보다 우선하는 제도이다. 개인의 신자유주의적 결정이 사교육을 강화하면 할수록 국가의 교육제도, 즉 공교육은 여기에 종속될 수밖에 없다. 개인의 사사로운 탐욕이 과당경쟁을 유발하는 신자유주의를 제어하기 위해서는 국가에 의한 정의로운 교육정책에 의해 경쟁보다는 협력을 우위에 두는 교육제도가 마련되어야 한다. 자본주의 체제에서 교육은 두 가지 상반되는 사회적 기능을 수행한다. 하나는 교육이 자본가를 위시한 지배계급에 봉사해 그들의 경제력(생산력)을 강화시켜 결국 체제에 길들여진 이른바 '민주 교양 시민'을 창출하는 기능이다. 다른 하나는 자본주의 사회통제 기능과는 별도로, 사회의 통제와 모순을 비판할 수 있는 능력을 길러내 자본주의 체제보다 나은 다른 체제를 창출할 수 있는 '민주 비판 시민'을 길러 내는 교육의 기능이다. 자본주의와는 다른 체제를 창출하는 능력, 즉 창의력은 성실한 노동으로부터 나오는 것이며, 경쟁력보다는 개인 간 협력에 의해 더욱 고양된다.

　21세기 초 지금 보는 바와 같이, 사회가 거대한 생산력을 갖추는 데 기여한 과학과 기술의 연구·개발은 어떤 개인의 경쟁이 아니라 사회에서 나오고 사회로 돌아가는, 즉 사회적 협력으로부터 나온다. 이와 마찬가지로 어떤 개인의 창의력도 역사적이며 사회적인 협력에 기초하는 것이지 어떤 개인의 '나 홀로' 경쟁에 의해 창출된 것이 아니다. 이에 사회의 물질적 부富는 기본적으로 모든 사람들이 노동으로 협력해 생산한 성과물이다. 그래서 어떤 개인이 이룩한 부란 여러 사람이 창조적으로 노력한 결과이지 그 개인이 자신의 경쟁력 심화로만 얻어진 것이 아닌 것이다. 어떤 개인이 자기 자신만의 독자적인 능력만으로 어떤 훌륭한 성과를 얻는다는 것은 역사적 성과에 의해 구축된 현대사회처럼 복잡다단한 현실에서는 거의 불가능하다고 보는 것이 옳다.

교육의 자율화는 교육자나 피교육자 모두 자본주의 경쟁 체제에 편입시킬 것이기 때문에, 개인의 진정한 자유는 물론 평등도 사라지게 할 것이다. 지난 7월 30일 시행되었던 서울시 교육감 선거도 이명박 정부가 교육 등 모든 부문에서 신자유주의적으로 국가 권한을 완화하여 조직의 자치적 분권을 강조하는 바인 학교 자율화 조치로 인해 도입된 제도이다. 우리는 교육감 선거 자체를 거부한다. 학원 자율화 조치란 원래 학원 구성원의 자율화이어야 하는데, 자본주의사회에서는 그 자율화가 교육 자본의 이윤 획득에 국가의 간섭을 배제하는 자율화이기 때문이다. 그런 점에서 향후 대학 자율화를 책임지는 대학교육협의회도 물론 해체되어야 한다. 한국과 같이 연방형이 아닌 단일형 국가 체제에서는, 사회정의라는 가치를 내세우는 교육과 관련하여 국가에 속하는 임무와 책임이 지방자치단체나 산하 교육기관에 일임되어서는 안 된다. 향후 서울특별시의 교육정책은 이명박 정부의 정책을 거의 맹종할 것으로 예상된다. 사교육비의 증가는 말할 것도 없고, 자립형 사립고, 특목고, 국제중 등 공교육의 경쟁 체제도 더욱 강화될 것이다. 한국 사회가 '선진적' 사회를 지향한다면, 교육감 선거제는 폐지하고 내각책임제 도입의 검토 등 국가권력 구조의 향배에 더욱 신경 써야 할 것이다.

끝으로, 우리는 인간의 의식이 교육제도를 통해 발전하는 양상은 역시 변증법적 변화에 노출되어 있다는 것을 확인한다. 사람은 누구나 이 세상에 태어나자마자 사회의 사상과 문물에 익숙한 가정에서 현실을 옳게만 바라보는 긍정[正]을 배우게 된다. 그런 후 사회의 그릇된 모습에 차차 눈을 뜨게 되는데 이때 교육의 역할이 개입하게 된다. 교육은 사회의 부정적인인 모습[反]에 대한 비판이 올바르게 제기될 수 있도록 협력해야 한다. 이것이 正의 세계에서 겪는 反의 의식 형성이다. 그 다음 개인의식의 발전은 마침내 긍정과 부정이 격돌하는 모순의 세계를 극복하는 종합[合]의 단계에 이르게 된다. 이 종합의 단계에 필요한 의식의 변화는 창의력이 뒷받침되어 전혀 새로운 사회상이 개인의 것이 되는 단계이다. 그러나 한국의 교육 현실은 모든 개인을 자본주의 체제에 충실하게 기여한 正만을 강조해 이에 충실한 인간상을 찍어 내고 있다. 이 正의 세계는 우리가 지금까지 본 바와 같이, 비인간적이고 탐욕과 소외가 난무하는 경쟁 위주의 세계일뿐이다. 이 경쟁 위주의 세계에서는 교육 기회도 부익부 빈익빈의 현실이 지배하고 있을 뿐인데, 교육으로 빈익빈을 탈피하자는 이명박의 구호에 적어도 그를 지지한 국민들 모두는 기만을 당한 것이다.

제 4 장

주택·부동산 정책

『MB노믹스』가 이전 정권의 경제정책과 가장 큰 충돌을 일으키는 분야는 주택·부동산 정책이다. 문제를 인식하는 관점에서부터 접근 방식과 해결책에 이르기까지, '8·31대책'으로 대표되는 노무현 정부의 정책과는 극명한 차이를 보이고 있다. 이명박 정부는 주택·부동산 정책을 완전히 다시 짜는 것과 다름없다.

우선 새 정부는 세금 위주의 부동산 정책에 거부감이 워낙 강하다. '1가구 1주택 보유자'를 보호하기 위해 장기 보유자에게는 양도소득세와 종합부동산세 부담을 덜어 주는 방안이 추진된다. 꽉 막힌 주택 거래에 숨통을 틔워 시장 메커니즘이 제대로 작동될 수 있도록 하겠다는 뜻이다. 이 밖에도 부동산과 관련된 등록세와 취득세를 통합하고 세율을 낮춰 부동산 거래를 활성화하겠다는 구상을 제시하고 있다. 다만 순수한 주거 목적으로 집을 보유한 이른바 '실소유자'와 투기를 위해 두 채 이상을 구입한 사람을 엄격히 구분해, 집값이 똑같더라도 세금은 달리 부과하겠다는 방침이다.

이명박 정책의 핵심은 기존 도시에 주택 공급을 늘리는 것

한나라당은 이번 대선에 나서면서 '서민 주거권'이라는 개념을 도입했다. 그런데 '서민 주거권'을 위한 첫째 조건은 집값 안정이다. 이명박이 제시한 부동산 정책의 기본 방향은 각종 부동산 규제를 완화하고 적절한 공급을 통해 집값을 안정시키는 '수급 중심' 부동산 정책이다. 부동산 가격은 수요가 있어서 오르는 것이므로 충분한 공급을 통해 안정시켜야 한다는 것이 이명박의 기본 생각이다. 주택과 관련해서는 1가구 1주택을 공급할 수 있도록 정부가 최선의 노력을 다한다는 방침을 분명히 하고, 이를 위해 매년 50만 가구 이상의 주택을 계획적으로 공급할 것을 공약으로 내걸었다.

주택의 안정적 공급을 위한 첫 번째 방법으로는 용적률 상향 조정을 제시하고 있다. 특히 도시인구 규모 등을 감안해 서울 등 과밀 지역의 용적률은 더욱 높인다는 계획이다. 이명박은 녹지를 확보하는 등 여러 가지 사정 때문에 용적률을 유지해야 한다면 고도 제한을 완화하면 된다는 생각도 밝혔다. "기존 도시 고층화가 신도시보다 낫다." 이명박 대통령의 생각을 단적으로 드러내는 말이었다.

용적률이 높아지면 재개발과 재건축의 사업성이 좋아질 것이다. 따라서 좋은 집을 안정적으로 공급할 수 있는 두 번째 주요 수단은 재개발과 재건축이다. 대선 후보 시절 이명박은 인터뷰를 통해, 신도시를 새로 만드는 것보다 기존 도시의 주택 공급을 늘리는 게 좋다고 밝힌 바 있다. 이 같은 언급의 바탕에는 신도시 개발에 따른 토지 보상비가 강남권 아파트 수요를 촉발해 부동산 가격 상승의 원인이 됐다는 생각이 놓여 있다. 혁신도시, 기업도시, 행정도시의 '동시 다발' 개발이 부동산 시장을 왜곡시켰다고 보는 것도 같은 맥락이다. 결론적으로, '이명박 시대'에는 기존 도시에 주택 공급을 늘리기 위해 재건축·재개발 규제가 완화될 전망이다. 한나라당의 정책 공약집에서도 '재건축·재개발 사업의 활성화를 촉진하겠다'고 못 박고 있다. 강남 등 서울 도심의 주요 지역 재개발·재건축 규제가 완화될 가능성이 크다. 또 고도 제한이나 용적률 규제 때문에 지지부진했던 제2롯데월드 등 대규모 건설 프로젝트에 탄력이 붙을 것이라는 시나리오도 등장하고 있다.

이명박 정부는 주택을 많이 공급하는 데 그치지 않고 싸게 공급하는 방안을 모색 중이다. 원래 이명박은 민간 아파트 원가 공개에 원칙적으로 반대하는 쪽이다. 주택 공급을 위축시켜 오히려 주택 가격 상승을 유발할 수 있다고 보기 때문이다. 하지만 정책 일관성을 중시하는 이명박이 이미 실시되고 있는 분양가상한제 등을 폐지할 가능성은 낮아 보인다. 이명박의 구상은 저렴한 택지 공급을 통해 아파트 분양가를 지금보다 20% 낮추겠다는 것이다. 공공 택지 개발 조성비를 내리기 위해 기반 시설 부담금의 일부를 공공 부문이 부담하도록 하고, 택지를 조성할 때 한국토지공사와 민간 업체가 참여한 입찰을 통해 사업 추진 주체를 선정하는 방안이 제시되어 있다. 공공 택지 개발 사업의 문호를 민간에 개방하면 한국토지공사의 위상 변화와 함께 부동산 시장의 적지 않은 변화가 예상된다. 낮아진 공공 택지 가격은 주변 민간 택지에도 가격 인하 압력으로 작용할 것이다.(『MB노믹스』, 169~174쪽.)

이른바 '이명박 효과'는 부자들의 헛된 망상 효과

대통령 선거 전에도 1년 이상 각종 여론조사에서 1위를 기록한 이명박의 부동산 정책은 이미 부동산 시장에서 상당한 영향력을 발휘하고 있다. 지난해 이후 다주택자들이 매물을 내놓지 않고 버티고 있는 가장 큰 이유는 이명박의 부동산 정책 때문이었다. 이를 '이명박 효과'라 부르기까지 한다. 서울 강남권에서는 한나라당이 집권하면 과도한 양도소득세와 종합부동산세는 완화되거나 폐지되고 재건축에 대한 규제가 일부 완화될 것이라는 믿음이 매우 강했던 것이 사실이다.

그런데 이명박이 집권하면 집값 상승에 도움이 될 것이라는 생각이 옳지만은 않을 것이다. 첫째, 규제만 풀리면 집값이 다시 오를지는 의문이다. 일부 재건축 단지는 단기적으로 가격과 수급에 영향을 받을 것이다. 그러나 전반적인 집값 상승을 기대할 만한 상황은 아니다. 무엇보다도 돈줄인 은행 대출이 막혀 있다. 부동산 정책이 대폭 바뀐다고 하더라도, 서브프라임 모기지(비우량주택 담보대출) 사태로 전 세계의 경제가 위축되어 있는 상황에서 주택 담보대출과 관련된 각종 제약이 완화되고 집값이 상승세로 돌아설 수 있을지는 미지수이다. 둘째, 규제 완화의 타이밍도 문제이다. 이명박은 언제까지 규제를 풀겠다고 약속한 적이 없다. 집값 급등이 뻔한 상황에서도 규제를 풀어 줄 것이란 기대는 너무나 순진하다.

　　이명박 정부는 부동산 규제 완화를 통해 시장에서 수급을 조정하여 집값을 안정시키겠다고 했지, 기존에 오를 대로 오른 집값을 또 올릴 수 있는 정책을 펴겠다고 하지는 않았다. 물론 용적률 상향 조정과 재개발, 재건축 등의 규제 완화로 시장의 전반적인 수급이 진작되어 기존 고급 아파트의 가격이 오를 수도 있겠지만 말이다. 그러나 이명박 정부의 정책 원안대로 매년 50만 가구 이상의 신규 주택을 공급하게 된다면, 신규 물량은 분양가상한제에 묶여 가격도 낮을 것이다. (정부는 지금 분양가상한제를 폐지할 의도가 있는 것으로 보도되고 있다. 그러나 현재 부동산 시상이 침체된 상황에서 풀린 분양가가 곧장 신규 주택의 공급가를 '크게' 올릴 전망은 단기간 부재할 것으로 보인다.) 따라서 신규 주택 단지가 비록 강남권에는 미치지 못할지라도 적절한 편의 시설을 갖춘다면, 실수요자들이 아무리 돈이 많더라도 굳이 고가의 기존 아파트를 구입할 이유는 없을 것이다.

　　고가 아파트들에는 지난 2005년에 새로 도입된 국세인 종합부동산세가 적용되고 있다. 종합부동산세는 공시지가 6억 원 이상인 주택과 토지에 대해 부과하는 세금이다. 지난해 대통령 선거가 한창 달아오르고 있었던 11월에 재정경제부가 집계한 바에 따르면, 종합부동산세를 내야 하는 납세자 가운데 주택분 납세 인원은 2006년 대비 64.2% 늘어난 38만 1000명이었다. 이는 전국 가구주의 2.1%(2005년 기준), 전국 주택 보유 가구주의 3.9%에 해당된다. 납세의 의무를 지는 비율이 이 정도인 일종의 부유세인 종합부동산세의 부과는 당연한 일이다. 참고로, 종합부동산세는 국세청에서 거두지만 지방정부에 교부하게 되는데, 2006년에 거둔 액수는 1조 3000억 원이었다.

2007년 노무현 정권의 재정경제부에 따르면, 종합부동산세 납세자의 부담은 이전 연도에 비해 평균 40% 이상 늘어났다. 당시 언론들은 종합부동산세 부담을 연일 대서특필하여, 향후 국민 '모두'가 마치 종합부동산세의 납세자가 될 것처럼 떠들었다. 특히 언론들은 서울 강남 등의 지역에서는 집값이 떨어지고 있는데도 재산 관련 세액은 두 배가 넘게 올랐다고 선전하여 부자들의 '조세 저항'을 부추겼다. 하지만 종합부동산세는 사실 세율이 낮아 부유세 다운 효과를 전혀 내지 못하고 있다. 종합부동산세 납부자들이 주택 가격에 따라 어느 정도의 세금을 부담하고 있는지를 알아보면 아래의 표와 같다.

2007년 주택 가격별 종합부동산세

(단위 : 원)

공시 가격	세액	공시 가격	세액
7억	55만	15억	735만
8억	110만	20억	1210만
9억	165만	25억	1885만
10억	260만	30억	2560만
12억	450만		자료 : 재정경제부

또한 이 통계와는 별도로 지난해 종합부동산세액 부담을 세액 규모별로 나누어서 각 규모에 해당되는 대상자들의 분포를 보면, 세금을 100만원 이하로 낸 가구가 전체의 42.2%를 차지한다. 위 표에서 보듯 7억원의 부동산을 가진 사람이 자기 부동산 가치의 1천분의 1에 못 미치는 미미한 액수의 세금을 냈다는 것이다. 그리고 세금을 100~500만원 이하로 납부한 가구는 전체 대상자의

38.9%로서 이들의 재산은 이미 8억~12억원에 달하는 고가이다. 이처럼 종합부동산세란 고액 재산가들에게는 그야말로 '껌 값'이다.

그런데 이런 정도의 세금도 낼 수 없는 부자들은 어떻게 할 것인가? 집값을 낮추어 팔아야 한다. 집값을 매수자가 있을 수준으로 낮춘다 하더라도 이것은 단지 버블(거품)을 빼는 수준이므로 집값은 여전히 고액을 유지할 것으로 본다. 그래서 집은 세금을 낼 의도가 있는 다른 사람의 소유가 되는 것이다.

종합부동산세는 사회 통합을 위한 소득재분배 대책

부자들에게는 별 것 아니라 해도, 종합부동산세는 한국의 부익부 빈익빈 실상인 재산 격차가 심화되는 현실에서는 반드시 유지되어야 할 세제이다. 종합부동산세는 부동산이라는 제한된 재산에 적용되는 일종의 부유세wealth tax이지만, 재산에 포함된 부채액을 감안하지 않기 때문에 정통적인 부유세는 아니다. 『중앙일보』는 2007년 12월 25일의 사설 「징벌적 부동산 세금 완화해야 한다」를 통해, "종부세는 다른 나라에서는 찾아보기 어려운 일종의 부유세"라며 장기적 가격 안정의 효과에 의문을 제기했다. 나아가 "종부세로 인해 집값이 안정된다고 생각하는 것은 일시적인 착시 현상"이라는 "전문가들의 지적"을 내세운다. "과세 대상이 특정 부동산에 국한돼 있어 재분배 기능도 제한적이"라고도 지적한다. 위의 사설을 정당화하려는 듯 『중앙일보』는 이틀 후에 「유럽 부유세 줄줄이 퇴출」이라는 제목으로 한 일본 언론의 기사를 소개하고 있다.

우리는 『중앙일보』와는 달리 부유세가 부동산 가격의 장기적 안정에 효과가 있다고 본다. 종합부동산세는 재산세와 더불어 고가의 아파트 가격을 떨어뜨리는 데 기여할 것으로 본다. 현재 부동산 시장을 보면 이를 알 수 있다. 종합부동산세가 비록 '껌 값'에 해당된다 하더라도 그런 고가의 아파트 수요자에게는 부담으로 다가오는 만큼, 강남권을 위시한 종래 부동산 투기 지역에서는 거의 매매가 일어나지 않는 기현상이 발생하고 있다. 이런 현상은 전세의 경우에도 마찬가지로 발생하고 있다. 물론 프랑스, 독일 등에서의 부유세는 부동산 가격 안정보다는 소득의 공평한 재분배를 이루기 위해 도입되었다. 따라서 현재 네덜란드, 이탈리아, 오스트리아, 덴마크 등 유럽 일부 국가들의 부유세 폐지는 부자의 재산을 더욱 보호하려는 신자유주의 정책의 도입인 동시에, 그들의 자산이 국내의 높은 실업률 해소를 위해 국내 투자로 전화되도록 하는 유인incentive을 주기 위한 것이다.

사설은 또한 종합부동산세가 특정 부동산에 국한돼 있기 때문에 재분배 기능도 제한적이라고 지적한다. 그렇다면 독일처럼 소득세를 이용하거나 한국처럼 특별소비세를 이용하는 것이 재분배 기능에 적합한 과세일까? 조세의 일반 원칙에 따르면 소득세가 일차적인 재분배 기능을 수행하지만, 응능과세應能課稅 원리에 따라 공평한 과세기준을 수립한다면 종합부동산세도 재분배 기능을 잘 수행할 수 있다. 종합부동산세는 원래 조세 부담의 형평성을 기조로, 부차적으로는 부동산 가격을 안정시킬 목적으로 부과되어 있다. 이에 종합부동산세는 소득 과세와 소비 과세의 재분배 기능의

미비점을 종합적으로 사유하여 과세의 공평성을 궁극적으로 담보하는 재분배 기능을 훌륭하게 수행하는 것이다.

그런데 지방자치단체가 지방공공재를 제공하려면 자산의 거래세인 취득세와 등록세, 자산의 보유세인 재산세와 종합부동산세에 의존해야 한다. 따라서 재산세에는 공공서비스에 대한 사용료와 같은 개념이 일찍이 도입되어 있다. 서울 강남구의 경우, 종합부동산세와 같은 높은 자산세로 인한 주택 가격 하락은 자산세를 이용한 높은 수준의 공공서비스로 상쇄된다고 한다. 강남구의 교육 여건을 예로 생각하면 쉽게 이해될 수 있을 것이다. 우리는 종합부동산세와 지방 공공재는 주택 가격에 자본화capitalization된다고 생각한다. 이에 종합부동산세는 반드시 유지되어야 한다.

지난 7월 정부는 종합부동산세를 인하할 뜻을 비쳤다. 우리가 볼 때 종합부동산세 인하의 수혜자가 지배 세력인 자본가계급은 물론 고급 관료들이나 국회의원들이어서 거의 그렇게 될 전망이다. 지난번 촛불시위에 참여하여 이명박 정부의 정책을 종합적으로 비판했던 사람이라면 종합부동산세 인하에 당연히 반대해야 한다. 왜냐하면 우리가 위에서 검토한 대로, 종합부동산세는 집값의 장기적 하락과 소득 재분배 기능을 제고하는 만큼 반드시 유지되어야 하기 때문이다. 그런데 대부분의 촛불시위자들은 자본주의하 대의민주주의의 의회제를 대체로 믿는 사람들이기 때문에, 그들 대신에 야당 의원들이 이명박 정부의 종합부동산세 완화로 사회 양극화를 더욱 심화시키는 정책에 적극 반대해 줄 것이라고 믿고 있다. 그러나 세금 인하는 국민 누구에게도 '일반적' 혜택이 돌아간다는 대의 하에서 국민은 환영할 것이라는 입장에서 여야

간 담합이 이루어 질 것으로 전망된다. 또한 종합부동산세의 인하로 촛불시위자들을 비롯해 국민들이 전세금의 인하와 같은 '특수한' 이익들을 볼 것이라는 이유로 여야 간 협상은 무사히 진행될 것이다. 이로 인해 종합부동산세가 갖는 '선진적' 역할을 모두 잊은 보수 여야는 물론 촛불시위자들도 종합부동산세 인하에 적극적인 찬성 아니면 적극적인 침묵으로 일관할 것이다. 그 결과, 정부의 원안대로 종합부동산세는 무난히 국회를 통과할 것이다. 이것이 바로 자본주의하 국회와 국민이 짜고 치는 '고스톱 판' 경기의 전형이다.

우리가 위에서 검토한 대로, 종합부동산세는 집값의 장기적인 하향 안정세를 구축하는 데 필요한 부유세이다. 그런데 언론은 1가구 1주택 장기 보유자와 65세 이상 노령층에 대한 종합부동산세 감면을 주장하고 있다. 또한 종합부동산세가 6억원으로 정한 과세 대상을 상향 조정함과 더불어 전년 대비 세액 상승률 상한선을 50%로 할 것도 강조한다. 나아가 장기적으로는 종합부동산세를 폐지하여 재산세로 일원화하는 것이 바람직하다고도 한다. 또한 1가구 1주택에 대한 양도소득세 감면도 시급하다고 한다. 왜냐하면 높은 양도소득세는 거래를 줄일 뿐 집값을 낮추는 데에는 효과가 없다는 것이다. 최근 심각한 아파트 미분양 사태는 이처럼 주택 거래가 얼어붙은 탓도 크다고 한다. 그래서 『중앙일보』 등은 "이명박 정부가 발 빠르게 징벌적 부동산 조세제도를 정상화한 뒤 수요에 맞춘 공급 대책 등 명확한 정책 집행을 통해 국민의 주거 안정을 달성해 나가길 기대한다"고 갈파한다. 세제의 이런 변화가 『중앙일보』가 대변하는 부자가 아니라 국민경제에 그런 효과를 가져올 것인가? 우리는 천만에 아니라고 본다.

　서울 강남권에 사는 사람들 가운데, 특히 세금을 내기 위해 빚을 내야 하는 사람들은 이제 다른 지역으로 미련 없이 이동할 준비를 해야 한다. 지금의 아파트를 팔면 인근 지역의 친환경적 쾌락한 주거 단지에 얼마든지 거주할 수 있다. 이것은 특히 노령 층에게 해당되는 좋은 기회이다. 이들에 대한 조세 감면은 우선 세제를 복잡하게 해, 단순성과 명확성을 생명으로 하는 징세 원칙에 어긋난다. 나아가 종합부동산세가 국민경제에 미치는 긍정적 효과를 감안해, 그것의 과세 대상을 오히려 하향 조정해야 하며, 물가가 급격히 상승하는 경우에는 조세 저항을 고려해 공시지가를 조정하면 되므로 세액 상승률에 상한을 둘 필요가 없다. 이는 종합부동산세의 목표가 집값의 하향 안정이라면, 반드시 지켜야 할 원칙, 철칙이다. 물론 자산의 거래세인 양도소득세는 집값의 상승세를 감안하여 1가구 1주택에 한해 적정하게 인하될 필요가 있다. 현재 고액의 양도소득세를 주택 거래 위축의 원인으로 삼는 '이상한' 논리는 주택 매도 가격에 비해 아주 낮은 양도소득세액을 생각해 볼 때 '기만적'인 논리이다.

　이보다 더 기만적인 논리는 현재의 주택 거래 위축을 아파트 미분양 사태의 주범으로 모는 것이다. 지금 주택 거래가 한산한 가장 큰 이유는 분양가상한제가 적용되거나 공급이 수요를 초과해 값싼 아파트가 공급된다는 기대 때문이다. 게다가 대출 금리도 상승세이다. 김대중 정권 때 규제를 푼 탓에 아파트 분양가는 국민의 소득수준 향상을 훨씬 뛰어넘어 천정부지로 올랐다. 그래서 아파트 미분양 사태가 벌어진 것은 국민의 소득수준이 집값의 상승세를 감당할 수 없게끔 느리게 올랐기 때문이다. 2007년 9월에 분양 가상한제를 도입했지만, 그것은 규제 시기를 놓쳐 집값은 이미 오를 대로 다 올랐다. 그뿐 아니라, 심지어 상한제 적용을 받는 분양가마저 오른 것이 현실이다. 김대중 정권 때부터 지난해까지 집값을 규제하지 못한 것은 민생 문제를 자신의 문제로 생각하지 않는 보수파 정객들의 일반적인 태도의 증거이다. 현재 노동자의 반 이상이 비정규직에 묶여 있는데, 사실 비정규직 제도를 도입한 바나 다름없는 사람이 바로 김대중이며 이것을 굳건히 지킨 사람이 노무현이다.

국민 다수가 노동자이고, 노동자의 반 이상이 비정규직 노동자이기 때문에, 이들의 소득이 줄면 곧바로 주택 구입의 위축을 낳는다. 2007년 10월에 국민은행연구소가 조사한 바에 따르면, 결혼 후 내 집 마련에 소요된 기간은 평균 9.4년이며, 주택 가격 대비 대출금의 비율은 37.0%라고 한다. 노무현이 집권하던 2003년의 평균 6.6년 결과와 비교하면, 4년 만에 '집 없는 신세'가 3년 가까이 연장된 것을 알 수 있다. 이들은 또한 집을 살 때까지 평균 5.1회 이사하며, 주택 구입에 연간 소득의 6.6배가 필요하며, 월 소득의 15.5%(특히 연간 소득 1,500만원 미만의 저소득층의 경우는 40%)를 대출금 이자 상환에 사용하는 것으로 조사됐다. 만약 연간 소득의 10%~20%(선진국의 한계저축성향)를 주택 구입을 위한 비용으로 쓴다면 66년~33년이란 긴 세월이 지나야 자기 집을 살 수 있다는 결론이다. 한마디로, 한국에서는 소득에 비해 집값이 너무 비싼 것이다.

미분양 아파트의 해소가 현재 시급한 정책 과제

2008년 2월말을 기준으로, 미분양 아파트가 1만 가구 이상인 '거대 미분양 지역'은 전국 7곳이며, 미분양 규모는 대구, 충남, 경남, 부산, 경북 순이다. 대규모 미분양 사태로 인해, 건설 업체와 그 하청 업체에 부도와 퇴출의 바람이 부는 것은 물론이고, 아파트 상가, 인테리어 업체, 부동산 중개소 등과 같은 관련 업체들로도 경영난이 확산되고 있다. 세수의 30~40%를 차지하는 부동산의 취득세와 등록세 수입이 줄자, 지방자치단체들은 지출 규모를 줄여야 하는 난처한 입장에 처했다. 심지어 새 아파트의 분양권을 최초의 가격보다 싸게 팔려고 내놓은 경우도 있다.

이런 거대 미분양의 첫째 원인은 과잉 공급이다. 그런데 아파트의 공급과잉은 지속되고 있다. 그 이유는 무엇보다 지난해 분양가 상한제라는 규제가 생기면서 이를 피하려고 업체들이 한꺼번에 분양 물량을 쏟아 내고 있기 때문이다. 특히 부산이나 대구는 올해 각각 3만 가구 이상이 분양될 예정인데, 거의 전부가 높은 분양가로 높은 이윤을 얻고자 하는 물건들이다. 따라서 향후 미분양 아파트는 국산 원자재를 이용하는 등 비용을 줄여 상대적으로 낮은 분양가로 처분해야 할 것이다. 물론 정부도 방안을 강구해야 한다. 과잉 공급을 방지하려면 지난해까지 지정했던 20개 지방 택지 지구 4729만㎡를 취소하던가, 아니면 임대업을 위주로 하는 업체에게 택지 지구를 선별적으로 분양해야 할 것이다. 특히 정부는 수도권과는 달리 지방에서는 금리와 세율을 낮춰 주는 방안도 검토해야 할 것이다.

현재의 주택 거래 위축이 미분양 아파트의 대량 발생으로 이어진다는 논리는 소비가 소득에 좌우된다는 시장경제의 기본적 구조를 전혀 모른 소치이다. 시장에서 수요와 공급이 만나는 것은 양쪽 다 서로가 필요하기 때문이다. 주택을 수요하는 사람들과 그것을 공급하는 사람들 간 주택이 그들 간 '거래 조건'에 합당해야 한다. 소비자들은 직장, 교통, 교육, 병원, 환경, 시장 등 생활 조건을 고려하되, 가격이 현재 주어진 예산의 범위에서 적합한 주택을 구매하기로 결정하게 된다. 이때 예산의 범위에는 일반적으로, 일생 동안 벌게 될 것으로 예측되는 이른바 영구 소득permanent income 가운데 주거비로 책정할 수 있는 예산의 범위 내에서 현재의 자산과 저축은 물론, 신용으로 조달 가능한 재원 등이 포함된다.

그런데 보통의 소비자는 위험을 꺼려서, 주택 투자를 위한 재원으로 일단 자신의 자산과 저축을 기본적인 예산으로 삼는다. 일반인들의 이런 보편적인 투자 심리를 거슬러 미분양 아파트를 대량으로 발생시킨 이유는 어디에 있는가? 우선, 한국의 미분양 주택은 2007년 8월말 현재 9만 1714가구로서, 1998년 말의 10만여 가구 이후 9년 만에 최고의 수치를 기록하였다. 이 가운데 악성 미분양으로 불리는 '준공 후 미분양' 주택은 1만 5천여 가구로서, 2001년 1월 이후 6년 7개월 만에 최고치를 나타냈다. 1998년은 'IMF 사태' 이듬해여서 한국 경제의 사정이 최악이라는 점이 이해되지만, 지난해에 이어 지금까지 왜 최악의 미분양 사태가 계속되는 것일까? 가장 큰 원인은 김대중 정권이 아파트 분양가 상환제를 풀어 준 결과로 발생된 아파트 공급가의 급등이다. 수십조의 돈이 과

다하게 아파트에 사용되면서 거의 절대적으로 자원의 비효율인 배분이 일어나고 있다.

이로 인해, 한편으로는 기존 아파트를 팔고 새 아파트로 이사 가고자 하는 사람들이 원했던 바인 이른바 '순환 이사'가 이루어질 수 없었다. 현재 지니고 있는 아파트를 팔아 높은 가격의 새 아파트를 구매하는 것이 불가능한 것이다. 다른 한편으로는, 대출을 받아 주택을 구매한 사람들은 집값이 오르기를 기다리면서 판매를 꺼리고 있다. 이런 두 가지 효과 가운데 전자의 경우가 지금처럼 대량 미분양 사태를 일으키는 주요 요인이다. 김대중 정권이 분양가상한제를 풀기 전에는 신규 아파트의 가격이 기존 아파트 가격의 평균 85% 정도여서, 지금과는 달리 분양 경쟁이 치열했었다. 현재는 사정이 크게 다르다. 지금은 신아파트가 구아파트가의 2~3배로 올라 여유 자금을 고사하고 은행 대출의 지원 없이는 새 아파트로 옮겨갈 수가 없다. 현재 가계 대출 640조원 가운데 무려 34.7%인 222조원이 바로 분양을 위한 대출금이다.

실수요자에게 저렴하게 공급하는 원칙이 확립되어야

그렇다면 미분양 아파트의 처리는 물론이고 실수요자를 위한 아파트 공급의 바람직한 방책은 무엇일까? 우선 정부는 아직 분양하지 못했거나 분양할 아파트의 배분은 그야말로 주택 시장의 '보이지 않는 손'에 의한 자율 조정 기능에 맡겨야 할 것이다. 이것은 이명박 정부도 동의하고 있다. 그런데 이명박 정부가 '역사적으로' 알아야 할 사안은 가격이 그런 조정 기능을 못한 점이다. 즉

시장에서 그간 균형가격이 도출되기 어려웠던 것은 공급자가 높은 가격을 고집했기 때문이다. 그야말로 공급자가 시장을 보지 않고 권력의 눈치만 보다가 시장 세력에게 당한 것이 과잉 공급된 미분양 아파트이다. 이에 공급자가 가격을 떨어뜨려 실수요자가 감당할 수 있는 가격에 도달할 때에야 미분양 아파트 문제는 해결될 수 있다.

지난 6월 11일 정부가 여당과의 협의를 거쳐 발표했던 미분양 아파트 해소 대책은 공급자인 건설 업계의 규제 완화 요구만 받아들이고 아파트의 높은 가격은 그대로 둔 특혜 대책에 불과했다. 이른바 '6·11 대책'에 대해 전문가들은 미분양의 근본 원인인 높은 분양가를 인하할 실질적인 대책이 빠져 있다고 지적한다. 특히 프리미엄(웃돈) ― 우리는 이 프리미엄 자체를 투기 이득으로 본다 ― 이 붙는 경우도 거의 없어 소비자들, 특히 투기자들마저 신규 분양을 외면하고 있는 상황을 무시한 것이 '6·11 대책'이었다. 이명박 정부는 대한건설협회, 한국주택협회, 대한주택건설협회 등 공급자들과의 담합 거래로 시장 상황을 무시하고 자본이득capital gains을 취하는 것이 '비지니스 프렌들리'(친기업적)의 본질이라는 것을 드러낸 셈이다. 이명박 보수 정권은 소수의 공급자인 부자들하고만 거래할 뿐 다수의 소비자인 실수요자의 편의는 안중에도 없다. '자본주의적 민주 정권'이라는 이 책 제1권에서의 규정이 퇴색하고 있다.

'6·11 대책'은 지방 미분양에 한해 1년간 한시적으로 적용되는 특별 대책이다. 먼저, 그 대책에 따르면 건설 업체가 자율적으로 분양가를 10% 낮추면 주택담보비율(LTV)을 70%까지 확대한다고

하는데, 결국 소비자의 이자 부담만 늘게 될 것이다. 둘째, 취득세와 등록세를 50% 감면하겠다는 계획은 지방 세수에서 30%를 차지하는 거래세 수입을 줄여 지방정부의 재정 악화를 초래할 것이다. 나아가 '6·11 대책'은 1가구 2주택자 인정 기간을 2년으로 연장하는 조치도 담고 있다. 여기서 분명히 지적할 것은 정부가 예외적 내지 특별적 조치를 남발하면 관련 정책의 구조를 복잡하게 만든다는 사실이다. 국가의 정책이 가급적 단순하게 실효적인 것을 원하는 국민들의 상식에 반함으로써, 정부는 전문적인 관료주의 병폐에 젖어 국민들의 편의를 무시한다는 비판을 면할 수 없을 것이다.

정부는 아무 실효성도 없는 '6·11 대책'을 즉시 철회하는 한편, 우선 향후 아파트 분양가상한제를 전국적으로 시행하여 아파트 분양가를 대폭 낮추는 것이 절대적으로 필요하다. 이것이 미분양 및 향후 분양 아파트의 거래가 활성화되는 유일한 첩경이다. 실수요자를 위한 분양가상한제는 지난 7월 발표한 광역 경제권의 자치적 규제에 일임해서는 안 되며, 국토해양부가 국가의 기본적인 규제 사안으로 일률적으로 시행해야 할 것이다. 둘째 후분양 제도를 민간 부문 주택에까지 확대하여 실시하여야 한다. 이명박 정부도 잘 알고 있듯이, 노무현 정권에 대한 국민의 잠재된 불만은 지금과 같은 선분양제에 있다. 이 선분양제 하에서 건설 자본인 공급자들은 택지는 금융권에서 자금을 빌려 구입하고 건축비는 수요자들의 분양 대금으로 처리한다. 이것은 부당한 자원 배분이 일어나고 있는 전형이다. 이로 인해 행정 및 공사 기간 동안 발생하는 제세공과금, 분담금, 이자 등이 모두 분양가에 전가되어 수요자들의 부담이 커진다.

사실 한국의 아파트 가격이 지금처럼 '거품' 때문에 비싼 것은 실수요자를 제치고 투기꾼들이 주택·토지 등을 이른바 '재테크'의 수단으로 이용했기 때문이다. 부동산에 투자하면 주식, 채권, 금, 외환, 심지어 미술품 등에 투자한 것보다 몇 배 많은 자본이득을 가져다주었다. 사실상 '투자'가 아닌 '투기'였다. 농지나 아파트에 대한 투기를 근절하기 위해 법적 규제를 가했지만, 위장 전입과 같은 탈법행위로 규제를 피했을 뿐만 아니라, 정부는 부동산실명제를 확립하지 못했으며 부동산 투기 자금의 출처 조사를 제대로 이행하지 않았다. 이제 한국에서 가장 중요한 부동산 투기 방지 대책은 신규 분양 때 투기꾼이 개입하지 못하도록 막는 것이다.

결론적으로 한국에서 시행되어야 할 주택 및 부동산 정책은 투기의 근절을 위한 정책이어야 하고, 분양가상한제와 후분양제로 실수요자에게 저렴한 가격의 아파트를 공급하되 주택담보대출의 장기 균등 분할 상환이 곁들어져야 한다.

이런 대책이 정착되기 위해서는 공급자 스스로 분양가를 낮추어 한다. 그래도 아파트가 판매되지 않는다면, 공급자가 부동산 임대업을 하면 될 것이다. 아니면 지방정부가 아파트를 구매하여 주민을 위한 공공 임대업을 하는 것도 하나의 방법일 것이다. 그러려면 지방자치단체가 조례를 제정해야 할 것이고, 이와 별도로 중앙정부는 공공 임대업을 지방 공공재로 정하고 이를 위해 특별 교부금을 지원해야 할 것이다.

제 5 장

산업·과학 정책

산업 정책과 과학 정책을 묶어서 살펴보도록 하겠다. 오늘날 선진 자본주의국가에서 산업의 발전은 과학·기술의 발전이 없이는 거의 불가능하며, 역으로 과학·기술의 혁신은 곧 선진 산업국의 지위를 든든히 지키는 데 필수적이다. 이명박 정부는 신자유주의 정책을 강도 높게 추진하는 만큼 다른 어떤 정책보다도 산업 정책과 과학 정책에 집중할 것으로 예상된다. 그의 '비지니스 프렌들리'는 바로 이 정책을 강력히 지원하겠다는 의지의 표현이다.

우리가 이미 제1권에서 본 바와 같이, 이명박 정부는 신자유주의 민간 주도 경제를 통해 자본가계급 등 부유 자산가 계층을 위시한 기득권자들의 이익을 보호하게 될 것이다. 이미 이명박 대통령은 한국에 세계 최고의 기업 환경을 만들겠다고 약속함으로써, 집권 5년 동안 다른 어떤 정책보다도 산업·과학 정책에 힘을 쏟을 것임을 예측하게 했다. 오늘날의 신자유주의의 세계화 정책에 맞추어, 이명박의 정책은 산업에 대한 규제를 전반적으로 완화하여

기업이 투자를 촉진하도록 도울 것이다. 'MB노믹스'의 주요 산업 정책은 경영권 보호 장치 강화, 기업 활동 규제 최소화, 출자총액 제한제도 폐지, 세계 최강 디지털 국가 건설, 지리적 이점을 살린 서비스 허브의 구축, 중소기업에 대한 획기적 지원 등이 될 것이다.

과학·기술과 관련하여 이명박은 후보 시절에 '5대 실천 전략'과 '2대 핵심 프로젝트'를 내놓은 바 있다. '5대 실천 전략'에는 세계적인 과학 인재의 양성, 연구·개발R&D 예산의 획기적 증액, 미래 성장 동력인 융합 신산업의 창출, 연구 체계의 자율성과 창의성 확보, 과학·기술의 대중화가 포함되어 있다. 그리고 국제과학기업도시의 건설과 신에너지 기술 개발에 의한 에너지 자립국 실현이라는 '2대 핵심 프로젝트'는 당장 가시적 성과를 내놓겠다는 의지를 담고 있다. (『MB노믹스』, 95~119쪽.)

이명박 정책의 기조는 '과학 비지니스'의 구축

이명박의 과학·기술 정책은 한마디로 중국의 벤치마킹이다. 그가 '5대 실천 전략'을 설명한 글에 따르면, "지난 30년간 우리나라를 먹여 살렸던 자동차, 반도체, LCD, 휴대폰, 철강, 조선 등 제조업"이 중국이라는 '세계의 공장'의 등장으로 조만간 중대 위기에 처할 것이니 이에 대비해야 한다고 한다. 따라서 한국의 "과학·기술 발전 전략을 다시 세워야" 한다고 한다. 기술 수입국에서 기술 수출국으로의 전환점에 있는 한국은 "기초과학과 핵심 원천 기술에 승부를 걸어야 할 때"라는 것이다.

이명박 캠프의 과학·기술 정책팀에 영감을 준 것은 중국의 새로운 국가 경영 목표인 과교흥국科敎興國이었다. 과학교육으로 나라를 일으키자는 목표에 따라 중국은 '두뇌유치 111계획'을 발표한 바 있다. 세계 100위권 대학이나 연구소에서 우수 인재 1000명을 유치해 100개 학과에 배치한다는 것이다. 중국은 유능한 인재를 유치하기 위해 인종과 국적을 불문함은 물론이고 어떠한 대가도 치르겠다고 했는데, 실제로 이미 2006년에 연구·개발에 투자한 액수가 1,360억 달러에 달해 일본을 넘어 미국을 위협하는 세계 2위에 올라섰다. 중국의 투자 규모 증가율도 연간 20%에 육박하는 엄청난 속도다.

중국의 과교흥국 정책을 빌린 이명박은 첫 번째 실천 전략으로 과학 인재의 양성을 꼽았다. "한 명이 1만 명을 먹여 살릴 수" 있다는 것이다. 과학 영재를 조기에 발굴해 양질의 초·중등 교육을 받도록 지원하고, 대학과 그 이후 과정에서 연구 능력을 쌓게 한 뒤, 세계적인 인재가 되도록 후원하는 체제를 만들겠다는 계획이다. 한국의 인재를 다시 귀국하게 하여 지원하는 계획만이 아니라 외국의 인재들을 유치하겠다는 뜻도 밝혔다. 이 계획의 최종 목표는 과학 분야에서 노벨상 수상자를 배출하는 것이다.

그렇다면 투자는 얼마나 늘려야 할까? 연구·개발에 투자한 절대적 액수는 2004년을 기준으로 미국의 15분의 1, 일본의 7분의 1 수준에 불과하다. 그리고 2007년 현재 국내총생산 대비 연구·개발 투자 총액은 정부 부문과 민간 부문이 각각 0.75%와 2.24%이다. 이명박 정부의 계획은 이를 2012년까지 각각 1.5%와 3.5%로 높여 투자 총액을 국내총생산의 5% 수준으로 확대한다는 것이다.

이명박 정부는 인재를 양성하는 데뿐만 아니라 거점을 마련하는 데에도 힘을 쏟을 계획이다. 대덕연구단지, 오송·오창국제과학기업도시, 행복도시 등을 '중부권지식산업벨트'로 구축한다고 한다. 과학·기술 거점으로서 연계를 강화해 시너지 효과를 내면 한국판 실리콘밸리도 가능하다는 생각이다. 과학·기술과 문화·예술이 융합된 새로운 형태의 '미래도시'와 '명품도시'의 시범 지역도 생각 중이다. 그곳은 국제학교가 들어선 다문화 영어권 도시가 될 것이다. 그리고 무엇보다 '세계지식플랫폼Global Knowledge Platform'을 구축해 외국의 우수 인재, 연구소, 기업을 끌어오고 '아시아기초과학연구소'도 세운다는 계획이다. 과학과 산업이 연계된 네트워크Science-Biz Network(SBN)를 구축해 연구·개발 기업 단지를 조성할 것이며, 국제기술거래시장 및 지식산업화 펀드를 설립해 '과학 비지니스'를 하겠다고 한다. 이 모든 것의 소재지가 어디로 결정될 것이냐를 놓고 지자체 간 논란이 일 가능성을 염두에 둔 듯, "중부권에 새로운 도시를 개발하는 것도 가능하겠지만 기존 도시의 과학기업도시화나 기존 인프라스트럭처를 묶어 광역화하는 전략으로 충청권 지역 발전과 조화를 이룰 수 있는 방안을 검토하겠다"고 한다. 이명박 캠프는 국제과학기업도시 건설을 위한 특별위원회도 가동했다. (『MB노믹스』, 119~127쪽.)

정부의 산업·과학 정책에서 독점자본은 배제해야

오늘날에는 기업들 간 인수·합병M&A에 의해 세계적 대기업들이 실물 생산은 물론 금융 산업까지도 휩쓸고 있다. 자본주의가 발전할수록 자본의 집중은 물론 생산의 집중이 심화되어 대자본이 형성되고, 이런 대자본은 자신의 이윤을 증가시키기 위해 관련 산업에서 독점력monopolist power을 행사하게 되어 있다. 독점 산업은 지난 100여 년 동안 세계경제를 지배해 온 실체이다. 과거에 독점을 반대했던 자유주의는 독점기업들도 경쟁해야 되는 현실에 있다는 논리를 개발하여 이제는 독점자본을 옹호하는 신자유주의가 되었다. 특히 신자유주의자들은 독점이 자본의 필요나 국가의 정책에 의해 등장하지만, 독점이윤에도 불구하고 과학기술을 발전시켜 생산비를 감소시킴으로써 자원의 효율적 이용을 늘려 경제성장에 기여하고 있다는 사실에 주목하고 있다.

독점기업을 비판하고 있는 신고전학파의 독점에 관한 견해는 자본주의경제를 분석할 때의 한계를 드러내듯 '독점 전면 폐지' 라는 '결론' 을 내리지 못하고 있다. 이것은 자본주의 시장경제가 이기주의적 탐욕을 전면 허용하여 이를 근거로 자유로운 거래가 허용되고 있다는 '전제' 에서는 당연한 결론이 아닐 수 없다. 신고전학파가 분석하고 있는대로, 독점의 상태에서는 사회적으로 최적인 수량보다 적은 수량의 상품이 생산되고 상품의 가격이 최적 한계비용을 기준으로 한 가격보다 높게 설정되기 때문에, 생산자에게 독점이윤이 발생하는 것에 그치지 않고 사회적으로 후생손실을 발생시킨다. 신고전학파는 독점이 초래하는 비효율을 시정하기 위해 정부의 적정한 규제 정책이 필요할 뿐만 아니라, 경우에 따라서는 기업 간 가격 차별price differentiation에 의해서도 비효율이 해소될 수 있다고 주장한다.

오늘날 각국 정부가 행사하고 있는 규제는 한국에서처럼 '공정거래위원회FTC' 가 담당하고 있다. 그런데 기업의 가격 차별은 정부의 규제를 피해 갈 수 있는 방법인 점에서 공정거래위원회도 이에 동의한 것이다. 대부분의 기업들은 다른 기업들과 약간씩이나마 차별화된 제품을 공급하고 있기 때문에 어떤 확립된 기준에 의해 설정된 일반 가격을 그대로 수용할 수는 없다는 것이 공정거래위원회의 주장이다. 예컨대 생산한 회사마다 자동차가 조금씩 다르기 때문에 어떤 일정한 가격을 기준으로, 공정거래위원회가 그것을 경쟁 가격으로 인정하듯 강제로 정할 수 없다는 것이다. 그래서 이런 가격 차별로 인해 완전한 의미의 독점은 그리 흔하지 않으며, 독과점나 독점적 경쟁monopolistic competition이 일반적인 양상이 되고 있다. 결국 독점력이란 신고전학파의 입장에서는 독점 간 경쟁에 의한 시장 지배력의 문제로 환원된다. 대부분의 독점기업들은 어느 정도의 독점력을 갖고 있지만, 그 독점력은 경쟁에 의해 제약을 받고 있다는 것이다. 따라서 이 독점력이 시장 지배 품목이 되어 규제를 받으려면 시장 점유 비중이 일정한 수준에 달해야 한다는 것이다.

독점에서 가장 큰 문제가 되는 것은 이들이 독점이윤(초과이윤)을 소비자들인 국민은 물론 전 세계의 시민으로부터 착취한다는 데 있다. 어떤 나라도 이런 착취 행위에 대해 형사처분을 하지 않을 뿐만 아니라, 정당한 행위로 보고 법인세를 징수하고 있을 뿐이다. 이명박 정부는 법인세까지도 20%로 인하할 방침이며, 전 세계적으로도 법인세 인하 경쟁이 거세지고 있는 형편이다. 법인세 인하는 결국 주주에게 더욱 많은 배당금을 분배하게 됨으로써 자본시장을 더욱 활성화하여 주식·채권에의 투자를 진작시키는 효과가 있지만, 그 반면에 조세의 소득재분배 기능을 저하시킨다. 오늘날 독점이윤은 과거에 비해 더 많은 이른바 '대중' 주주들에게 분배된다고 하지만, 한국과 같이 재벌 그룹이 지배하고 있는 경제에서는 기업의 거대한 이윤은 주로 재벌에게 돌아가고 있는 실정이다. 이번에 국가기관으로 설정되었던 삼성특검의 결과로 재벌의 비리가 국민들에게 알려지게 되긴 했어도, 기업의 사유재산권을 철저히 보장하는 자본주의 체제에서는 어떤 수사나 재판도 재벌 일가족과 수하 경영자들에게 형사처분을 내리기란 지극히 어려운 실정이다.

우리는 삼성특검을 운용했던 사람들이 공직자로서 공공의 이익을 지킨다는 의지만 있었어도, 현재의 허약한 법률 체계에서도 엄정한 형사처분이 삼성에 대해 가능했을 것이라고 본다. 특히 독점이윤의 축적이 삼성 자체를 지탱시키는 지렛대임을 생각하면, 독점이윤의 자본화 과정에서 회사의 분식 회계와 부당한 이윤 처리가 있었을 것이라는 점을 충분히 짐작할 수 있다. 자본주의사회에서는 자본의 불법행위에 대해, 그로 인한 부당이득의 극히 일부만을 벌금으로 징수하는 정도의 처벌로 마무리 된다. 우리는 기업의 이윤이야말로 사회적 생산의 결과이기 때문에 사회에 환원시켜야 할 공공의 이익으로 간주한다. 이를 위해 국가는 법인세를 중과해야 할 뿐만 아니라, 재벌과 같은 독점자본가에게는 배당을 금지하거나 제한하여야 할 것이다. 해당 이윤은 기업의 투자로 돌리는 한편 제도적으로 공익사업에 투자되어야 할 것이다. 재벌 기업들은 사내에 상당히 많은 자산을 유보하며 축적하고 있지만, 국가의 권한으로 그런 사유재산에 대한 사회적 처분을 내릴 수는 없다. 이것이 자본주의의 한계이다.

　이러함에도 불구하고 이명박 정부는 기업의 투자를 촉진하기 위해 각종 기업 지원책을 동원할 계획이다. 이런 정부의 계획에 최대의 출연자出演者이자 수혜자는 재벌일 수밖에 없다. 이명박 정부는 기업이 살아야 국민이 살고 정부가 살 것으로 생각한다. 그러나 기업은 이윤이 생긴다면 언제든지 어디에서건 국민인 취업자를 버릴 수 있다. 이럴 경우 실업자가 되는 국민을 보호할 책임은 당연히 정부에게 있다. 그러나 한국의 거의 모든 법률은 오히려 전체 국민의 이익을 통제해서 개별적 기업의 이익을, 나아가 전체 자본의 이익을 보호하고 있다. 이명박 정부는 적어도 국가 예산으로 산업·과학 정책을 추진하려 한다면, 위에서 본 것처럼 독점재벌에게 혜택이 돌아가는 정책을 추구해서는 안 된다. 예산은 어디까지나 국민의 자산인 만큼 국민의 일자리 창출을 위한 산업 진흥과 과학 발전을 위한 공공 인프라스트럭처를 구축하는 일에 투자되어야 한다. 나아가 이명박 정부가 독점자본에 대한 규제를 완화한다면 사회적 대의는 물론 국민적 지지를 잃을 것이다.

　오늘날 과학의 발전은 산업 진흥의 초석이다. 과학의 발전은 투자되는 재원인 이른바 연구비의 규모가 통상 결정한다. 한국의 연구비는 2007년 기준으로 미국의 1/20, 일본의 1/7에 불과한 수준이다. 정부 조직을 개편하던 1월에 과학기술부의 폐지가 화두였던 당시, 한국의 열악한 연구비를 효과적으로 사용하기 위해 연구 기능을 통합하고 강화하려면 과학기술부가 폐지되면 안 된다는 목소리가 학계에서 나왔다. 그들의 기본적인 논거는 '지식경제부'에서는 단기 위주의 성과에 집착한 연구가 주류를 이룰 것이고 '교육과학기술부'에서는 대학 위주의 연구가 주류를 이룰 것이므로 중장기 연구 기반이 제대로 갖추어지지 않을 것이라는 점이다. 그리고 과학기술부가 폐지되면 정부 출연 연구소와 같은 전문 연구 기관도 제 역할을 하기 어려울 것이라고 진단했다.

'교육과학기술부' 모델은 일본이 2001년에 과학기술청을 문부성에 흡수시켜 만든 문부과학성이다. 일본이 현재 과학 발전에 실패한 이유는 바로 국가가 중장기 연구 과제를 적극 장려할 수 없었기 때문이다. 일본의 문부과학성이 대학의 연구 체제에 의존한 것은 미국을 모방해 대학 중심의 연구 체제를 수립하려 했기 때문이다.

물론 대학이 연구의 중심이 되는 것은 세계의 거의 모든 국가들이 이른바 글로벌 스탠더드로 추구하는 경향이며, 우리도 이것에 반대할 이유는 없다. 그러나 우리는 이공계 학계에서 주장하는 연구의 중장기 기반이 확충되어야 한다는 점에 대해 공감한다. 미국은 항공우주국NASA를 비롯한 수많은 국가 연구소는 물론이고 특히 대학 부설 연구소들에도 투자하고 있다. 미국이 세계 제1위의 국가 경쟁력을 보유하는 이유는 국가와 대학이라는 공공 기능의 연구 능력이 세계에서 제일이기 때문이다. 스위스의 국제경영개발원IMD이 발표한 「2008년 세계경쟁력보고서」에 따르면, 한국도 과학 인프라 구축이 5위로서 괜찮은 편이다. 향후 이명박 정부는 중장기 연구 기능을 더욱 강화할 수 있도록 차세대 연구 중심 과제를 선정하는 등의 업무를 총괄할 수 있는 기관을 별도로 설치해야 할 것이다. 과학 입국이 결국 산업 입국이 될 수 있는 지름길이 될 수 있으려면, 국가가 주도하는 공공 연구 입국이 전제되어야 할 것이다.

산업·과학 정책의 최대 수혜자인 재벌들은
국민경제의 발전에 신경 안 써

지난 6월 한 달이 넘게 지속되었던 '촛불' 정국에 이어 화물연대의 파업이 한창이던 때, 한국의 한 보수 언론은 참다 못 해 「경제위기시대, 재계가 없다」(『한국일보』, 2008년 6월 18일~20일)는 표제로 재계가 현 경제난에 무신경임을 지적했다.

재벌의 "침묵"은 이명박 정권의 친재벌적 양태가 낳은 대표적 병리 현상이다. 2007년 12월 28일 전국경제인연합회(이하 '전경련') 회장단과의 간담회에서, 이명박 대통령 당선자와 조석래 전경련 회장이 주고받은 이야기를 기억해 보자. 이명박은 "필요하면 언제든지 연락해라. 마음 놓고 기업할 수 있는 환경을 만들겠다."고 발언했고, 조석래는 "우리 경제계는 경제 대통령의 탄생을 진심으로 축하한다. 우리나라 선진화를 앞당기도록 노력하겠다."고 화답했다. 또한 미국을 방문해 자신을 "대한민국 CEO"라고 소개하기까지 한 이명박은 귀국 후 열린 투자 활성화 회의에서, 기업의 애로를 덜기 위해 철저한 "도우미 역할"을 하겠다고 거듭 밝혔다. 그러자 조석래는 30대 그룹 투자가 작년보다 23% 늘어날 것이라고 장담했다.

한국 경제를 사실상 장악하고 있는 재벌들이야말로 누구보다 현재의 위기에 책임이 크다. 게다가 지금의 상황은, 제주에서 열린 아시아유럽정상회의ASEM 재무장관 회의에서 이명박이 언급했듯

"1970년대 오일쇼크 이후 최대의 경제위기"이다. 전경련이 약속을 지킨다면, 30대 재벌의 투자는 지난해 75조5천억원에서 95조8천억원으로 늘어야 하고, 신규 채용도 지난해 65,500명에서 18.3% 증가한 77,500명이 되어야 한다. 그러나 재벌의 대규모 투자 계획이 현실로 옮겨졌다는 소식은 아직 없다. 새 정부가 전경련에 속았다는 말까지 나오고 있다. 경제를 책임져야 할 위치에 있는 전경련의 최근 관심사는 여의도에 53층 전경련 건물의 신축뿐인 듯하다.

화물연대의 파업으로 발생한 물류 대란의 직접적인 당사자는 바로 재벌로 대표되는 화주이다. 하지만 정부의 관계 부처들이 합동 담화문까지 발표하는데도 재벌들은 적극적인 해결 의지를 보이지 않고 있었으며 재벌 총본산인 전경련은 한마디도 없다. 정부가 세금 경감을 통해 화물연대에 경유 값을 지원하게 되면 간접적으로는 화주인 재벌들을 지원하는 것이다. 화물 운송에 대한 우월적인 지위로 사실상 가격 결정권을 갖고 있는 재벌 기업들은 협상 테이블에 나와야 한다. 대통령까지 화주들이 협상에 나설 것을 주문하고 있지만, 재벌들은 힘도 없는 운송 회사가 화물연대와 대화하는 것을 지켜보고 있을 뿐이다. 결국 정부는 국가정보원을 동원해 30대 재벌의 투자 및 신규 채용의 진척 사항을 파악하기까지 했다. 지극히 실망스럽게도, 파악 결과로 전경련의 정보 부재와 의지 부족이 고스란히 드러났다.

이명박 정부의 '7-4-7 구상'은 이미 휴지조각으로 변했다. 경제 살리기와 일자리 창출이라는 절박한 국민적 요구의 해결에 대해 이명박은 "그 주역은 기업이고 기업이 되어야 한다"는 소신이었다. 그러나 이제 그 해결에 대한 책임은 그간 '비지니스 프렌들리'

를 수없이 외쳐온 정권이 져야 한다.

　이명박 정부는 그간 고환율에 대한 수수방관 정책을 통해 재벌들의 수출 경쟁력 강화에 기여하는 한편 국민들에게는 물가 폭등이라는 희생을 강요하는 결과를 초래했다. 기업 친화적 정책은 곧 재벌 친화적 정책일 수밖에 없다. 가장 대표적인 사례는 출자총액제한제도 철폐, 수도권 규제 완화, 산업 단지 조성 간소화 등이다. 이러한 규제 완화 정책들로 볼 때, 청와대 '경제비서실'은 곧 전경련이라고 해도 과언이 아니다. 2008년 1·4분기 재벌 기업들의 실적은 상승세를 유지하고 있는 반면, 국민경제는 고유가로 인해 성장이 하락하고 있으며 실업이 증가해 심각한 불황을 겪고 있다. 여기에 물가까지 상승해 이른바 스태그플레이션 Stagflation이 심각하게 진행되고 있는 실정이다. '재벌 부익부, 국민 빈익빈'이라는 사회 양극화가 재벌 대 국민경제 사이의 대립적 구도로 변하고 있다.

　이런 대립적 구도의 중간에 끼어 있는 것은 중소기업들이다. 중소기업인 하청업체에 대한 재벌 대기업의 횡포가 어제오늘의 일이 아니라는 것은 누구나 잘 알고 있다. 화물연대 파업의 근본 원인도 화주인 재벌 대기업들이 경유 값 폭등에 따른 차주들의 고통을 외면한 데 있다. 재벌들은 중간에 긴 중소 운송 회사를 방패로 삼아 뒷짐을 지고 있었다. 운송 회사들은 원재료 값 상승을 대기업 납품 단가에 반영하는 '물가연동제'를 재벌 기업들에게 요구했지만, 전경련의 강력한 반대에 부딪혀 제도는 도입되지 못했다. 재벌 기업들은 상생 협력을 외치는 겉모습과는 달리, 실제로는 전경련 내부의 재벌끼리만 똘똘 뭉쳐 하청업체의 생존권적 요구 사항들을 무시하고 있다.

공정거래위원회는 지난 6월 12일 하청업체들이 납품 단가의 조정을 신청할 수 있는 제도를 도입키로 하였다. 그럼에도 불구하고 재벌들의 횡포는 갈수록 심해지고 있다. 최근 공정거래위원회가 하도급금비불지연등방지법(약칭 '하도급법') 준수 상황을 조사한 결과에 따르면, 상습 위반 업체는 지난해 52개에서 올해 72개로 늘어난 반면에 모범 준수 업체는 15개에서 5개로 감소되었다. 이것이 '정글 자본주의'의 현주소이다. 그런데 아무리 글로벌 경쟁이 심하더라도 중소기업이 살아남지 못 한 채 대기업이 독야청청할 수는 없다. 한국에서 지금 독점자본의 횡포를 조치하거나 예방할 수 있는 국가기관들로는 공정거래위원회와 금융위원회를 들 수 있다. 이들이 그야말로 국민경제를 위해 독과점 지배나마 제대로 방지하는 '선진적' 기관이 되기 위해서는 지금처럼 권력에 예속되어서는 안 되고 독립되어 자치적으로 감독하고 조처할 수 있는 권한을 보유하여야 할 것이다.

연구 발명의 심사 처리 기간은 짧으면 짧을수록 좋지만

오늘날, 기술을 누가 먼저 개발했는가를 판가름하는 것은 중요하다. 누구나 새로운 기술을 개발하면 우선 특허부터 내놓으려고 경쟁하는 양태를 '특허 전쟁'이라고까지 부른다.

이처럼 특허가 '전쟁'의 수준에 이르면서, 세계 각국의 특허청은 특허 심사 처리 기간을 단축하는 경쟁을 벌이고 있다. 산업의 다양한 부문에서 기술의 발전 속도가 빨라지다 보니, 권리를 보호하기 위해서건 그 권리의 사용을 돕기 위해서건, 접수된 기술이 신기술인지 아닌지를 빨리 판정해야 할 필요성이 더욱 커지고 있는 것이다.

　현재 세계에서 심사 처리 기간이 가장 짧은 나라가 바로 한국이다. 2006년 12월 한 달 동안 등록된 기술의 처리 기간은 9.8개월이었다. 예전에 가장 짧았던 국가는 독일(10개월)이었다. 아래의 표는 주요 국가의 연도별 특허 심사 처리 기간을 보여 준다.

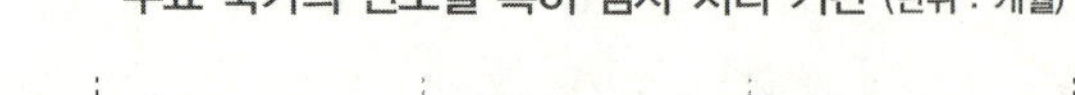

주요 국가의 연도별 특허 심사 처리 기간 (단위 : 개월)

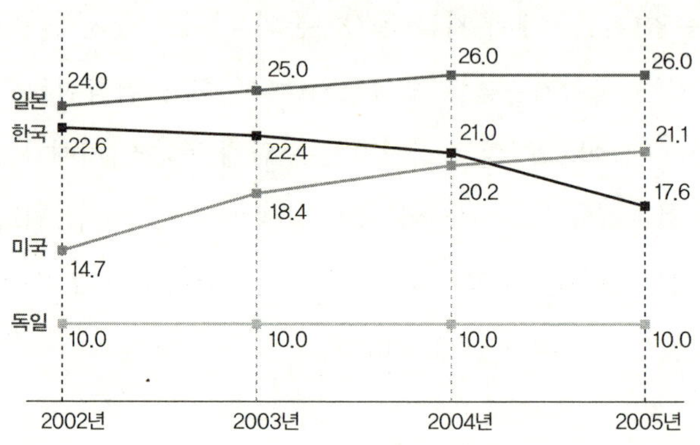

　한국도 2002년까지는 위 그림에서 보는 것처럼 특허출원에서 이의신청을 거쳐 특허등록을 승인하는 처리 기간이 22개월 이상이었다. 특허청이 심사 처리 기간을 줄이게 된 계기는 2002년 9월에 전국경제인연합회가 내놓은 「국내 지식재산권제도의 애로에 관한 실태조사 보고서」였다. 보고서는 처리 기간 지연으로 인한 경제적 손실이 연간 1조 5000억원에 달한다고 했고, 특허청은 이 문제를 해결하기 위해 심사관 수를 늘렸다. 2003년에 70명을 증원한 이후 매년 100명 이상 충원해 현재는 727명이다. 나아가 심사

관 각각의 성과를 평가함으로써, 심사 오류 비율 또한 3.6%(2004년)에서 2.2%(2006년)로 낮췄다.

일반적으로 대기업은 연구·개발의 주기를 5년 정도의 중장기로 정하는 데 비해 중소기업은 1~2년 정도로 짧게 잡는다. 따라서 특허권이 빨리 처리되어 상품화 속도도 빨라져 시장 선점 효과를 얻는 것이 중소기업에게는 사활적이다. 물론 대기업에게는 심사 처리 기간의 단축으로 인해 기술이 일찍이 공개되는 것이 부담스러울 수도 있을 것이다.

한국 특허청의 심사 처리 기간 단축이 국제적으로 소문이 나자, 선진국의 대기업이 국제 특허의 심사를 한국 특허청에 요청하는 일이 잦아지고 있다. 예를 들면, 2006년에 미국의 마이크로소프트 MS가 한국의 특허청에 의뢰한 심사는 166건에 달했다. 사정이 이렇게 되자, 선진국들도 심사 기간 단축을 공언하고 나섰다. 미국은 올해 안에 14.7개월로, 일본은 2013년까지 11개월로 단축하겠다는 계획을 발표했다. 독일 특허청도 1~2년 내에 8개월까지 심사 처리 기간을 단축하겠다고 나섰다.

기술 경쟁이 불붙으면서 특허 분쟁이 격렬하고, 한국의 기업 역시 이로부터 자유롭지 못하다. 2000년부터 2006년까지 한국의 기업이 연루된 국제 특허 분쟁은 72건으로 보고되고 있다. 중간에 합의로 종결되는 경우도 있으니, 실제 분쟁 발생 건수는 이보다 훨씬 많을 것으로 짐작이 된다. 전자(56건)와 화학·의약품(14건)이 주류를 이루고 있으며, 그 가운데서도 반도체, 디스플레이, 휴대전화 등 수출 주력 품목에 집중되어 있다. 우리나라 기업과 분쟁을 벌이는 국가는 미국(35건), 일본(13건)에 이어 대만(10건), 영국

(5건), 캐나다(2건), 프랑스(2건) 등의 순이다.

특허 분쟁의 패소는 엄청난 타격을 가져온다. 그리고 분쟁의 판결에는 대단히 긴 시간이 필요하다. 대기업과 분쟁을 벌이는 중소기업은 부족한 자금력 때문에 소송 도중에 시장에서 퇴출되기도 한다. 국제 특허 분쟁에서 한국 기업은 대개 중소기업의 신세를 면치 못하고 있다. 일부 대기업을 제외한 국내 기업들의 특허 관리 실태에 문제점이 많다고 지적되어 왔다. 한국 기업은 대부분 특허 출원과 등록을 관리하는 수준에 머물러 있는 수준이고, 특히 전담 부서가 없어 연구 개발시 충분한 사전 특허 분석이 미흡한 상황이다.

국가의 산업·과학 전략은 국민적 공기업의 육성이어야

이명박 정부의 산업·과학 정책은 한마디로 중국을 본받자는 것이다. 중국은 지금 경제성장과 사회 발전에 중앙정부와 지방정부 모두 혼신의 힘으로 매달리고 있다. 한국이 중국으로부터 배울 것이 있다면 딱 한 가지, 국가의 힘인데 그것이 바로 사회주의 '지향' 국가의 힘이다. 한국의 언론들은 중국을 비판하며 사회주의국가라 부르다가, 최근에는 국가자본주의state capitalism 체제라 부르고 있다. 자본주의자들은 과거 소련이 생산력의 물질적 근거인 토지와 자본을 국가가 소유해 생산의 국유 체제를 수립한 것을 두고, 그것이 사회주의 전통에 입각한 것이라고 부르지 않고 전형적인 국가자본주의라고 비판한다. 그런데 여기서 사회주의 권력의 역할에 '자본주의'란 말을 붙이는 것은 자본주의자들이 구사회주의 권력의 전통을 비난하기 위해 조작한 음모라 할 수 있다. 그들에 따르면, 국가자본주의는 국가가 자본가처럼 이윤을 착취하며 그 권력은 국민 위에 있다고 한다. 어쨌든 국민을 착취하는 점에서, 자본가라는 민간이 착취하는 정통 자본주의이냐 아니면 국가가 대신 착취하는 국가자본주의이냐는 사실상 차이가 없다. 한국은 전적으로 전자를 채택하고 있다.

국가자본주의라는 규정은 옛 소련은 물론 지금의 중국에도 해당되지 않으므로 폐기해야 한다. 자본주의자들이 중국을 국가자본주의라 부르는 것은 아마도 자신들이 챙겨야 할 '떡고물'이 중국에서는 국가를 통해 인민에게 돌아가는 것이 못마땅했기 때문일 것이다. 자본주의자들은 국가가 인민 아래에 있는 것이야말로 사회주의의 진정한 전통인 것을 알고, 그들 스스로 착취와 억압을 부끄럽게 생각하고 이 용어를 폐기하는 것이 절대적으로 옳을 것이다. 진작 그들은 중국의 대기업이 국유 회사, 자본주의 기준으로는 공기업이라는 것이 불만인 것이다. 자본주의자들, 특히 서구의 독점자본가들은 중국의 기업들을 인수하고자 호시탐탐 기회를 노리지만, 중국 정부는 현재 사유화(민영화)를 허용하고 있지 않다. 중국의 권력은 신자유주의를 결코 수용하지 않을 것으로 전망되며, 이런 점이 바로 향후 사회주의를 건설할 때의 중국의 힘이기도 하다.

여기에 잠시 중국 공기업들의 현황을 살펴보기로 하자. 일본의 노무라증권野村證券이 지난 6월 20일 세계 주요 기업들을 대상으로 주식시가총액의 순위를 발표한 바 있다. 시가총액 10위 가운데 미국의 기업은 3곳뿐이고, 중국·러시아·브라질 등 자원이 풍부

하고 경제성장률이 높은 이른바 브릭스BRICs의 기업들이 절반을
차지하고 있었다. 그 순위는 아래 표와 같다.

2008년 세계 시가총액 상위 10대 기업

순위	기업	업종	국적	시가총액(달러)
1	엑손모빌	에너지	미국	4,486억
2	페트로차이나	에너지	중국	4,016억
3	가스프롬	에너지	러시아	3,524억
4	차이나모바일	통신	중국	2,735억
5	GE	서비스	미국	2,729억
6	페트로브라스	에너지	브라질	2,651억
7	마이크로소프트	IT	미국	2,629억
8	중국공상은행	금융	중국	2,467억
9	로열더치셸	에너지	네덜란드 / 영국	2,400억
10	BHP빌리튼	원자재	호주	2,255억

자료 : 블룸버그 · 미래에셋자산운용

여기에서 두드러진 현상은 원유 등 원자재 가격이 급등하면서
에너지 관련 기업들의 주식이 올라 이들이 상위를 휩쓸고 있다는
것이다. 이에 미국의 엑손모빌, 중국의 페트로차이나, 러시아의 가
스프롬이 각각 1, 2, 3위를 차지하고 있다. 여기에 대형 철광석 업
체인 호주의 BHP빌리튼을 포함하면 상위 10위내에 에너지나 원
자재와 관련된 기업은 6개이다. 더군다나 에너지 관련 기업들은
단기간에 도약했는데, 러시아의 가스프롬은 지난해 말 7위에서 3
위로, 브라질의 페트로브라스는 10위에서 6위로 뛰어올랐다.

10대 기업들만으로 세계경제 전체를 설명할 수 없다는 한계가
있음을 우리는 잘 알고 있다. 이런 점을 확인한 상태에서, 위의 표
로부터 얻을 수 있는 결론을 도출해 보자.

먼저 위의 표는 한편으로는 한국이 처한 산업의 발전 방향에 대해 크게 세 가지의 교훈을 주고 있다. 첫째, 오늘날 기업의 가치는 실물시장에서는 총 판매액에 의해 결정되는 한편, 자본시장에서는 주식시세에 의해 좌우되고 있다. 주식시가의 동향은 물론 투기 소득을 노리는 금융자본가들만의 관심이어서는 안 된다. 실물시장에서 판매를 통해 이윤을 얻으려는 생산자본가(산업자본가)는 물론 산업 정책을 결정하는 국가도 언제나 기업의 판매액은 물론 주식시세에도 주의를 기울이고 있어야 한다. 둘째, 시가총액 상위 10대 기업들의 국적을 보면, 원유, 천연가스, 철광석 등을 보유하고 있는 '자원 대국'들이 우위를 점하고 있다. 그러나 이에 못지 않게 통신, 정보 기술IT 등을 주도하는 '기술 대국'들도 발전할 가능성을 충분히 보여 주고 있다. 셋째, 이런 대기업들은 거의 모두가 현재 세계적인 국가자본들이거나 독점자본들이다. 따라서 21세기 초에는 지난 세기와 마찬가지로, 국가 영역을 제외한 민간 영역에서는 독점자본이 지배하는 불균등 발전 양상을 그대로 보여 줄 것으로 전망된다. 독점자본들은 자본의 집적은 물론 집중인 인수·합병을 통해 규모를 늘려 나가고 있다.

다른 한편으로, 위의 표는 중국의 기업들이 선진국 가운데 최강인 미국의 기업들과 거의 같은 업종에 분포되어 있음을 보여 주고 있다. 시가총액 상위 10위에 포함된 미국의 기업들에는 에너지뿐만 아니라 서비스와 정보 기술 등과 같은 업종이 포함되어 있는데, 이와 마찬가지로 중국도 에너지 외에 통신과 금융을 아우르는 등 다양한 분야에서 두각을 나타내고 있다. 우리는 한 국가의 산업·과학의 발전이 다양한 분야에서 이루어지는 것을 국민에 대한 서비스 차원에서 최선의 유형으로 본다.

중국의 대자본들은 모두 국가의 공기업이다. 한국은 이 점을 배워야 할 것이다. 말하자면, 한국의 산업 전략은 공기업의 보유와 개발에 의해 국민적 대기업을 육성하는 것이어야 한다.

한국이 중국처럼 대기업들을 공기업으로 보유코자 할 때 어떤 분야를 주요 공기업으로 키워야 할 것인가? 이것은 이미 지난 정부에서 차세대 산업으로 세밀하게 분류하였지만, 그것들은 선진국들이 현재 지향하고 있는 첨단산업인 정보통신기술IT, 환경기술ET, 생물공학기술BT 등 분야에 걸쳐 있다. 한국은 이미 IT 분야에서 세계적 명성을 얻고 있지만 ET, BT 등 산업에 정부는 주력하여야 한다. 지난 4월 세계경제포럼WEF이 세계 127개국의 2007년 IT 경쟁력을 조사한 결과, 한국은 2006년 19위에서 껑충 뛰어올라 9위를 차지하였다. 하나 특이할 만한 일은 1위 덴마크에서 10위 노르웨이까지 거의 순위만 바뀌었는데 한국이 이번에 처음으로 톱 10에 낀 것이다. 또 하나 특이한 일은 일본은 19위에 그쳤으며, 중국은 중하위권인 57위를 차지했다는 사실이다. WEF는 한국은 질 높은 고등교육과 양질의 노동력 공급 등에서 경쟁력이 있는데다 세련된 비지니스 부문이 고르게 발전돼 있어 놀랄 만한 수준으로 혁신에 성공한 나라라고 평가했다. 또한 한국은 영국『이코노미스트Economist』지의 경제 분석 기관인 경제정보단EIU이 발표한 2008년 전자준비지수 순위에서도 조사 대상 70개국 중 15위를 차지했다.

이명박 정부는 중국의 산업 전략이 대기업을 국민의 자산인 공기업으로 하고 있는 점을 유념해야 한다. 이들 대기업은 많은 이윤을 낳음으로써 국민의 부를 해마다 증가시키고 있다. 자본주의에서 개인 자본가의 부가 증가하는 것과는 전혀 다르다. 이명박 정부는 한국의 일부 공기업이 부패하였다는 것을 이유로 민영화하려 하는 듯하다. 하지만 그것은 숲을 보지 못하고 나무만 보는 격이다. 공기업 개혁에서 가장 중요한 것이 대표이사의 선임인데, 노동자들의 자치적이고 민주적인 방식으로 대표가 선출되도록 해야 할 것이다. 공기업의 대표가 민주적으로 선출된다는 것은 전문적인 지식을 갖추었을 뿐만 아니라 동료들로부터 신뢰와 존경을 받는다는 것도 의미한다. 중국의 공기업 책임자들은 이미 반세기 전부터 반제국주의 사상으로 국민의 민주적 지지를 받은 공산당 정부에 의해 지명되고 있다. 왜냐하면 제국주의는 곧 반민주적인 식민주의에 의한 점령과 착취이기 때문이다.

산업 정책에 대한 이야기를 마무리하면서, 현재 한국과 교역량이 가장 많은 국가가 중국임을 확인하고자 한다. 이는 아래의 표에서 알 수 있다. 일본은 1976년에 미국을 제치고 한국이 수입하는 액수의 최대를 차지하게 되었지만, 2007년에 그 자리를 중국에 양

한국의 세계 교역 현황

		수출액	수입액	교역량
2007년		3,254	3,093	3,254
순위	1	중국 819	중국 630	중국 1,449
	2	미국 457	일본 562	미국 829
	3	일본 264	미국 372	일본 826
	4	홍콩 186	사우디아라비아 211	
	5	대만 130	독일 135	

단위 : 억달러

보해야 했다. 이로써 중국은 한국의 최대 수출국이자 수입국이며, 가장 많은 흑자를 보게 해 주는 국가이기도 하다. 물론 한국이 가장 많은 적자를 보는 교역 상대는 여전히 일본이다.

제6장

금융정책

　　이명박의 이야기를 들어 보자. "투자위험을 다변화하고 성장의 혈액 구실을 할 금융 선진화가 절대적으로 필요하다." 이 말에는 높은 성장을 위해서는 금융의 구조적인 개혁과 선진화가 필수적이라는 절박한 인식이 담겨 있다. 금융 선진화에 대한 이명박의 방법론은 이전 정부의 인식과 큰 틀에서 다르지 않다. '금융으로 먹고사는 나라'를 만들어야 한다는 것이다. 차이점이 있다면 의지의 강도 정도다. 이명박은 구체적으로 한국산업은행(이하 '산업은행') 등 국책은행의 민영화를 언급하고 있으며, 아시아 금융 허브 추진과 금융 산업 경쟁력 강화를 신성장 동력 차원에서 강조하고 있다. 이 때문에 지지부진했던 '금융 개혁'이 활기를 띨 것이라는 기대도 많다.

　　후보 시절인 2007년 10월 18일 세계지식포럼의 초청 강연에는 금융 산업을 바라보는 그의 시각이 그 어떤 자료보다도 잘 드러나 있다. "한국 경제를 고부가가치화하고 첨단화하려면 많은 투자가

필요하다. 여기에는 반드시 투자위험이 따라온다. 과거 한국 경제
는 투자위험이 있을 때 정부의 정책금융과 대기업의 다각화 경영
을 통해 이 문제를 해소해 왔다. 하지만 이런 방식은 더 이상 통하
지 않는다. 이제는 금융 산업이 투자위험을 다변화하는 적극적인
역할을 해야 한다. 금융 선진화는 성장의 혈액 구실을 담당할 것이
다. 금융 산업 선진화는 궁극적으로 민간 금융기관이 주도적으로
추진해야겠지만 그 과정에서 정부가 해야 할 일도 많다고 생각한
다. 무엇보다도 중요한 것은 금융 산업 육성에 대한 기존 정책 방
향을 바꾸는 것이다. 정부가 수혜자를 직접 지원하는 것이 아니라
민간 금융시장과 협조해 간접적으로 시장을 육성하는 정책으로
전환해야 한다."

이명박 정책의 핵심은 '금융으로 먹고 사는 나라'

나아가 이명박은 금융정책에서는 어디까지나 민간과 협조하는
체제가 필요하다는 점을 강조한다. 그래서 위의 강연에서 그는 이
렇게 이야기한다.

"민간을 활용하면 정부 규모를 늘리지 않고서도 일을 잘 할 수
있다. 정부가 민간과 협력하면 양질의 공공서비스를 제공할 수 있
다. 정부가 방관자가 아니라 도우미가 되는 금융 모델을 우리는 상
정해야 한다. 이명박 금융정책에서 정부는 더 이상 민간 금융시장
의 간섭자가 아니다. 이제 정부는 투자를 촉진하고 튼튼한 자금 인
프라스트럭처를 구축하는 후원자가 될 것이다. '금산金産 분리' 논
쟁도 같은 맥락에서 이해할 수 있다. 우리나라는 세계 기준에 비추

어 너무나 경직적인 금산 분리 원칙을 가지고 있다. 세계적으로 금산 분리를 원칙적으로 금지하는 나라는 영·미권 국가들인 것 같다. 유럽연합을 포함한 많은 국가들의 예를 보면 산업자본의 은행 소유를 사전적, 원칙적으로 금지하고 있는 나라는 별로 많지 않다. 그럼에도 불구하고 이들 국가의 은행 소유자를 보면 산업자본보다는 기관투자가들이다. 원칙적으로 금지하지 않더라도 감독 당국이 은행 소유주에 대한 엄격한 적격성 검사를 하고 있다. 은행의 대주주가 되면 산업자본 역시 은행에 준하는 회계감사를 받는 엄격한 감독 대상이 된다. 따라서 우리나라도 이제는 글로벌 스탠더드에 맞게 산업자본 참여를 원천적으로 봉쇄할 필요는 없고, 감독을 철저히 하는 방법을 생각해야 할 것이다."

　한국은 현재 재벌 대기업 등 산업자본의 금융 산업 진출을 불허하는 이른바 '금산 분리 원칙'을 채택해 유지하고 있다. 하지만 이명박은 현행 금융과 산업의 분리(기업의 은행 소유 금지) 규제를 완화해 기업들이 컨소시엄 형태로 금융기관의 인수자가 되는 것도 허용한다는 방침이다. 2007년 10월에 당시 한나라당은 "금산 분리 규제에 대해서는 논란의 여지가 있지만 이로 인해 외국자본의 국내 은행 지배가 심화한 것은 사실"이라며 "금산 분리 원칙은 외국자본에 비해 국내 산업자본에 대한 역차별 문제를 발생시키고 있다"고 지적했다. 그러나 이명박 후보 측은 금산 분리 완화가 곧 재벌의 은행 소유를 용인하겠다는 것은 아니라고 강조하고 있다. 우리은행이나 산업은행의 민영화 과정에서 중소기업연합회와 같은 중소기업 컨소시엄도 은행 인수자로 참여할 수 있게 허용하고, 연기금이나 국민이 모은 펀드가 은행을 소유할 수 있도록 한다는 것이 금산 분리를 완화한다는 것의 취지이다. 이명박 측은 재벌이 은행을 소유하려는 것은 간단한 규제로 막을 수 있다는 시각을 갖고 있다.

이명박은 금산 분리의 완화와 함께 국책은행의 민영화를 우선적인 과제로 꼽고 있다. 앞서 말한 세계지식포럼의 강연에서 이명박은 다음과 같이 언급했다. "정부 기능이 상실된 국책은행은 민영화를 고려해야 한다. 그 재원으로 유망 중소기업의 투자와 미래 성장 동력 산업을 발굴하는 데 사용할 수 있을 것이다." "대통령에 당선되면 임기 중에 20~30조 원대 기금을 만들어 중소기업 지원 자금 문제 하나만은 해결하자는 생각을 갖고 있다. 국책은행이나 여러 자산을 처분하면 어려움 없이 구할 수 있지 않겠나 생각한다." 이명박 측이 밝히는 국책은행 민영화는 곧 산업은행의 분리 매각을 의미하는 것으로 보인다. 기업은행도 민영화한다는 계획이지만, 중소기업 금융이 위축되지 않도록 보완 방안을 수립하여 시행한다는 생각이다. 산업은행의 자산 규모는 2006년 기준 120조 원대에 달한다. 새 정부의 구상은 집권 초반에 산업은행이 맡고 있는 업무 가운데 기업 인수·합병과 회사채 인수를 담당하는 부문만 민간에 매각해 산업은행을 둘로 나눈다는 것이다. 현재 산업은행이 대주주인 대우증권, 하이닉스반도체, 대우조선해양 등과 함께 민간 부문으로 넘어가게 되지만, 산업 개발을 위한 장기 자금 조달 등 정책금융을 담당하는 국책은행 기능은 산업은행에 남기겠다는 것이다. 국책은행 민영화에 대한 이 같은 아이디어는 2013년 이후 국책은행 민영화를 추진하겠다는 노무현 정부의 방침과 시기의 차이가 있을 뿐, 본질적으로는 큰 차이가 없다고도 볼 수 있다. 2007년 7월에 발표된 노무현 정부의 「국책은행 역할 재정립 방안」과 이명박의 정책은 골격이 비슷하다.

이명박은 또한 금융기관에 대한 과도한 규제를 완화함으로써 금융 산업의 경쟁력을 강화하겠다는 구상을 갖고 있다. 향후 10년 내에 1인당 국민소득 4만 달러를 달성하려면 각종 금융 규제도 획기적으로 개선되어야 한다는 생각이다. 한국의 국제경쟁력을 갉아먹는 주요한 요인의 하나가 금융 산업에 대한 과도한 규제와 전문 인력 부족이라는 인식이다. 이런 현실을 타개하기 위해 이명박은 기존의 '원칙적 금지, 예외적 허용 방식'(포지티브 규제) 대신 '원칙적 허용, 예외적 금지 방식'(네거티브 규제)으로 금융 규제를 전환한다는 복안을 내놓고 있다. 구체적으로는 금산 분리 완화, 인터넷 전문 은행 설립 허용, 고수익채권('정크본드') 시장의 활성화 등의 방안을 제시했다. 또 사모私募 펀드 체계를 개선해 부동산 펀드, 헤지 펀드 등도 영위할 수 있도록 하고 보험회사와 대기업 참여도 확대하는 방안이 거론된다.

이명박에게 금융 산업은 '대한민국 7·4·7'(7% 성장, 1인당 국민소득 4만 달러, 세계 7대 강국)을 달성하기 위한 성장 동력이다. 또한 금융은 실물경제의 지속적인 성장을 위한 기반이 되면 양질의 일자리 창출에 기여하는 고급 산업이다. 이명박은 '동북아 금융 허브 구축'이라는 목표를 달성하기 위해 외환 거래의 완전 자유화를 최대한 앞당겨 시행할 계획이다. 또 외국에는 없는 각종 금융 규제도 과감히 폐지 또는 완화하고, 외환시장의 규제 철폐로 환율의 안정을 노리고, 원화를 조속히 국제화시킨다는 복안이다. 특히 국내에 대형 글로벌 금융기관이 출현할 수 있도록 가칭 '자본시장과 금융투자업에 관한 법률'을 통해 금융권 인수·합병을 활성화시킬 것이라고 공약했다. 한국투자공사의 자금 조달 창구도 한국은행 외환 보유고, 연기금 등으로 확대해 해외 자산 운용의 기반을 정비할 방침이다.(『MB노믹스』, 128~137쪽)

중앙은행의 통화·금융 감독이 국가의 제4권한이 되어야

이명박 정부는 금융정책의 기조 역시 신자유주의 정책으로 일관하여 금산 분리를 완화하고 산업은행을 민영화하겠다는 계획을 세우고 있다. 그렇지만 '재벌 경제'가 여전히 활개 치는 현실에서 금산 분리의 완화는 그리 쉽지 않을 것이며, 또한 산업은행의 산업 개발 금융 업무도 민간은행이 맡기 어려워 그대로 국책은행에 남겨 둘 수밖에 없을 것이다. 그런데 이명박 정부는 금융 산업의 선진화와 경쟁력 강화를 명분으로 금융기관의 감독은 물론 금융시장에 대한 규제를 완화하여, 심지어 금융에 대한 규제를 실물경제에 대한 규제보다 완화시켜 외환시장의 완전 자유화 등 통화와 금융의 완전 자유 질서를 구축할 계획인 것으로 보인다. 우리는 금융의 자유화가 실물의 자유화보다 경제에 더욱 위험하다는 것을 알고 있다. 지난 1997년 한국에 IMF공황이 발생하게 된 근본적인 원인은 재벌 경제의 파탄이다. 그리고 그 직접적 효과는 수 십 년간 재벌 기업들에 대한 대출 담보를 챙기지 않은 금융기관의 부실과 파산이었다. 현재 미국의 서브프라임 모기지(비우량주택담보대출) 사태의 근본적 원인도 IMF공황 이전의 한국의 금융 관례와 마찬가지로 금융기관이 담보 가치를 초과하여 제공한 대출이다. 관련 은행들의 부실과 파산이 이어지자 연방은행이 구제금융안을 정부에 건의하는 등으로 적극 나서고 있는 형편이다.

화폐경제 시대에 금융은 실물경제를 움직이게 하는 피와 같다. 어떤 국민경제든 모든 재화와 서비스라는 실물의 거래는 화폐로 이루어지는 만큼, 화폐의 가치를 안정시킬 통화·금융정책이 어떤 경제정책보다도 중요하다. 화폐가치의 안정은 곧 물가의 안정이며, 이는 전통적으로 중앙은행의 고유 기능으로 정착되어 왔다. 그간 한국의 중앙은행인 한국은행은 정부의 간섭을 가까스로 차단하고 독자적인 통화·금융정책을 펼 수 있었는데, 사실 그럴 수 있었던 시간도 1998년 한국은행법 개정 이후인 10년밖에 되지 않는다. 세계의 거의 모든 선진국에서는 당연하게도 금융 감독이 통화·금융정책을 수행하는 중앙은행의 주요 기능임에도 불구하고, 한국은 금융감독을 '이상하게도' 중앙은행과 대립적인 정책 수단인 재정 기능을 행사하는 기획재정부 산하의 금융위원회(금융감독위원회 + 금융감독원)가 맡고 있다. 금융 이론적으로 볼 때, 한국은행은 기획재정부의 통화 팽창주의적 성향에 제동을 걸어 통화가치를 안정적으로 유지하는 데 그 목적이 있다. 그렇다면 금융감독은 통화가치 안정 정책의 수립에 중요한 기능을 하는 만큼, 당연히 정부 기관이 아니라 한국은행 산하 기관의 기능으로 정립되어야 하는 것이다.

금융 감독 기능이 중앙은행의 중요한 기능임은 미국의 연방준비제도이사회FRB로부터 알 수 있다. FRB는 사실 강력한 감독 기능을 갖고 있음에도 불구하고 금융기관의 과도한 이윤 추구를 막지 못해 결국 지난해 서브프라임 모기지 사태가 발생했다. 이 사태

로 인해 금융기관이 입은 거액 손실은 곧 관련 금융기관들을 유동
성 위기에 빠뜨려, 일부 금융시장은 마비되었으며, 이는 곧 증권시
장을 강타해 주가 하락을 초래했다. 이는 곧 통화가치의 불안으로
이어져 금융거래를 대폭 감소시켜, 이를 정상으로 돌리기 위해
FRB로 하여금 정책 금리인 연방기금 금리를 인하할 수밖에 없게
만들었다. FRB는 서브프라임 모기지 사태가 터지면서 2007년 8월
부터 잇달아 금리 인하 조치를 단행해 지금 미국 정책 금리는 거의
최저인 2.0% 수준이다. 2007년 9월 이후 FRB는 금융사들에 1조
달러에 달하는 구제 자금을 직·간접 방식으로 지원했다. 이어서
FRB는 2008년 3월 중순에는 시장의 금리 인하 예상과는 다르게
또 한 차례 긴급 자금 2,000억 달러를 투입했다. FRB가 내놓은 3
월의 긴급 처방의 골자는 주택 담보대출 연계 증권MBS을 FRB가
보유한 국채로 바꿔 신용을 회복하려는 것이다. 이것은 FRB가 자
신이 감독하고 있는 금융회사들의 부실 책임을 묻지 않고 공적 자
금을 투입해 책임을 면해 줘 '도덕적 해이'를 다시 조장할 수 있는
조치를 감행한 것이다.

한국에서는 지난 IMF 사태 때 100조원에 가까운 공적 자금이
부실 은행에 투입되었다. 그러나 문제는 이 돈이 정부의 자금이지
미국 FRB와 같은 중앙은행인 한국은행의 자금이 아니라는 사실이
다. 그러나 공적 자금은 부실 금융기관을 살리기 위해 조달하는 자
금이지만, 그것이 어떤 자금을 재원으로 하든 공적 자금과 관련된
업무는 '은행 중 은행'인 한국은행이 맡는 것이 당연하다. 또한 공
적 자금을 조달하고 대출해 금융기관을 살리거나 아니면 공적 자
금의 대출로도 회생이 불가능한 은행은 즉시 파산시키는 업무도

한국은행이 담당해야 한다. 그러나 정부는 그 후 금융감독위원회와 금융감독원을 설치하고 공적 자금에 대한 업무를 위의 국가기관에 맡겼다. 이 국가기관은 금융위원회로 명칭이 바뀌었다. 물론 경제에 중요한 것은 공적 자금에 대한 통할 권한이 정부, 즉 금융위원회에 있느냐 한국은행에 있느냐가 아니라 공적 자금의 투입이 재정 자금으로서 결국 물가 상승을 가져오느냐 아니냐의 여부이다. 통화가치의 안정에 대한 권한이 한국은행에 있는 만큼, 공적 자금에 대한 권한도 한국은행에 일임되어야 할 것이다. 한국은행의 정책은 '정부'도 참여하고 있는 최고 의결기관인 금융통화위원회에서 결정하고 있지 않은가!

정부는 금융위원회와 금융감독원을 통해 민간 금융기관에 대한 감독권을 행사하고 있다. 금융기관은 이런 감독의 틀 내에서 금융 산업을 선진화해야 하는데에도 불구하고, 이명박 정부는 금융 규제를 완화해 경쟁력을 강화하겠다는 것만 강조하고 있다. 이명박 정부는 미국과 유럽의 감독 소홀로 금융위기가 닥치고 있는 현실을 전혀 감지하지 못하고 있다.

현재 세계에서 금융 산업의 선진화를 실천하고 있는 최고의 경제라면 홍콩을 들지 않을 수 없다. 홍콩의 상황을 보면, 2007년 경제성장률 6.3%, 1인당 국민소득 2만 8,900달러, 실업률 3.4%, 소비자물가지수 1.7% 등으로 세계 최고의 안정적 성장 경제를 자랑하고 있다. 홍콩은 『월스트리트저널WSJ』의 평가에서 14년째 경제자유도 세계 1위를 유지하고 있기도 하다. 이 홍콩이 자랑하는 경제 환경의 첫째가 바로 금융 산업의 경쟁력이다. 우선 세계의 100대 은행 중 80여 곳이 홍콩에 아시아·태평양 본부를 두고 있어,

홍콩은 세계 자본을 끌어들이고 있다.

　홍콩이 이런 금융 산업의 호황을 누리는 이유는 무엇보다도 선진 금융 기법을 구사하는 것을 전제로 자유로운 금융 산업을 보장하는 것이다. 법인세율이 15%로 세계 최저 수준인데다, 금융 당국은 규제와 감독을 앞세우고 있지만 업체들의 애로 사항 해결에도 주력하고 있다. 여기에다 1조 달러에 달하는 이슬람 펀드 시장까지 유치하고 있다. 2007년 11월 홍콩의 증권선물위원회는 이슬람 투자자들이 신청한 '항셍 이슬람 차이나 인덱스 펀드'를 전격 허용했다. 나아가 올 상반기에는 이슬람 펀드 유치에 장애가 되는 모든 법규를 개정키로 했다. 홍콩과 같은 금융 산업의 자유화와 이로 인한 경쟁력 강화는 미국의 서브프라임 모기지처럼 금융감독 소홀로 대형 금융 부실이 발생하지 않는 범위 내에서는 장려되어야 할 것이다. 그러나 금융기관의 '도덕적 해이'로 인한 부실 금융을 막기 위해서는 금융위원회보다는 한국은행이 금융기관의 철저한 사전 및 사후 감독을 이행하도록 해야 할 것이다. 이렇게 할 때만이 한국은행은 통화·금융정책을 통할하는 지위에 있게 될 것이다.

금융 차원에서 고유가 대책은 환율 하락이 관건

　2008년 6월말 세계경제는 공황에 빠져 있는 것을 실감케 했다. 공황 여부를 판가름하는 궁극적 잣대는 경제성장률의 변동이다. 지금 세계 각국의 성장률은 뒷걸음치고 있다. 고유가 충격이 지구촌을 덮치면서 물가가 오르고 주가가 급락하는 등 실물·금융 양축이 총체적으로 저성장의 늪에 빠졌다. 국제 유가는 뉴욕상업거래소NYMEX의 서부택사스원유WTI를 기준으로 배럴당 140달러를 돌파했다. 유가 급등이 원인이 되어 세계 곳곳의 물가가 치솟고 있고 주가가 하락하고 있다. 경제가 공황에 빠졌을 때 그것에 반드시 유리하게 작동되어야 할 한 가지 경제 변수를 꼽는다면 무엇일까? 다시 말해, 경제가 공황이나 불황에 허덕이더라도 국가가 반드시 지켜내야 할 거시 변수가 있다면 그것은 무엇일까? 그것은 바로 환율이다.

우리가 1997년 IMF 사태로부터 배운 교훈이 있다면, 경제에 어떤 일이 발생하더라도 국가는 환율이 안정적으로 인하되도록 해야 한다는 것이다. 환율을 중시하는 일부 경제학자들은 지난 IMF 사태 이전에 심지어 환율만이라도 경제에 유리하게 하락했더라면 외국으로부터 구제 금융을 많이 받지 않고도 위기를 넘길 수 있었다고 주장한다.

환율 하락이야말로 '달러'로 국민소득을 환산하고 비교하는 세계경제 시대에 매우 중요하다. 한국의 1인당 국민소득 2만 달러 돌파에는 환율 하락의 효과가 컸다. 국민총소득GNI은 국민이 매년 국내외 생산 활동에 참여한 대가로 벌어들인 총소득이다. 한국은 1995년에 국민총소득 1만 달러를 돌파한 지 12년 만에 2만 달러를 달성했다. 아래 그림은 1인당 국민총소득이 1만 달러에서 2만 달러에 이르기까지 걸린 시간을 나라별로 보여 준다. 한국은 다른 나라에 비해 긴 시간이 걸렸음을 알 수 있는데, 이는 1997년 IMF공황을 겪은 데다 최근 상위 재벌 기업을 제외하고는 전반적으로 기업의 성장 잠재력이 약해진 데 기인한다.

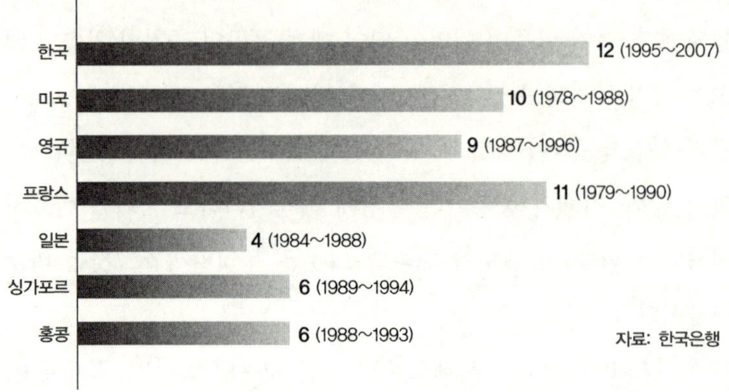

2007년 평균 원화 환율은 전년도에 비해 떨어져 1달러에 929.25원이었다. 한국은행에 따르면 GNI 증가율 8.9% 가운데 환율 하락(원화 가치 상승) 효과가 2.8% 포인트였다고 한다. 그런데 2008년 7월은 이미 환율이 지난해보다 10% 이상 오른 상태로서 1달러에 1019.1원이다. 향후 환율이 더 오를 경우 실물시장에서는 원유 등 수입 업체들의 손실이 더욱 커질 것이며, 금융시장에서는 통화 스왑 파생 상품들이 환차손의 위험에 노출되어 거대 기업들이 손실을 볼 것이다. 이런 종류의 파생 상품은 당초 환율의 등락에 따른 위험을 최소화하기 위해 환율 변동의 일정 범위 또는 일정 비율로 계약을 맺는 것이지만, 환율이 향후 가파르게 상승할 경우에는 오히려 손실을 보게되는 '고수익 고위험' 상품이다. 향후 환율이 이런 추세로 오른다면, 2008년에 경제성장률 4%를 달성하고 물가 상승률이 5% 정도라 하더라도 환율의 증가세가 GNI 증가세를 상쇄하게 된다. 이럴 경우 2008년 GNI는 역전되어 2만 달러 선

이 무너질 가능성이 크다.

한국의 경제 규모를 가늠하는 국내총생산GDP은 2007년 9,699억 달러로 전년에 비해 5.0% 증가하였다. GDP 성장률이 실질 GNI 증가율을 웃도는 추세는 12년이나 되었다. 지난해에는 실질 GNI 증가율이 3.9% 증가하는 수준에 머무르고 있다. 말하자면 경제 규모는 커졌으나 국민의 실질소득이 그만큼 상승하지 못했다는 것이다. 수출품의 가격은 낮아진 반면에 수입품의 가격이 상승한 것이 주요 원인이다. 물론 국민들이 외국에서 버는 소득이 국내 외국인이 버는 소득보다도 줄어든 것도 부수적인 요인일 것이다.

현재 환율은 IMF 사태 때처럼 연일 상승 국면을 이어가고 있다. 세계적인 달러 약세에도 불구하고, 그리고 미국 금리가 저금리임에도 불구하고, 환율 상승이 연일 지속되고 있다. 이처럼 원화 가치의 하락은 한국 상품의 가격 경쟁력을 높여 수출을 증가시킴으로써 전체적으로 경상수지를 흑자로 만드는 요인이기도 하다. 그러나 한국은 최근 환율 상승에도 불구하고 2008년 5월말까지 연속 6개월 경상수지 적자를 기록하여 총72억 달러(2008년만 64억 달러) 적자를 기록하고 있다. 이미 한국은행의 연간 전망치 30억 달러 적자를 두 배 이상 초과하고 있다. 6월 27일 한국은행이 발표한 바에 따르면, 5월에 경상수지가 적자를 보인 것은 IMF 사태 직전인 1997년 이후 11년 만이다. 한국은행은 원유 등 에너지 가격의 상승에 따른 적자가 69억 달러이고 아직은 수출이 호조이기 때문에 유가가 안정되었다면 흑자를 기록할 수 있었다고 평가하고 있다.

일반적으로 경상수지 적자가 늘어나면, 환율 상승, 수입 물가 상승, 국내 소비자물가 상승 등을 거쳐 경기 하락, 성장률 하락의 악순환으로 이어질 가능성이 높아진다. 한국 경제가 지금까지 겪은 최대의 악재는 환율 상승으로 인한 고물가와 실질 성장률 하락이다. 과거 IMF 사태 발생 전 수년째 계속된 고환율이 1998년에 사상 최저인 -6.9% 성장률로 돌아서게 만들었던 주요 요인이다. 물론 지금 세계 공황을 유발하고 있는 최대의 악재는 유가 상승이지만, 유가 상승이 진정되면 달러 수요도 줄어들고 환율도 하락하여 결국은 성장률이 증가할 것이다. 한국이 1998년과 1999년에 대규모 국제수지 흑자를 낸 것도 한국 상품의 품질이 향상되어서라기보다는 환율 상승으로 인해 경쟁력이 좋아졌기 때문이었다. 지금 한국 경제의 숙제는 고유가 상승을 진정시킬 수 있는 대책을 강구하는 것뿐만 아니라, 환율 하락을 유도할 수 있는 종합 대책을 즉시 강구하여 '제2의 IMF 사태'가 벌어지는 것을 방지하는 것이다.

이제 국가가 직접 나서야 한다. 국제 유가 상승을 멈추는 대책이 미국 의회가 하고 있는 것처럼 투자은행들의 원자재에 대한 투기의 제한이나 투기 이득에 대한 과세라는 소극적 대책이어서는 안 된다. 한국은 국제연합을 통한 국제적인 연대로 석유수출국기구OPEC에 원유 증산을 유도해야 할 뿐만 아니라, 한국 자체의 힘으로 해외에 유전을 확보하고 국내에서는 대체에너지를 개발하여야 한다. 그러면서 정부는 유가 상승을 통한 석유 소비의 감소에만 매달릴 것이 아니라 소비 감소를 위한 규제 대책을 강구하여야 한다. 정부는 현재 유가 수준에 맞춰 2단계 대응 방안을 마련하고 있다. 두바이유 기준으로 배럴당 150달러에 이를 경우, 1단계 대책으로 민간에 대해 차량 5부제 또는 2부제 시행과 영업시간 규제 등 강제적인 에너지 절약 조치에 들어갈 계획이다. 유가가 배럴당 170달러로 오르게 되면, 2단계 조치가 따르게 된다. 정부는 유류세를 내리고 택시에 대해서도 유가환급금을 지원할 방침이다. 다만 정부의 이런 강제적 대책들이 자발적 참여를 전제로 하는 시장 경제의 속성상 어느 정도의 소비 절약 효과를 가져올 지는 미지수이다.

우리가 주장하고 싶은 것은 이런 고유가 방어 대책과 함께 강도 높은 환율하락 대책인 저환율 정책이 병행되어야 한다는 것이다. 정부는 필요하다면 단기 투기 자금hot money의 집단 이탈을 막기 위해 단기 외자의 자유로운 유출을 금지하는 징벌적 대책을 마련해야 한다. 칠레나 말레이시아가 채택했던 선례가 있다. 이는 자본 자유화에 역행하는 조치이지만, 국가의 경제 주권을 지키기 위한 제도이기도 하다.

한국 정부는 변동환율제를 지키는 차원에서 마치 기관투자가처럼 외환시장에 개입하고 있지만, 경제 주권을 위해 중국처럼 일정 범위 내에서의 환율 변동만을 허용하는 '고정적' 변동환율제를 도입해야 할 것이다. 지금 정부는 달러를 팔아 환율을 진정시키고 있지만 환율 상승을 막기에는 역부족인데, 왜냐하면 변동환율제를 따르는 외환시장 자체가 급변하는 국제거래에 노출된 시장인 만큼 태생적으로 불안하기 때문이다.

끝으로, 주가가 하락하면 금융시장이 불안해져 시장은 현금을 선호하는 경향으로 돌아서기 때문에 시장 금리는 상승하는 추세를 보여 왔다. 이에 한국에서는 경기 전망이 나빠지면서 금리도 함께 올라 3년짜리 국고채 금리는 2008년 6월말 5.8% 가까이 올랐다. 이로 인해 대출자들의 이자 부담까지 커질 전망이다. 우리는 여기서 다시 한 번 강조하지만, 제2의 IMF 사태를 막을 길은 수출의 증가로 달러를 벌고 있는 소수의 재벌 기업을 위한 환율 상승이 아니라 국민 전체를 위한 환율 하락밖에 없다.

어느 경제든 환율 하락과 함께 수출 증가로 벌어들인 외환의 적정 규모와 그것의 운용 방식이 경제에 중요한 변수이다. 2008년 6월말 현재 한국의 외환 보유액은 2,580억 달러이다. 그렇다면 먼저 한 국가의 외환 보유액은 어느 정도가 가장 적절한 규모인가? 이에 대해서는, 과거에 국가 부채의 지불 불이행으로 고통을 겪었던 아르헨티나에서 재무장관을 지냈던 기도티Gidotty가 경제 여건을 감안해 외환 보유고를 산정한 이른바 '기도티 모델'이 유명하다. 이 모델에 따르면, 어떤 국가든 대외 지불을 위해 상시 준비하고 있어야 할 최소한의 외환 보유고를 아래와 같이 세 가지 지불 요인들을 고려해야 한다. 먼저 일시에 상환이 요구될 우려가 있는 단기 외채, 외국으로의 집단 이탈 가능성이 높은 외국인 주식 자금의 1/3 정도의 외환 그리고 교역에서 3개월 간 수입을 결제할 금액 등이 그것이다. 이 총 외환 보유고에서 수입액인 동시에 단기 외채로서 중복되는 외환인 무역 신용액을 차감한 금액이 순 외환 보유고이다. 이런 기도티 모델이 한 국가의 적정 외환 보유고를 환산하는 데 도움이 될 수 있다.

그렇다면 한 국가가 보유하는 외환은 어떻게 운용하는 것이 적정한가? 기도티 모델의 적정 외환 보유고를 국가가 반드시 보유해야 할 자금으로 간주할 경우, 이 자금은 안정성과 유동성을 위주로 투자할 필요가 있다. 국제금융시장에서 미국 국채가 안정성과 함께 유동성을 보유하고 있는 자산이긴 하지만 수익률이 너무 낮아 기회비용이 지나치게 높다. 적정 외환 보유고를 넘는 자금은 수익성을 가미한 투자 자산으로 유지하는 것이 적정하다. 이를 위해서는 싱가포르국영펀드Government of Singapore Investment Corporation의 모델을 참고할 필요가 있다. 싱가포르의 적정 외환 보유고는 800억 달러인데, 이를 넘는 자금 1000억 달러는 주식, 채권, 개발 사업에 투자하고 있다. 이처럼 외환의 운용을 일선 및 이선 자금이란 '두 주머니'로 나누어 운용하는 것이 외환 위기를 예방하기 위해서 국가가 유념해야 할 필요한 조치이다.

자본시장 규제가 완화되더라도
외국계 은행에 의한 잠식을 막아야

노무현 정부는 2007년 8월 종래의 증권거래법 등 자본시장과 관련된 법률을 통합하여 '자본시장과 금융투자업에 관한 법률'(이하 '자본시장통합법')을 제정하였다. 한국은 1997년의 'IMF 사태'를 계기로 그 이듬해부터 자본시장을 거의 전면 개방하는 조치를 단계적으로 취해, 현재는 세계의 다른 선진국들과 거의 같은 수준의 공개된 자본시장을 갖고 있다. 오늘날 자금이 필요한 기업들은 기본적으로 금융기관을 이용하지만, 대규모 자본을 필요로 하는 기업들은 자본시장에 주식, 채권 등을 발행하여 조달하고 있다. 이에 발맞추어 증권회사 등 투자은행investment bank이 주요 금융기관으로 등장하여 선물, 파생 상품 등 다양한 금융 상품들을 개발해 금융시장을 활성화시키고 있다. 자본시장통합법을 중심으로, 금융자본이 거래되고 있는 자본주의의 실상을 우선 알아보자.

자본시장이란 기업이 주식이나 채권 등을 발행하여 필요한 자금을 직접 조달하는 시장이다. 자본시장은 기업이 자금을 은행으로부터 대출 받는 시장('대출시장')과 대비되는 시장이다. 한국이 지난해 자본시장통합법을 제정하게 된 배경에는 금융시장이 지나치게 대출시장 중심일 뿐만 아니라 자본시장 발달이 미흡하고 증권회사 등 투자은행의 기능이 부진하다는 사정이 놓여 있다. 투자은행이란 증권의 발행을 돕거나, 인수·합병 대상 기업을 탐색하고, 기업을 대상으로 자문 등을 해 줌으로써 고수익을 얻는 금융기관이다. 세계적으로 유명한 금융회사인 골드만 삭스, 모건 스탠리, 메릴 린치 등이 이런 고부가가치 업무를 취급하고 있는데 반해, 한국의 증권회사는 주식 매매의 단순 중개 기능 등 수익이 낮은 업무에만 크게 의존하고 있는 실정이다.

자본시장의 육성과 더불어 대형 투자은행 출현 등을 목표로 하는 자본시장통합법의 주요 내용을 보면, 기능별 규제 체제 도입, 포괄적 금융 상품 정의 도입, 금융투자회사의 업무 영역 확대, 투자자 보호 강화 등이 있다.

우선 이 법은 현행 기관별 규제 체계를 '기능별' 규제 체계로 전환하였다. 기능별 규제 체계란 동일한 기능에 대해서는 금융기관의 유형에 상관없이 동일한 규제를 적용하는 규제 체계이다. 현재는 증권회사, 선물회사 등 금융기관의 유형을 중심으로 금융 산업을 분류하여 규제하고 있어서, 업무 자체가 동일한 기능임에도 불구하고 어느 금융기관이 취급하느냐에 따라 규제에 차이가 발생한다는 문제점이 지적되어 왔다.

또한 금융회사가 법령에 명시된 상품만을 취급하도록 제한하는 열거주의에서 투자성 있는 모든 금융 상품을 자유롭게 취급할 수 있는 포괄주의로 전환되었다. 현행 증권거래법 등에서는 금융기관이 취급할 수 있는 유가증권으로 국채, 회사채, 주식 등 21종을 열거하고 있어 금융회사의 신상품 개발을 저해한다는 문제가 있었다.

나아가 자본시장통합법은 모든 금융투자업의 겸영을 허용하였다. 다시 말해, 하나의 금융투자회사가 증권사, 신탁회사, 자산 운용 회사 등이 취급하는 업무를 모두 취급할 수 있도록 허용하였다. 지금까지 금융투자업의 겸영을 금지한 이유는 이해 상충 때문이었다. 자본시장통합법은 늦은 감이 있으나 금융투자업의 내부 겸영을 허용하고 이해 상충 문제에 대해서는 금지 행위의 명시, 정보 차단 장치 설치 등을 통해 대처하고 있다. 그리고 자본시장통합법은 투자자 편의를 위해 금융투자회사가 급여 이체를 비롯한 결제, 송금, 수시 입출금 등 지급 결제 서비스를 제공할 수 있도록 하였다. 이와 관련해 한국은행은 지급 결제 시스템의 안정성 확보를 위해 금융투자회사에 자금 이체 업무와 관련하여 자료 제출을 요구하고 금융감독원에 검사 또는 공동 검사를 요구할 수 있도록 하였다.

또한 자본시장통합법은 현행법에 산재한 금융 상품 설명 의무 등을 모든 금융투자회사에 적용하고, 투자자의 특성을 파악할 의무와 투자 권유 금지 조항 등을 도입하여 투자자 보호를 강화키로 하였다. 금융투자회사가 모든 투자 상품을 자유롭게 개발하고 판매할 수 있게 됨에 따라 투자자들은 더 편리하고 저렴한 금융 서비스를 누릴 수 있을 전망이다. 아울러 투자자 보호의 강화로 금융투자회사와 자본시장에 대한 신뢰도도 제고될 것이다. 이러한 자본시장 수요 여건의 개선은 자본시장의 발전을 가져올 것이다.

이로 인해 한국의 자본시장은 급격히 변화될 것이다. 자본시장통합법과 유사한 법률을 2004년에 도입한 오스트레일리아는 그 후 4년 동안 자본시장이 2배로 성장하였다. 나아가 이제 한국은 금융투자업 겸영을 허용하는 통합 금융 서비스 제공이 가능해짐에 따라 선진국 투자은행과 경쟁할 수 있는 대형 금융투자회사가 출현할 수 있는 기반도 마련하였다. 그러나 자본시장통합법이 시행되면 은행의 결제성 자금 이탈 등 금융 체제의 불안정성이 증대될 수 있다. 최근 증권사의 어음 관리 계좌CMA 규모가 고수익과 지급 결제 서비스 향상에 힘입어 급증하고 있는 현실에서, 이 법의 시행으로 인해 금융투자회사의 지점과 자동화 기기가 늘고 야간 이체가 가능해지는 등 이용 편의성이 더욱 개선되면 은행의 결제성 자금의 금융투자회사로의 이동이 가속화될 전망이다. 그런데 은행권이 자금 이탈에 대응하여 수신 금리 인상 등을 시행하면 은행의 수익성과 건전성이 악화될 것이고, 은행의 자금 조달 비용의 상승은 가계나 기업의 금융 비용을 증가시킬 것이다. 또한 자본시장 규제 완화로 미국 등 외국계 대형투자은행의 국내시장 진출이 확대될 것으로 예상되는 가운데, 국내 금융투자회사들이 환경 변화에 적절히 대응하지 못하면 외국계 투자은행에 국내 금융시장이 크게 잠식당할 가능성도 있다. 이명박 정부는 향후 '선진' 외국계 은행의 국내 진출을 적절히 규제할 수 있어야 할 것이다.

이것은 지금 미국에서 확산되고 있는 금융위기의 주범이 5대 대형투자은행의 고수익을 노린 도덕적 해이라고 보고 있는 만큼, 정부는 특히 투자은행의 그런 방만한 운용을 규제하기 위해 자본시장통합법을 개정해야 할 뿐만 아니라, 이에 근거해 투자은행에 대한 금융감독을 철저히 이행하여야 할 것이다.

금융 산업의 선진화는
금융 감독의 국제화와 동시에 실천되어야

자본주의 상품·화폐경제 시대인 오늘날 어떤 사회에서든 생산 분야는 인간의 욕구를 충족시키는 가치(상품)를 '목표 가치이냐 수단 가치이냐'를 기준으로 크게 둘로 나눌 수 있다. 하나는 실물을 목표로 하거나 실물과 연계된 노동 제공(서비스)을 목표로 하는 실물 산업material or real industry이다. 실물 산업은 전통적 실물 상품인 쌀이나 자동차 등을 생산하는 산업인데, 여기에 기여하는 자본을 전통적으로는 '생산자본'이라 불렀다. 우리는 이 산업이 모든 산업을 대표함을 감안해, 현재 자본주의사회에서 부르고 있는 대로 산업자본industrial capital이라 부르기로 하자. 다른 하나는 모든 생산의 목표인 실물을 생산하거나 확장하는 데 필요한 '수단'인 화폐를 공급하고 유통하는 산업인 금융 산업financial industry이다. 금융 산업에 기여하는 자본은 금융자본financial capital이라 부른다. 이 두 가지 자본 이외의 제3의 자본으로는 실물 상품을 시장에서 소비자에게 공급하는 기능을 수행하는 유통산업에 기여하는 유통자본 또는 상업자본commercial capital이 있다. 현대 자본주의사

회에서는 이 세 가지 자본인 산업자본, 금융자본, 상업자본이 기본
적으로 경제에 기여하는 자본들이다.

우리가 여기서 중점을 두고 취급하는 금융자본은 서구에서 대
체로 18세기까지만 해도 사회에 실물 가치를 공급하는 산업자본
에 종속적인 역할을 수행했다. 실물 가치란 어느 사회에서나 각종
상품을 화폐량으로 표시하는 기준에 따르는데, 오늘날 시장경제
에서 그것은 상품의 시장가격을 지칭한다. 금융자본의 종속성 내
지 기생성은 당시 사회에서 유일하게 가치를 생산하는 산업자본
에 화폐를 빌려주는 이른바 대금업貸金業에서 가장 잘 나타난다.
오늘날의 금융 산업은 관련 업무를 화폐 이외의 증권, 보험 등으로
발전시켜 왔지만, 그것은 본질적으로는 산업자본의 화폐 수요를
충족시키는 대금업에 해당된다. 중세 봉건시대에는 고리의 금융
이 이른바 신법神法에 의해 금지되었으나, 르네상스 시대를 거쳐
인법人法이 우위를 점하게 되면서부터 당사자 간 계약에 의한 자
유로운 금리가 허용되었다. 자유로운 금융거래의 결과인 금리는
주요 소비자인 산업자본의 이윤 규모(이윤율)에 의해 제한된다.
금융자본이 산업자본인 기업에 융자 행위를 벌여 독자적인 영업
활동을 수행하게 된 것은 자본주의가 본격적으로 발전하게 되는
19세기에 들어서면서부터이다.

금융자본의 독자적인 영업 활동은 19세기에 자본가계급의 반봉
건 혁명이 곳곳에서 성공하면서 더욱 확장되었다. 금융자본의 독
자성은 특히 산업자본이 생산의 집중과 자본의 집중을 통해 확대
되면서, 그리고 서구 선진국의 상품 수출과 더불어 금융(자본) 수
출이 해외 식민지 정복과 함께 확장되면서 본격적으로 정착되었

다. 이때부터 금융자본은 축적은 물론 집중을 통해 대형화를 도모하는 한편, 이것을 기반으로 금융의 전문적 영역을 개발하여 종합적 금융 산업으로 선진화를 추진할 수 있게 되었다. 당시 종합적 성격의 금융자본은 종래의 단순한 융자 업무를 넘어 다양한 산업에의 투자 업무는 물론, 보험업의 역할을 추가하여 이윤을 확대해 갔다. 마침내 19세기 후반에 이르러 미국을 위시한 서구 선진국들에서는 산업자본의 독점화와 동시에 금융자본의 독점화가 서서히 진행되었다. 금융자본의 독점적 지위는 강화되어, 개별 산업자본을 지배하는 것은 물론이고 나아가 국가의 재정 및 경제 관리에도 개입하는 금융자본주의 시대를 열게 되었다. 그리하여 금융자본에 대한 일정한 통제가 필요하다는 사회적 인식이 확대되어 서구 제국들에서는 국가와 자본가들이 협의하여 중앙은행을 설립하거나 강화하기에 이르렀다.

20세기 초에 금융자본의 산업 지배가 본격화되면서 서국의 선진국들에서 대형 은행들이 속속 등장했다. 이제 중앙은행의 역할은 금리를 비롯한 독점금융자본의 수입을 적절하게 규제해 산업자본의 일반적 이윤을 확보해 주는 것이 되었다. 이른바 자유로운 시장 질서 — 사실은 독과점자본이 자유롭게 지배하는 시장 질서 — 는 모든 금융 상품이 시장 금리에 따라 거래되도록 허용한다. 중앙은행이 시장 금리에 영향을 미치는 주요한 수단은 이른바 콜금리, 연방 기금 금리(미국), 공정 할인율(영국) 등의 기준 금리이다. 경기가 좋을 때에는 물가를 고려해 기준 금리를 높이고 경기가 나쁠 때에는 경기를 고려해 기준 금리를 낮추는 등으로 금융통화정책을 실시한다. 자본주의 체제에서 기준 금리의 변동에 의한 경기 조절로 산업자본과 금융자본 사이에 이윤 실현의 균형을 조정해 주는 것이 국가의 본질적 역할이다. 경기가 후퇴하는 경우에는 산업자본의 이윤이 떨어지게 될 우려가 있어 금리를 낮춤으로써 기업에게 정상적 수준의 이윤을 보장해 준다. 이와는 반대로 경기가 상승하는 경우에는 금리를 높임으로써 산업자본의 이윤을 상대적으로 떨어지게 하는 한편 금융자본의 이윤을 증대시켜 준다. 그런데 신고전학파의 논리는 국민경제의 입장을 내세워, 중앙은행의 금리 조정이 물가를 안정시켜 국민의 생활을 안정시킨다는 측면만을 강조하고 있다. 그러나 그 이면에는 반드시 자본의 이익이 도사리고 있다는 것을 사회주의자들은 잘 알고 있다.

최근의 한국처럼 수출이 적자이고 물가가 급등하며 실업률이 상승하는 등 경기가 전반적으로 침체한 경제에서 중앙은행이 기준 금리를 높일 것인가 낮출 것인가, 금융통화정책의 방향을 어떻게 정할 것인가는 매우 중요하지 않을 수 없다. 기획재정부는 경기 침체를 고려해 기준 금리를 낮출 것을 주문하는데 반해, 한국은행은 그것의 본직인 물가 관리를 위해 이미 지난 7월에 콜금리를 0.5% 높였다. 어느 국민경제에서든 물가 관리야말로 가장 기본적인 과제인 만큼 경기가 후퇴하더라도 중앙은행이 이를 무시하고 금리를 인상한 것은 당연한 조치라 할 수 있다. 물가가 급등하면, 중앙은행은 기준 금리를 인상함으로써 시장 금리를 인상시키게 되고, 금융기관의 제도 금리(대출금리)를 더욱 높이게 된다. 이처럼 기준 금리의 인상은 결국 금융자본의 금리를 일반적으로 높임으로써 산업자본의 화폐에 대한 수요를 줄이게 되어 사회에 유통되는 화폐량을 줄임으로써, 결과적으로 물가를 떨어뜨리는 효과를 거두게 된다. 물론 이런 효과는 시차time lag를 두고 나타난다.

그러나 자본주의 시장경제에서 물가 — 개별 상품의 가격이 아니라 전반적인 상품의 가격 수준 — 상승은, 지난 세기 말 IMF사태처럼 공황과 같은 특수한 상황을 제외한다면, 곧이어 임금이 상승함으로써 그 효과는 상쇄되고 만다. 다시 말해 물가 상승률만큼 국민 소득이 상승한다면 경제는 안정을 되찾게 된다. 그런데 물가 상승은 적어도 임금이 오르기 전에는 생산비의 상승을 반영한 것이기 때문에 산업자본에게는 종래와 다름없는 이윤을 정상적으로 수취하게 한다. 올해 한국에서는 고유가, 고원자재가, 고환율 등이 생산비의 상승을 유도했다. 이와 동시에 기준 금리의 인상, 이에 따른 시장 금리의 상승은 화폐 수요를 줄이지만, 그 수요가 급격히 줄지 않는 한 금융자본은 역시 정상적인 이윤을 취할 수 있다. 그래서 자본주의경제에서 물가 상승이 발생하면, 자본가계급에게는 하등의 손실이 발생하지 않으나, 노동자계급에게는 적어도 임금이 상승되기 전에는 물가고로 인해 '생계난'이 발생하며, 장래의 번영을 위해 저축한 화폐에 대한 이자율이 물가 상승률보다 낮을 경우에는 '번영난'까지 겪게 된다.

지난 세기 금융 산업의 선진화는 금융자본의 경쟁력을 키우는 것이었다. 금융자본의 경쟁력은 인수·합병에 의한 대형화를 통해 얻어지는 독점력이었다. 얼마나 많은 독점산업자본을 지배하는가가 금융자본의 이윤 획득의 중요한 지표였던 것이다. 그러나 서구 선진국들은 1930년대의 공황을 통해, 자본주의 경제의 돌발 사태로 금융자본이 무너질 경우에 산업 및 경제에 미치는 효과가 얼마나 치명적인가를 경험한 바 있다. 금융자본과 산업자본의 통합이라 할 수 있는 금융자본주의를 규제하기 위해 서구의 국가들은 이른바 금산 분리 원칙을 기조로 하는 경제구조로 전환하였다. 영국, 프랑스, 독일 등 대부분의 유럽 선진국들은 금산 통합을 전면 허용하고 있는 반면, 미국, 이탈리아, 캐나다 등의 국가들은 사실상 금산 분리 원칙을 유지하고 있다. 또한 사전 승인에 의해 금산 통합이 허용되는 일종의 중간 형태를 취하는 국가로는 일본과 스페인을 들 수 있다. 이명박 정부는 금산 분리가 기업 활동에 대한 과잉 규제이며 금융의 자율성을 침해하는 제도라고 주장한다. 향후 금융은 신산업 성장 동력이므로, 글로벌 스탠더드에 맞게 금산 분리를 완화하자는 것이다.

한국은 지금까지 금산 분리 원칙을 시행하고 있다. 금산 분리 원칙이라고 하지만 사실은 금융자본의 주류인 은행과 산업의 분리인 '은산 분리' 원칙이다. 한국의 재벌들은 은행 이외의 다양한 비非은행 금융회사들을 소유하고 있다. 은행법 및 금융지주회사법에서 정하고 있는 금산 분리 조항에 따르면, 우선 비금융주력자(산업자본)는 금융기관의 발행 주식 총수의 4%(지방금융기관의 경우에는 15%)까지만 보유할 수 있다. 그리고 동시에 금융자본의 산업자본 소유도 제한하여, 은행과 보험회사는 다른 회사의 의결권 있는 발행 주식의 15%까지만 소유할 수 있고, 은행지주회사는 자회사가 아닌 다른 회사의 주식을 5%까지 소유할 수 있다.

이명박 정부가 들어선 후 금융위원회가 작성한 업무 보고 자료에는 산업은행, 중소기업은행, 우리금융 등의 민영화를 위해 산업자본의 은행 소유 규제를 3단계에 걸쳐 완화할 계획이 담겨 있다. 1단계에서는 사모투자펀드PEF나 연기금 등의 은행 지분 보유 규제를 완화한다고 한다. 2단계에서는 산업자본의 은행 지분 보유 한도를 현재의 4%에서 15%로 조정한다고 한다. 이렇게 되면 기업이 은행 경영에 개입하는 '재벌 은행'이 나타날 가능성도 배제할 수 없다. 3단계에서는 산업자본의 은행 지분 보유 한도 자체를 폐지하고 그 대신에 대주주 적격성 심사 등 사전 또는 사후 감독을 도입한다고 한다.

앞에서 보았듯이, 사실 미국, 이탈리아 등을 제외하고는 금산 분리를 엄격하게 시행하는 나라는 그렇게 많지 않다. 그러나 대부분의 선진국들에서는 산업자본이 주요 은행들을 소유하는 사례가 거의 없음에 주목해야 한다. 이것은 결국 대부분의 선진국들에서는 사후적으로 금융 감독 차원에서 산업자본이 은행 등 금융자본을 소유하는 것을 막고 있기 때문이다. 산업자본이 은행을 소유하면 금융 감독 당국이 해당 산업자본까지 은행과 동일한 수준으로 철저히 감독하는 것이다. 자금 출처 공개 의무 등으로 인해 은행 소유 유인이 거의 없는 것이 그런 나라들의 현실이다. 또한 금융자본의 역사나 경영 환경에서 그런 나라들과 한국이 크게 다르다는 점도 주목해야 한다. 한국에는 재벌이라는 매우 특수한 기업 지배 구조가 형성되어 있으며, 삼성 등 다수의 재벌이 금융회사의 자산을 이용해 여러 기업을 지배하는 구조가 구축되어 있기도 하다.

1997년에 불어 닥친 외환 위기 직후, 금융자본을 소유한 재벌 그룹이 모母기업의 도산 위기를 모면하기 위해 금융회사를 사금고처럼 사용했던 사례가 있었다. 한국에서는 금융회사를 이용한 기업 지배가 사라지고 기업들이 금융회사를 자기 금고처럼 만들 수 없도록 경영이 투명하고 성숙해질 때까지는 금산 분리 원칙을 유지하는 것이 바람직하다. 금산 분리 여부를 담당하는 기획재정부는 물론 한국은행도 은행업에 대한 금산 분리 규제의 필요성을 강조하고 있다. 하지만 이명박의 생각은 다르다. "재벌의 은행업 진출에 문제가 있다면, 4대 재벌에게는 좀 불이익을 주는 방향으로 금산 분리 원칙을 완화하고, 연기금이나 중소기업협회를 통한 은행 인수를 가능하게 해야 한다." 그런데 대부분의 중소기업에게는 컨소시엄을 구성해 은행을 인수할 만한 여력이 없는 것이 현실이다. 결국 이명박의 금산 분리 완화 정책은 재벌을 위한 정책일 뿐이다. 이명박의 견해에 동조하고 있는 한나라당은 금융 감독 기능의 강화를 전제로 은행업의 국제경쟁력 강화를 위해 단계적으로 금산 분리를 완화해야 한다고 주장해 금융위원회와 견해를 같이하고 있다.

한나라당이 주장하는 대로 금융 감독 기능의 강화는 중요하다. 어떤 나라에서든 산업자본이 제조업 계열사를 소유하는 것은 허용하면서도 금융회사를 소유하거나 지배하는 것에 대해서만은 규제가 심한 것은 금융회사의 고유한 특성 때문이다. 금융회사는 자기 자본 비율이 낮기 때문에, 대주주 입장에서도 자기 부담 비용이 적어 위험 사업을 추구할 유인이 크다는 특성을 갖고 있다. 더구나 금융회사가 부실해질 경우에는 이용자들에게 피해를 줄 뿐만 아니라 금융 시스템 안정성을 해치는 등 경제 전반에 미치는 효과가 막대하기 때문에, 금융회사는 제조업체보다 훨씬 더 안정적으로 경영되어야 한다. 그런데 산업자본은 일반적으로 위험을 부담하면서 새로운 사업을 추진하고 이를 통해 성장을 도모하는 특징이 있다. 이처럼 산업자본과 금융자본은 자본의 이윤과 성장에 대한 태도가 서로 판이하기 때문에 서로 다른 주체에 의해 경영될 필요가 있다는 것이 선진국들의 입장이다. 더구나 금융자본의 운용 자산은 유동성이 매우 높아, 산업자본이 금융회사를 소유하면 계열기업을 지원하다 함께 파산할 위험이 크다. 금산 분리의 여부와 관계없이 양자는 서로 다른 원리에 따라 독자적으로 운용되어야 한다는 것이 전통적인 선진국의 태도이다. 금융 산업이 경쟁력을 키워 대형화되어 산업자본을 지원할 뿐만 아니라, 금융 기술의 발전에 의해 다양한 금융 상품을 개발하는 것이 금융 산업의 선진화일 것이다.

지난 세기말에 우리는 자본주의경제가 언제든지 위기를 맞을 수 있음을 경험했다. 1997년 이전의 금융 위기들은 국지적이었으며 산발적이었으나, 당시의 위기는 태국에서 시작되어 한국, 러시아, 브라질 등 세계의 신흥 금융시장들을 조직적으로 파국으로 몰아갔다. 이에 당시 세계 금융 체제가 근본적으로 결함이 있다는 주장이 제기된 한편, 다른 주장은 이를 인정한다 하더라도 금융 위기를 당한 국가들이 일차적인 책임이 있다고 제기하여 양자 간 논쟁이 벌어졌다. 당시 한국은 후자의 입장에서 강한 금융 체질을 만들기 위해 금융 산업을 재편하고 금융 체제를 선진화하는 데 안간힘을 썼다. 특히 한국은 '관치 금융'으로 비대해진 재벌 체제의 개편은 물론 비효율적인 공공 부문의 개혁을 서둘렀다. 당시 다보스의 세계경제포럼에서 제기된 위의 논쟁은 여전히 국내외 금융 개혁에서 가장 중요한 사안이 아닐 수 없다.

1998년의 '다보스 포럼'에서는 당초 위기를 겪고 있던 신흥 금융시장 자체보다는 세계 금융 환경이 더 큰 문제로 다루어졌다. 일본, 독일, 영국, 프랑스 등의 대표는 헤지 펀드와 같은 투기 자본이 세계적으로 활개를 치고 다니는 것을 문제로 삼았다. 이들은 투기 자본이 신흥 금융시장에 침투해 세계적인 위기로 몰아가는 것을 방지하려면 투기 자본에 대한 규제와 감독의 강화를 목적으로 국제적 조치들을 내릴 수밖에 없다고 주장했다. 이에 대해 미국 대표는 국제적 차원의 조치를 취하기보다는 자본을 빌리는 국가나 빌려주는 투자자가 해당 국가의 금융 체제, 산업 지배 구조, 공공 부문 관리 등을 개혁하는 데 초점을 맞추어야 한다고 주장하였다. 미국이 이처럼 '국가주의적' 입장을 취하게 된 배경은 1930년대 세계공황 이후 자본의 개방을 회피하다가 1970년대를 기점으로 금융 산업 부문에서 세계 최고의 경쟁력을 확보했다는 사정이 깔려 있다. 미국은 금융자본의 수출로 초과이윤을 획득하기 위해 각국에 금융시장 개방을 강요하는 신자유주의 세계화를 적극 추진하고 있는 것이다.

금융시장의 신자유주의 세계화는 금융 패권국인 미국의 투기 자본가들의 이익을 최대화하는 원동력이다. 미국의 금융자본가들과 그들의 이익을 대변하고 있는 재무부와 연방준비은행 등 경제 관료들이 볼 때, 일본 등 다른 국가들의 국제주의 입장은 결국 미국 자본의 이동을 규제해 이윤 추구의 기회를 상실케 할 가능성이 크다. 따라서 그들은 국제주의 입장에 반대하는 것이다. 또한 달러의 기축통화로서의 지위가 약화되어 미국 자본가들의 지위도 흔들릴 수밖에 없는 상황도 미국 자본이 주류를 이루는 투기 자본에 대한 국제적 규제를 적극 회피하게 만드는 이유의 하나이다. 금융 자본의 무질서한 고수익 투기로 세계경제의 위기가 다시 한 번 몰아쳐, 이에 대한 국제적 규제가 피할 수 없는 '선진적' 대세가 될 날이 우리는 분명 있을 것으로 확신한다. 지난 4월 도미니크 스트로스칸 IMF 총재는 미국의 서브프라임 모기지 위기로 인한 신용 위기는 미국만의 문제가 아니라 전 세계의 문제라며 국제적 공조를 강조했다. 세계경제가 이처럼 점차 하나의 경제 단위가 되어 가는 현실에서, 세계적 신용위기를 부를 수 있는 투기 자금에 대한 국제적 규제는 '선진적' 차원에서 조만간 실현될 것으로 확신한다.

이제 한국의 금융 감독 체제로 눈을 돌려 보자.

금융위원회가 맡은 금융 부문 감독의 중요성을 이야기 하자면, 그것은 실물 부문 감독의 기능을 맡고 있는 공정거래위원회와 같다고 할 수 있다. 공정거래위원회는 기업들의 인수·합병 시 그 결과로 독점기업이 되지 않는지를 조사한다. 이와 마찬가지로, 금융위원회도 은행들의 인수·합병 시 그 결과로 금융시장을 독점하지 않는지를 조사해 공정한 경쟁을 유도한다. 금융위원회는 과거에 외환은행을 외국자본에 매각할 때 이 은행의 위험 자산 비율BIS rate을 잘못 계산하는 실수를 범한 적이 있다. 그리고 최근에 미국에서 서브프라임 모기지 사태가 발생하게 된 것도 순전히 연방준비은행의 금융 감독 부실에 따른 것이다.

이처럼 금융 감독의 잘못은 경제에 커다란 후과를 가져오는 만큼 금융위원회는 국가의 중추기관이 아닐 수 없다. 금융위원회는 결국 금융기관들이 시장에 적응해 자체 건전성을 확보하는 것을 감독하는 기관이며, 따라서 금융기관이 위기관리에 대해 자가 진단을 할 수 있는 시스템을 구축하도록 협력하는 것이 업무의 핵심이다. 금융위원회와 공정거래위원회는 한국은행의 금융통화위원회와 같이 국가로부터 독립되어 자치적으로 자본주의경제의 각 영역이 더 이상 사유화되어서는 안되고 선진적으로 사회화되도록 감독과 지도를 수행할 수 있도록 해야 한다. 이는 어떤 자본주의경제든 파국을 피하고 국민을 위한 경제로 진화할 수 있는 계기가 될 것이다. 이명박 정부도 지금 진행시키고 있는 금산 분리 완화, 민영화, 세금 완화 등 경제의 사유화로부터 후퇴할 때만이 역사의 진화 나아가 변혁에 기여하게 될 것이다.

끝으로, 금융산업의 선진화를 위한 하나의 돌파구를 일본에서 찾아볼 수 있다. 일본은 기업과 은행이 풍력발전, 태양력발전 등 외국의 지구 온난화 대책 사업에 진출할 수 있도록 적극 뒷받침하자는 취지로 2조엔(약 18조원) 규모의 '지구환경보험'을 올해 도입한다. 일본의 경제산업성은 지난 2월 19일 일본 기업들이 차세대 첨단 분야인 환경 산업에 적극 참여하도록 유도하기 위해 이 보험을 신설하였다. 현재 해외 환경 산업 투자는 전망이 불투명하여 실패 가능성이 높아 보험료가 비싸다. 그러나 이 보험을 이용하는 사업은 보험료가 30~70% 할인된다. 이 보험은 기업·은행의 해외 투자 관련 보험을 취급하는 일본무역보험이 담당하게 되는데, 일본무역보험은 보험 자산 운용 총액 14조엔의 15%(약 2조엔)까지 지구환경보험으로 활용할 방침이다. 지구환경보험이 적용되는 분야는 이산화탄소의 배출량이 적은 최첨단 석탄 화력 발전이나 풍력·원자력 발전소 등 에너지 절약형 발전 설비 및 중개 사업, 해외 산림 사업, 전력량 소비가 적은 가전제품 수출 산업 등이다. 일본은 2005년 59조엔 규모로 성장한 환경 산업을 2015년에는 83조

엔 시장으로 키운다는 국가적 전략 목표를 세워놓고 있다. 그런 점
에서 지구환경보험은 이런 전략 목표가 원활하게 추진되도록 하
는 기본 인프라인 것이다.

제7장

환경 정책

이명박 정부의 환경 정책은 '그린 & 클린 코리아Green & Clean Korea'로 명명된 "6대 프로젝트"이다. 이 프로젝트는 다음과 같은 5개의 기본 방향으로 달성된다고 한다. "아름다운 한반도 국토 조성으로 국가 경쟁력 향상과 국민 삶의 질 제고," "마시는 물과 숨 쉬는 공기가 만족스러운 '국민성공시대' 구현," "국민을 편하게, 안전하게 보호하는 '일류국가'의 환경관리," "'일류국가'에 걸맞은 환경규제의 선진화," "환경관리기술 · 산업의 수출전략산업화."

이명박 정책은 한마디로 '그린 & 클린 코리아' 만들기

프로젝트의 "추진내용" 가운데 첫 번째는 "푸르고 깨끗한 한반도 만들기"이다. 먼저 남북한을 연계한 "한반도 생태벨트"를 조성하겠다고 한다. 여기에는 'DMZ 생태공원 조성"도 포함된다. 한탄강과 임진강을 포함한 비무장지대 일원을 유네스코UNESCO가 지

정하는 세계생태환경자연유산으로 등록하도록 북한에 제안할 계획이라고 한다. 그리고 황사 예방을 위해 몽골과 중국에서 민간단체 주도로 추진하고 있는 나무 심기 사업을 남북협력기금사업으로 전환하여 북한 지역에도 실시할 예정이다. 푸른 한반도 만들기에는 "아름다운 국토 공간 재창조"도 포함되어 있다. 여기서 이명박의 환경에 대한 관심은 육지뿐 아니라 수중 및 수변까지 이른다. 연안 및 해양 쓰레기가 최근 매년 10만 톤씩 발생하고 있으나 20% 정도만 수거되어 처리되어 40만 톤 이상이 침전된 것으로 추정된다며, 중앙정부와 지방정부가 공동으로 수거 작업을 추진할 체계를 수립하겠다는 것이 이명박의 약속이다. 하천의 경우에는 한반도대운하와 연계한 하상 정비에 힘을 모으고 외국에서 흔히 볼 수 있는 워터프런트Water front 개발을 추진할 예정이다.

프로젝트가 추진할 두 번째 사업은 "깨끗하고 안전한 수돗물 공급"이다. 정화 장치 없이도 바로 수돗물을 마실 수 있도록 하겠다는 것이다. 국민의 70%가 수돗물이 식수로 부적합하다고 생각하고 있으며, 1~2% 정도만 끓이지 않고 그대로 마시고 있는 실정이다. 이명박은 수돗물의 문제가 상수원의 오염, 정수 처리 과정상 염소 성분의 잔류, 배관망 및 물탱크 노후 등의 기술적 문제와 함께 영세 수도 사업자 난립 등의 복합적인 요인에 기인한다고 보고 있다. 따라서 무엇보다 깨끗한 상수원 확보가 우선이라는 생각을 갖고 있다. 한반도대운하 건설과 연계하여 간접 취수를 확대하고, 지역별로 취수원을 이전하고 식수 전용 댐 건설을 추진하겠다는 것도 이 때문이다. 나아가 수돗물에 대한 불신을 없애는 일도 시급하다고 판단하여, 수돗물의 취수, 정수, 배수 등의 전 과정에 대한 정보를 공개하고 지역별 수질 상태를 인터넷상에 공개하겠다고 약속했다. 또한 수도 공급자의 대형화를 추진해 안전한 수돗물 공급을 유도할 예정이며, 이와 별도로 대형 마트, 공동주택 관리 사무소, 동사무소 등에 고성능 정수 설비를 설치해 수돗물을 재처리한 뒤 공급하도록 허용할 방침이다.

프로젝트의 세 번째 사업은 수많은 어린이와 부모들을 고통에 빠뜨리고 있는 선천성 과민증인 아토피atopy의 근절이다. 대한소아알레르기및호흡기학회의 역학조사(1995년~2005년)에 따르면, 한국의 초등학생 가운데 아토피로 고통 받고 있는 비율이 1995년 16.6%에서 2005년 29.1%로 상승했고, 천식의 경우에도 같은 기간에 7.7%에서 11%로 늘었다. 이에 후보 시절에 이명박은 국가적 차원의 아토피 퇴치 프로그램이 절실하다고 주장했다. 환경보건법 제정을 검토할 것이고, 각 지역의 공공 의료 기관 및 보건소를 '아토피퇴치센터'로 지정하겠다고 했다. 유럽연합 등 선진국 수준에서 화학물질을 관리하겠다는 것도 아토피를 없애기 위한 정책의 하나이다.

네 번째 사업은 온실 가스 줄이기이다. 한국은 경제협력개발기구 회원국으로서 2012년 이후 '기후변화에 관한 UN협약'(이하 '기후변화협약')에서 온실가스감축의무부담국이 될 가능성이 크며, 2004년 현재 이산화탄소 총배출량이 5.9억 톤으로 세계 6위이다. 온실 가스를 적게 내는 신기술의 개발, 에너지 공급의 저탄소형으로의 전환, 청정개발체제 사업의 활성화 등이 온실 가스를 줄이기 위한 이명박의 대안이다. 에너지 다소비 업종에 대해 에너지 효율 향상을 유도하고 화력발전, 철강, 화학 산업 등을 대상으로 이산화탄소 배출을 줄이겠다고 한다.

나머지 두 가지 사업 가운데 하나는 음식물 쓰레기 수거와 일회용품 규제의 개선이고, 다른 하나는 환경 산업을 수출 전략 산업으로 만들겠다는 것이다.

문제는 돈이다. 공약의 마지막에는 재원을 조달할 방안이 담겨 있다. 관련 부처의 기존 예산을 통합하여 운용하는 방식으로 예산을 조달한다는 것이다. 가령 "푸른 한반도 만들기"에 소요될 연간 1조 5000억 원은 환경부, 건교부, 행자부, 농림부, 해양수산부의 관련 예산이나 남북협력기금으로 마련할 것이고, 깨끗한 수돗물을 공급하기 위한 재원은 물환경관리계획에 따라 향후 10년간 배정된 총 32조 7000억 원의 환경부 예산 중 일부에서 조달한다고 한다.(『MB노믹스』, 161~168쪽)

삼성중공업은 태안 바다 환경을 완전히 원상회복해야

2007년 12월 7일 한국 역사상 가장 큰 해양오염이 충남 태안반도에서 발생했다. 삼성중공업 서해안 원유 유출 사고가 그것이다. 이 사고가 발생한 이래, 연인원 최소 100~150만 명이 해변 모래와 바위에서 기름을 제거하는 일에 참여했다. 노무현 정부는 물론이고 '그린 & 클린 코리아'라는 거창한 환경 구호를 내세우는 이명박 정부도 삼성중공업에 책임을 제대로 묻지도 않은 채, 2008년 1월에 태안군을 비롯해 주변의 시와 군을 특별재난지역으로 선포하고 주민들에게 768억의 긴급 자금을 지원했다.

피해 주민들은 정부의 관료적이고 미온적인 대책에 항의하여,

충남, 전북, 전남 및 제주도를 포괄하는 어민들을 조직해 삼성중공업 본사를 방문하여 항의하였다. 서해안의 수산업협동조합장들과 수협중앙회 관계자들로 구성된 어민 대표들은 "건국 이래 최악의 바다 재앙을 일으킨 삼성이 지금까지 피해 어업인들에게 한마디 위로나 사과의 말도 없이, 그저 여론이 잠잠해지기만을 기다리는 듯한 태도로 일관하고 있다"며 삼성중공업의 무책임한 태도에 대한 분노를 드러냈다. 전국 수산업협동조합장 일동 명의로 제출된 항의 서한은 사고 원인 및 책임을 규명할 것, 사고 해역을 원상회복 조치할 것, 피해 어업인을 위한 배상 및 지원 계획을 밝힐 것 등을 요구했다. 어민 대표들은 이날 대통령직인수위원회도 방문해, 기름 유출 사고 피해 지역의 지원 대상 범위를 확대하고, 손해배상에 앞서 생계비를 지원하고, 어항 개발 등 피해 지역에 대한 개발 대책을 마련할 것 등을 건의했다.

2008년 1월 10일에는 수십 년 동안 굴 양식장을 운영하다 기름 유출 사고로 피해를 입은 60대 어민이 음독자살하는 사고가 발생하였고, 그 이후로도 2명이 목숨을 끊었고, 자해하는 사건들이 이어졌다.

굴 양식장 피해는 겉으로 드러난 것이라면, '보이지 않는' 해양 생태계 파괴는 엄청나게 이어지고 있었다. 환경운동연합이 2007년 12월에 조사한 바에 따르면, 모래에서 오염 물질인 총석유계탄화수소Total Petroleum Hydrocabon(TPH)가 최고 6만 7138ppm까지 검출됐는데, 이 수치는 토양환경보전법에 규정된 오염 우려 기준 2000ppm의 34배에 달하는 것이다. 이는 그간 해변 지표에 대한 긴급 방제 작업이 진행되면서 지표의 기름은 거의 제거됐지만 이미 땅속으로 스며든 오염 물질이 상당함을 말해 준다.

온실 가스 배출은 2005년 수준으로 감축

지금은 세계적으로 환경문제가 불거지고 있는 현실이다. 자본주의 생산이 발전할수록 그것의 생산량이 증가해 오염량이 증가할 것이다. 우리는 이미 때가 늦은 감이 있는 환경문제를 거론하고 있지만, 향후 2013년이 되면 환경오염량을 감소하는 기술과 그것으로부터 생산된 상품, 즉 친환경적 상품만이 시장에서 유통될 날이 올 것이다. 2012년까지 환경 사업 수출액을 8조원에 이르게 하고 관련된 일자리를 35만개 창출할 계획이 있는 이명박 정부는 처음으로 온실 가스 감축 목표를 제시했다. 환경부는 3월 21일 「2008년 환경정책 실천계획」을 보고하는 자리에서, 지구 온난화를 유발하는 이산화탄소 배출량을 2012년까지 2005년 수준인 5억 9100만 톤으로 감축하겠다고 했다. 이 목표를 달성하기 위해 정부는 전체 배출량의 42%를 차지하는 가정과 상업 부문에서 이산화탄소 배출을 대폭 줄일 계획이다. 그런데 산업 부문에 대해서는 배출량 증가폭을 최소화하겠다는 것이 계획의 전부이다. 이명박의 친기업적 정책이 환경 분야에서도 관철되고 있는 것이다. 온실 가스의 감축 분야는 ‘선생산 후소비’라고 하는데, 이명박 정부는 정반대의 길을 가고 있다.

환경오염에는 원칙적으로 오염자 비용 부담 원칙Polluter Pays Principle이 적용된다. 이 원칙에 따라 정부는 오염 배출 행위에 대한 직접 규제로 과태료(또는 벌금) 부과, 시정 명령, 사업장 이전 및 폐쇄 등의 행정처분을 내렸다. 그런데 원론적으로 오염은 거의 모든 생산과정에서 발생하여 다른 사람에게 비용(외부 비용)을 발생시키기 때문에 사실상 생산자 비용 부담 원칙Producer Pays Principle이 적용되게 된다. 정부는 오염을 발생시킨 비용을 '시장의 실패'에 따른 사회적 비용social cost로 간주해, 오염 배출자인 자본에게 환경오염세를 부과하였다.

그러나 미국을 비롯한 선진국의 자본들은 이 세제의 시행으로 생산비가 증가해 이윤이 줄자, 1950년대에 자신들의 오염 배출을 하나의 '권리'로 인정해 줄 것을 정부에 요구했다. 자본의 이익을 철저히 대변하던 시카고대학의 자유주의 경제학자들은 환경오염세에 대한 자본가계급의 이의에 동조하였다. 그들은 일반 소비자인 시민도 예를 들면 자동차 운전으로 이산화탄소를 배출하고 있다며 생산자에게 오염 배출권을 인정하는 이론을 개발했다. 이에 대해 환경보호론자들과 자연주의자들이 적극 반대했지만 미국의 대법원은 1984년에 자본가들의 손을 들어 주었다.

이로써 선진국들은 생산자에게 오염권을 인정하는 것을 골자로 하는 환경보호 정책을 추진하였다. 이 정책에 따르면, 국가는 일정 지역을 대상으로 오염 총량제를 실시하여 이 범위 내에서 기업에게 오염 허가권pollution permits을 발행한다. 한국에서는 1998년에 환경부가 수질오염총량제를 도입한 바 있다.

이에 기업들은 오염 허가권을 거래하는 시장을 창출하게 되었다. 2002년에 런던의 증권거래소에 '온실가스 배출권 거래 시장'이 개설된 이래로 노르웨이, 프랑스 등에서 배출권의 활발한 거래가 이루어지고 있다. 오염 배출권, 또는 오염 허가권 시장에서 공급자는 주로 오염 감축 기술의 개발로 인해 허가권의 일부가 필요 없게 된 기업이며, 수요자는 신규 생산자 또는 생산량 증가 업체이다. 이처럼 환경오염 대책에 시장에서의 허가권 거래가 도입된 것은 오염 비용의 부담을 자본의 판단에 맡기자는 자유주의자들의 실리주의적 음모이다. 이들은 생산자에게 오염 감축 기술에 따른 비용과 허가권 거래 가격의 비교의 기회를 제공함으로써 그들이 향후 기술 개발에 관심을 갖게 될 것이라고 주장한다.

하지만 자유주의자들이 진실로 은폐하고 있는 것은 맑은 공기와 깨끗한 물에 대한 권리의 소유자는 국민이라는 사실이다. 국민의 환경권을 '침해하는' 행위를 권리로 인정해서는 안 된다. 오히려 기업의 행위는 환경권에 복속하는 '의무'로 규정해야 한다. 환경을 더럽히는 행위를 권리로 인정하는 것은 국민의 환경권을 부정하는 것이다. 자유주의자들이 생산자에게도 오염권을 부여하자고 할 때의 근거인 시민의 오염 배출은 생산자의 오염 배출과 비교하면 그 양은 정말로 미미하다. 또한 생산자에게 기술 개발의 유인을 제공한다는 것 또한, 오염과 관련된 세제의 정비로도 충분히 얻을 수 있는 효과이다. 어쨌든 국가에게는 국민의 보건을 안전하게 지킬 궁극적 의무가 있는 만큼, 국가는 국민의 보건을 해치는 오염 행위에 대해 적법 여부를 판정해야 하며 설사 오염 허가 제도가 도입된다 해도 오염 배출 총량제를 반드시 이행하도록 해야 할 것이다.

세계는 유엔 환경회의에서 채택한 기후변화협약을 이행하기 위해 1997년에 교토의정서를 채택하였다. 이 의정서가 채택되기까지 온실 가스의 감축 목표와 일정, 개발도상국의 참여 문제 등을 둘 러싼 국가 간 의견 차이로 대립을 겪었다. 하지만 이 협약의 체결로 선진국들은 1990년 기준으로 이산화탄소 배출량을 5.2% 줄이기로 했다. 우리는 선진국들이 지난 세기 말에 이산화탄소가 지구 온난화의 주범이라고 규정하고 그 감축에 들어간 집단적 행위를 지지한다. 그러나 '세계정부'가 존재하지 않는 상황에서, 협약에 가입하지 않은 미국 등의 나라에 협약 이행을 강제하기는 어렵다. 국제 시장에서 실물과 금융의 거래를 제한하는 방법으로라도 이들 국가들이 이 협약을 지키도록 해야 할 것이다.

환경부의 계획이 2012년에 맞추어진 것은 기후변화협약의 결정에 따라 2013년부터 한국도 온실 가스를 의무적으로 감축해야 할 처지이기 때문이다. 2007년에 인도네시아 발리에서 열린 제 13차 환경문제협약당사국총회에 참가한 한국 정부 대표단은 12월 14일 폐막식을 앞두고 이러한 감축 의무 사실을 확인하였다. 총회에서는 현재 심각한 기후변화에 대응하려면 선진국뿐만 아니라 개발도상국의 참여 또한 불가피하다는 공감대가 형성되었다. 교토의정서를 대체하는 'POST 2012' 체제에서 한국은 다른 신흥공업국들과 함께 어떤 형태로든 감축 의무를 져야 한다. 다만 한국의 감축이 언제부터 어느 규모로 이루어질지에 대해서는 향후 논의가 더 필요하다 하겠다. 한편, 이와 같은 '발리 로드맵'에는 선진국의 온실 가스 감축과 관련된 조항이 미국과 일본의 반대로 빠졌다.

그런데 정부는 소비 부문의 온실 가스 감축을 지방자치단체에 일임함으로써 국가적 차원의 절감 의지에 의문을 갖게 하고 있다. 지방자치단체들은 절전형 조명으로 바꾸기, 적정 실내 온도 유지,

천연가스CNG 버스 2만여 대 증차, 태양광발전 보급 확대, 온실 가스 배출 총량제 도입 등과 같은 시행 계획도 내놨다. 지방자치단체 가운데 부산광역시는 최초로 2008년 하반기부터 구청과 하수처리장 같은 산하 공공 기관을 대상으로 온실 가스 배출 총량제를 도입한다. 그러나 기업이 아닌 공공 기관에만 적용해서는 실제적인 효과를 거두기 어려울 것이다.

이명박 정부의 환경정책 가운데 가장 크게 문제가 제기되는 것은 공장입지 규제의 완화이다. 지금까지는 광역 상수원에서 20km 이상, 지방 상수원에서 10km 이상 떨어진 곳에서만 공장을 지을 수 있었다. 2008년 3월 21일 광주에서 있었던 대통령에 대한 업무 보고에서 환경부는 상수원 공장입지 규제를 완화하여 광역 상수원 보호 구역을 '취수원 7km 이내'로 변경한다고 했다. 완화 대상이 하수를 공공 하수처리장으로 보내거나 오염 사고에 대비해 임시 저수지를 거쳐 폐수를 내보내는 시설로 한정되긴 했으나, 완화 조치에 따라 팔당 상수원 인근 경기도 남양주시와 광주시 등 행정 구역의 70~80%가 규제에 묶여 있던 지역에 공장 설립이 가능해진다. 수도권의 상수원을 보호하려면 현재보다 더욱 까다로운 조건의 규제가 필요함에도 불구하고 7km로 규제한 것은 상수원 오염 우려를 증대시킬 수밖에 없다. 국민이 수돗물에 대해 완전한 신뢰를 보내지 못하고 있는 현실을 감안하면, 매우 부적절한 조치라 하지 않을 수 없다. 폐수 발생이라는 직접적인 원인 이외에도 공장 설립에 따르는 오염의 가능성도 고려해야 할 것이다.

유전자 변형 식품의 안정성에 대한 규제 강화

유전자 변형 작물, 곧 GMO(Genetically Modified Organism)는 과거에는 녹색혁명의 총아였다. 이로 인해 1970~1980년대에 유전공학과 생명공학은 인기 학문으로 부상했다. 그러나 1994년에 미국의 업체 칼젠Calgene이 최초로 판매를 목적으로 GMO 작물인 잘 무르지 않는 토마토를 선보인 이후로 상황은 반전됐다. 시민 단체와 일부 미디어는 그 식품을 안전성을 담보할 수 없다며 '프랑켄 푸드Franken food'라고 불렀고, 그 이후로 GMO는 해롭다는 인식이 소비자에게 퍼졌다. 2007년 1,000여 명의 소비자를 대상으로 대학에서 조사한 결과에 따르면, GMO를 사 먹겠다는 사람은 13%에 불과했다. 현 시점에서 GMO의 안전성에 대한 판정은 난망하다. 피해를 보았다면 신고하라는 GMO 지지자나 무해하다는 것을 증명해 보라는 GMO 반대자나 서로 제 주장을 펼 뿐이다.

최근 전분당 업계인 대상, 삼양제넥스, CPK, 신동방 CP 등이 5월부터 전분과 물엿 등의 원료로 GMO 옥수수 11만 톤을 수입할 계획이 발표되자, 그간 잠잠했던 GMO의 안전성 논란이 다시 불붙었다. 이는 미국 쇠고기의 광우병에 대한 논쟁과는 분명히 차원이 다른 인간의 DNA 구조에 미치는 영향과 관련된 근본적 논쟁이다. 2007년 국제연합 식량농업기구FAO의 통계에 따르면, 한국의 곡물 자급률은 24.8%에 그치고 특히 옥수수는 0.8%만 국산이다. 옥수수의 경우, GMO이냐 아니냐에 따른 가격 차이는 톤당 100달러이다. 이로 인해 연간 2,000억원의 비용이 소비자에게 전가된다.

GMO와 관련해 '막연한 위험' 과 '저렴한 식품' 을 저울에 올려 놓고 따지자는 주장도 나온다. 이런 입장은 한국 사회의 커다란 문제인 빈부 격차를 외면하는 견해인 것이다. GMO의 '막연한 위험' 도 감수하려 하지 않는 한국의 부자들은 유전자 변형 식품을 외면할 것이고, '저렴한 식품' 을 외면할 수 없는 빈곤층만 GMO를 섭취할 것이다.

결국 GMO를 원료로 한 식품이 밥상에 오르지 않게 하는 것은 식품 생산 업체에 달려 있다. 최근에 GMO를 원료로 사용하지 않겠다고 약속한 식품 업체들이 나타나고 있다. 두부, 콩나물, 소주 등을 생산하는 그런 업체들은 과거에 GMO 사용이 있었음을 인정하고, 생산비가 높아져 가격이 오르더라도 소비자가 양해해 줄 것을 부탁하고 있다.

2008년 5월 유전자조작옥수수수입반대국민연대는 주요 식품 업체 47곳에 GMO를 사용하지 말 것을 요구했다. 광동제약, 동아오츠카, 롯데햄, 매일유업 등 12개 사가 이에 동의했으며, 농심도 후에 이에 동참했다. 이들은 한결같이 소비자들의 심리적 불안감을 덜어 주기 위한 조치라고 변명했다. 한편, 요구에 응하지 않은 업체들은 GMO 논란이 '제2의 광우병 사태' 로 번지지 않을까 걱정하고 있다.

GMO는 다른 생물체의 유전자와 결합하는 등 유전자 재조합 기술을 활용해 만든 새로운 품종이다. 학계에서는 지난 20년 동안 GMO의 위험성을 드러낸 실험이나 사례가 없는 것으로 보고하고 있다. 그러나 인위적 재조합에 의해 탄생된 품종이 인체에 미칠 위험 여부에 대한 장기적 연구는 반드시 필요할 것이다.

환경오염에 대한 규제 강화와 친환경적 정책의 장려

생산이 발전할수록 오염물 배출이 증대될 뿐만 아니라 새로운 오염물질도 창출되고 있다. 그런데 오염물질이 환경으로부터 배제되는 게 아니라 오히려 소비를 위해 이용되고 있는 경우가 있다. 인간의 소비에 제공되는 최악의 오염물질로 석면을 들지 않을 수 없다. 석면은 인체에 들어가면 치명적인 암을 일으키는 무서운 물질이다. 지난 시절 급속한 경제성장 과정에서 석면의 안전 관리를 도외시했던 결과는 발암 피해로 나타나고 있다. 석면의 피해는 2007년 광화문의 교보빌딩을 보수할 때 거기에 입주해 있던 유럽 국가의 대사관들이 이의를 제기하면서 불거졌다.

석면은 불에 타지 않고, 어떤 화학물질에도 견디며, 전기에 반응하지도 않으며, 닳지도 않는다. 그래서 석면은 섬유와 직포를 이용하여 가공되면 방화, 단열, 절연 등을 위해 사용된다. 국내에도 석면 광산이 많았으나 1983년을 끝으로 모두 문을 닫아, 현재는 해마다 필요한 7만~8만 톤 전량을 캐나다 등지에서 수입한다.

이런 석면이 안전 사각지대에 있다. 석면은 미국산업안전보건청OSHA이 지정한 바에 따르면, "인체에 암을 일으키는 것이 확실한 1급 발암물질 27종의 하나"이다. 석면 제조 과정만이 위험한 것이 아니다. 단열재, 브레이크 등 석면 제품들은 우리 주변 곳곳에 있다. 하지만 안전 기준은 물론 안전 의식도 허술해, 이대로라면 석면 피해는 늘어날 수밖에 없다.

석면 먼지가 몸속에 들어가면 10~30년의 잠복기를 거쳐 대부분 암으로 이어진다. 석면을 20년 이상 취급한 사람의 폐암 발생률은 그렇지 않은 사람보다 10배 높으며, 담배를 피우는 사람이 석면 먼지에 오염된 환경 속에서 지내면 비흡연자보다 폐암에 걸릴 확률이 40배 높은 것으로 알려져 있다. 특히 몸에 들어온 석면 먼지가 조직을 뚫고 늑막이나 복막까지 들어가 일으키게 되는 중피종암은 진단 후 1년 안에 사망하는 무서운 병이다. 중피종암의 석면 관련성은 외국의 연구 결과 62% 정도로 분석되고 있다. 한국에서도 석면 제품 공장이 많고 석면 제품을 많이 쓰는 조선소가 몰려 있는 부산과 경남 지역의 중피종암 발생률이 지역 인구 비율보다 54%나 높은 것으로 드러났다.

미국과 일본에서는 일찍이 1970년대 초에 석면이 1% 이상 들어간 건축자재의 사용을 금지했다. 1997년 1월에 프랑스는 석면의 생산·수입·판매를 불허했는데, 이는 유럽연합에서 8번째였다. 이것은 1972년에 완공된 파리6대학과 7대학 건물의 석면에 오염돼 교직원 12명이 폐암 등으로 숨졌다는 주장이 1996년에 일자, 대통령의 지시로 10억 프랑(약 2천 5백억 원)을 들여 건물을 곧바로 철거한 후 이루어진 조치였다.

한국의 석면 관리 수준은 선진국과의 경제력 격차 이상으로 낙후돼 있다. 무엇보다 생산 현장의 관리가 까마득하게 뒤처져 있다. 전국에 산재한 석면 제품 제조 공장은 51개(1997년 기준)인데, 일부를 제외하면 영세 규모여서 공장 안팎의 안전 관리는 허술하다 못해 무방비 상태이다. 석면 제품 제조 공장 노동자들의 안전 관리를 위해 도입된 공장 내 석면 먼지 허용치는 공기 1cc당 2개(1976

년 제정)이지만, 미국의 허용치는 0.1개이다. 생산 공장에서의 폐기물 처리나 수명이 다한 석면의 처리에서도 한국의 기준과 관행은 위험하기 짝이 없다.

'죽음의 섬유'로 불리는 석면은 이제 우리 생활에서 완전히 사라지도록 정부는 조치해야 한다.

이제 주제를 친환경적 정책의 장려로 옮겨 보자.

지구의 환경은 인간 생활의 획기적 전환을 요구하는 단계에 이르렀다. 인류가 그간 생산량 확대를 위한 동력을 주로 탄소 에너지로부터 얻은 결과로 온실 가스의 배출량이 크게 늘었기 때문이다. 온실 가스는 지구의 온도를 매년 상승시킴으로써 급격한 기후변화를 초래하는 데 그치지 않고, 자연의 생태계가 생육 능력을 보전할 수 없는 지경으로 만든다. 현재까지는 이럭저럭 살아갔는지 모르나, 생태계 파괴로 결국 인간이란 종이 지구에서 사라지지 않으리라는 보장은 없다.

기후변화는 눈에 띄게 빠르게 나타나고 있다. 그 결과는 홍수, 폭설, 폭풍, 가뭄 등의 재해이다. 특히 가뭄으로 인해 농지가 사막으로 바뀌기 시작했고, 이러한 사막화desertification는 현재 아프리카의 사하라사막에서 중국의 고비사막에까지 이르고 있다. 중국은 사막 주변에 나무를 심고 있지만, 사막화의 속도를 따라잡지 못하고 있어 사막은 그 경계를 점점 내륙으로 확대하고 있다. 사막화와 같은 가뭄으로 인해 지구에는 물이 절대적으로 부족할 것이라는 전망이 나오고 있다.

현재 아랍 사막 지대의 물이 부족한 국가들은 바닷물을 식수로 바꾸는 수질 전환 시설을 갖추고 있다. 그런데 이런 시설을 가동시키는 데 필요한 열량을 화석연료에서 얻음으로써 환경에 악영향을 미치고 있다. 이러한 악순환에서 벗어나게 할 장치, 즉 해안의 안개를 물로 바꾸는 장치가 최근에 영국에서 개발되었다고 한다.

그렇다면 물 부족 상황을 벗어날 수 있는 길은 어디서 찾을 수 있을까? 바로 빗물이다. 빗물을 저장해 사용할 수 있다면, 자원을 절약할 수 있을 것이다. 이미 서울의 한 아파트 단지에서 이를 시행하고 있다. 2007년 3월부터 공원의 조경, 분수, 공용 화장실에 빗물을 쓰고 있다고 한다. 2008년 하반기부터는 빗물을 이용한 수영장과 사우나를 개장할 계획에 있다고 한다. 이 아파트 단지가 1년 동안 활용한 빗물은 4만톤인데, 단지 전체 1,310가구에서 1년 동안 사용하는 수돗물은 20만톤이라고 한다. 모인 빗물은 모은 장소와 용도에 따라 3개의 탱크에 나눠 저장한다고 한다. 이런 친환경 아파트 단지야 말로 미래의 공동주택이 취해야 모델이라 할 것이다.

제8장

노동정책

대기업 경영자 출신답게 이명박은 노동문제에 대해 보수적인 시각을 갖고 있다. '노동 없는 곳에 임금 없다'는 원칙에 대한 그의 생각은 확고하다. 이명박은 기본적으로 노동운동은 합법적인 테두리 안에서 이뤄져야 하며 대화를 통해 노사 합의가 원만하게 도출되어야 한다고 주장한다. 특히 '귀족 노조'라 불리는 일부 대기업 노동조합에 대한 이명박의 불신은 매우 강한 것으로 보인다. 노동문제 역시 기본적으로 시장에서 해결되어야 한다고 생각하는 이명박은 정부가 노사문제에 개입하는 것에 반대하는 입장이다.

이명박 정부의 노동정책은 곧 '노동자 길들이기' 대책

이명박의 이 같은 생각은 1998년부터 중앙 차원에서 운영해 온 노사정위원회를 지역별로 전환하고 나아가 지역 주민들도 참여하는 '노사민정위원회'로 개편하겠다는 생각으로 집약된다. 그동안의 노사정위원회에서와는 달리 앞으로는 정부의 역할을 대폭 줄일 것이며, 그 대신에 노사 간의 자율 대화를 강조하고 또 파업으로 피해를 입는 지역 주민들의 입장을 대폭 강화하겠다는 것이다. 노사문제 해결에 주민을 참여시키고 노사분규가 적은 곳에 적절한 보상 체계를 마련하겠다는 것이 한나라당의 대선 공약이었다. 한편 투쟁과 갈등 중심의 노사 관계를 '선진화'하기 위해 부당노동행위 구제 제도, 복수 노조 창구 단일화, 노조 전임자 급여 지원 등과 관련하여 법과 제도를 개선할 방침이기도 하다.

이명박은 기업인들의 투자를 늘릴 방법은 노동시장의 유연화라는 신념을 지니고 있다. 2007년 2월말에 한 일간신문이 대선 주자들에 던진 질문에, 그는 "지금까지의 고용 지원 서비스는 다소 복지적 관점에 치우쳐 접근했던 것이 사실"이라며 앞으로는 "노동시장의 유연성 관점에서 수요와 공급을 원활하게 조정하는 방향으로" 바뀌어야 한다고 답한 바 있다. (『내일신문』, 2007년 2월 27일.) 하지만 당선 직후에는, 노동시장 유연화와는 별도로 "비정규직 등 힘이 약한 계층은 국가가 보호해 줘야" 한다는 생각도 밝혔다.(『아시아경제신문』, 2007년 12월 19일.) 노무현 정부는 비정규직 문제를 법제화를 통해 해결하고자 했지만, '기간제 및 단시간 근로자 보호 등에 관한 법률'(일명 '비정규직 보호법')으로 문제가 해결되었다기보다는 비정규직의 고용 불안정성만 심화시켰다는 것이 이명박의 기본 인식이다. 비정규직을 보호하거나 비정규직의 숫자를 줄여 주는 효과는 미미하고 노사 간 갈등만 조장하고 있다는 것이다. 따라서 여기서도 이명박은 시장 원리에 따른 해결이라는 원칙을 고수하고 있다. (『MB노믹스』, 182~188쪽)

노동문제의 핵심은 인간의 생존과 번영

한국노동조합총연맹(이하 '한국노총')은 지난 대선에서 이명박 지지를 선언한 바 있다. 한편 민주노총은 대선이 끝난 2008년 1월에 이명박 당선인과의 회동을 약속했지만 인수위의 일방적인 약속 파기로 돌연 무산된 일이 있었다. 이 사건은 이명박 정부가 앞으로 노동문제를 어떻게 대할지를 짐작해 볼 수 있는 일이었다. 회동 약속을 취소한 이유는 민주노총 위원장이 불법 시위와 관련해 경찰의 출두에 응하지 않았던 전력 때문이었다. 인수위원회의 설명에 따르면, "법과 원칙을 지키지 않는 사람이나 단체와는 만나지 않겠다는 단호한 의지를 표현한 것"이라고 한다. 하지만 노동계에서는 7월과 11월로 예정된 민주노총의 '총력 투쟁'에 대한 선제공격으로 분석하고 있다. 이명박 정부는 한국노총과의 협력을 통해 민주노총을 고립시킬 생각인 것으로 보인다.

이명박 대통령이 노동자들의 투쟁에 대해 어떤 입장을 지니고 있는지를 후보 시절인 2007년 9월 17일에 『매일경제』와 진행한 인터뷰로 확인하기로 하자.

대통령이 되었을 때 가장 먼저 무엇을 하겠냐는 질문에 대한 답은 이러했다. "경제를 살리는 데 필요한 변화부터 추진하겠다. 1년도 끌면 안 된다. 당장 필요한 건 우리 사회에 만연한 질서 파괴를 바로 잡는 것이다. 기초 질서를 확립하고 법질서를 확립하는 게 가장 시급한 문제다. 그렇게 하는 것이 경제에 미치는 영향이 클 것이다. 예를 들어, 노사문제는 법질서의 문제다. 노사문제로 인한 낭비가 적어도 GDP 성장에 1~2% 포인트 영향을 줄 것으로 본다." 나아가 '약자의 논리'로 저항하면 어떻게 하겠느냐는 질문에는 이렇게 답했다. "노조나 NGO가 우리 사회에 필요한 존재임을 인정한다. 그러나 문자 그대로 NGO다. 정부 조직이 아니다. 제 위치에서 제 기능을 하면서 사회의 청량제 구실을 할 수 있도록 분위기를 만들어 주면 된다. 다만 그 룰을 어길 때 바로잡아 주자는 것이다." '노동 개혁에 대한 구상'에 대한 답변이 이명박의 태도를 가장 잘 보여 준다. "'노사 평화'를 정착하기 위해서는 기업과 근로자 간에 많은 대화가 있어 상호 이해 폭을 넓혀야 한다. 그리고 모든 노사 관계가 법과 질서에 맞게 진행되어야 한다. 만약 법과 질서를 어기면 노사를 불문하고 엄중하게 처벌하는 풍토를 조성할 것이다. 파업과 관련해, 특히 정치적인 목적의 노조 파업에 대해선 엄정하게 대처해야 한다."

이명박 정부가 노사문제를 '법질서'의 문제로 보는 것부터가 과거 박정희 정권 이래 보수주의자들의 노동자 길들이기의 한 방편이다. 노사 관계는 국법 질서 확립 이전에 자본가와 노동자가 자신들의 생존과 번영을 결정짓는 사회질서 확립의 문제이다. 노동자들의 인간적이며 사회적인 생존이라는 기초적(하부구조의) 문제에 갑자기 국가가 등장해 이것을 마치 법질서의(상부구조의) 문제로 보는 것은 인간이 있어야 사회가 존재하고 사회가 있어야 국가가 존재한다는 아주 평범한 진리를 망각한 처사이다. 인간의 생존이 위기에 봉착한 사회에서, 그것도 개인의 문제를 자유롭게 표현할 수 있는 자유민주주의 사회에서, 누구나 자신의 생존 문제를 국법 질서와 같은 국가 그 자체의 생존 문제보다 우선적으로 주장할 수 있어야 한다.

우리는 자본주의사회에서 노사문제란 본질적으로 노동자계급의 근본적 문제인 자본가계급의 착취에 맞선 생존권의 문제라고 본다. 이명박 정부도 북한 인민의 생존권을 초미의 사안으로 간주하여 이른바 '비핵·개방·3000'이라는 남북 경협 대책으로 해결하려고 하지 않는가!(이에 관해서는 제2장 참조) 이명박은 남한의 노동자계급, 특히 비정규직 노동자들의 생존권을 국가 사회의 생존권과 동일시하는 '선진적' 노사 관계를 표방하여 국가가 이에 전폭적으로 개입하는 것이 반드시 필요한 사안으로 규정하여야 한다. 노동자계급의 생존권 보장의 문제가 노사 관계의 본질이며, 이것은 법질서 확립 이전에 반드시 해결되어야 할 문제이다. 이명박 정부가 노사 관계를 법질서 확립이 필요한 관계로 보고 노동자들의 요구를 공권력으로 탄압한다면, 과거의 암울했던 군사독재 정권으로 회귀하는 결과를 초래할 것이다.

앞의 인터뷰에서 이명박은 노조가 우리 사회에 필요한 존재라고 인정하면서도 그것은 "청량제 구실"이며 "룰을 어길 때 바로 잡아주어야" 한다고 했다. 이명박이 노동자들을 청량제 구실 정도로 여기는 것이야 말로 자본가들이, 그것도 노동자를 인간으로 대우하지 않는 천민 자본가들이, 노동자들을 홀대하는 태도이다. 이것은 자본가가 보기에 노동자는 일만 열심히 하는 기계이어서 가끔 '기름칠'만 하면 되는 것 쯤으로 생각하고 있음을 드러낸다. 어떤 현장에서든 노동자들이 100% 파업할 경우 공장은 가동되지 않는다는 것이 상식이다. 1987년의 노동자 대투쟁이 이를 입증했고, 그 경험이 노동자들로 하여금 자신들의 존재가 그저 사회에 상품을 공급하는 생산자일 뿐만 아니라 자본가들에게 이윤과 축적을 가능하게 하는 생산자이기도 하다는 것을 깨닫게 했다.

노동자는 자본주의경제에 필요하고도 충분한 존재로서, 오늘날까지 자본주의사회를 온전하게 지탱시켜 온 당사자이다. 노사 관계는 국법 질서 확립 이전에 반드시 정상적으로 형성되고 유지되어야 할 사회의 생산관계인 만큼 그것은 한 국가의 경제적 토대인 것이다.

자율적이고 민주적인 노사 관계의 정착이 관건

이명박 정부는 대기업 노조에 대해 상당한 불신을 갖고 있다. 예컨대 이명박은 대기업 노조를 '귀족 노조'라고 비판하고 있으며, 이들에 대한 무노동 무임금 면제 특혜를 폐지할 생각을 갖고 있다. 그는 노동문제를 시장에서 기본적으로 해결할 것이라고 한다. 나아가 정부가 주도적으로 노사문제에 개입하거나 산업 현장에서 일어나는 분규까지 일일이 개입하여 문제를 키울 생각이 없다고 한다.

한국에서 대기업 노조, 즉 재벌 기업들의 노조는 1987년 7~9월 노동자 대투쟁을 거치면서 그룹 산하 계열 기업들 노동조합의 연합을 결성했고, 자본과 권력에 대한 혹독한 투쟁을 거친 후인 1995년에는 전국민주노동조합총연맹, 곧 민주노총에 합류했다. 이명박이 대기업 노조에 대해 갖는 불신과 악의는 본인이 당시 노조와 맞섰던 경영자로서 당시 계급투쟁의 당사자였기 때문일지도 모른다.

이명박 정부는 자율적인 시장의 원리에 따른 노사문제의 해결을 주장하는데, 이는 그간 한국의 권력자들이 늘 주장해 온 바이다. 이것은 국가의 권한 가운데 노동자와 같은 사회적 약자를 보호하는 '규제' 권한(서론 참조)을 발동하지 않겠다는 이명박의 '비지니스 프렌들리'의 전형적 태도이다.

이명박이 알아야 할 것은 자본주의에서는 생산수단의 소유자가 아닌 노동자는 원래 불리한 임금수준과 부당한 근로조건에 매여 있다는 점이다. 2008년 7월에 기획재정부와 경제협력개발기구 OECD가 발표한 자료에 따르면, 한국의 연평균 근로시간은 2007년 기준 2,357시간(주당 45.3시간)으로 경제협력개발기구 회원국 가운데 가장 길다. OECD의 평균 노동시간 1,777시간(주당 34.1시간)보다 무려 32.6%나 긴 노동시간이다. 또한 임금은 회원국 평균에도 못 미치는 수준인 월 268만원(2007년)으로서, 이것도 제조업 분야 정규직의 통계일 뿐이다.

이처럼 불리한 노사 관계를 시정하기 위해 출발한 집단적 조직이 바로 노동조합이다. 노동조합은 단결권, 단체교섭권, 단체행동권으로 자본가와 협상을 맺어 왔다. 노동삼권이 완벽하게 보장된 터전 위에서 자본가와의 협상이 이루어지는 것이 자율적인 노사 관계이다. 하지만 한국은 물론 자본주의 체제의 어떤 권력이든 친자본가적이므로 노동삼권을 완벽하게 행사할 수 있는 '절차'에는 항상 '흠결'이 있기 마련이다. 노동조합이 노동삼권을 행사하고자 하는 순간, 그것을 묶어 두고 있는 절차적 문제로 인해 그 권리를 완전하게 행사할 수 없는 처지가 되고 마는 것이다.

한국에서 그동안 벌어졌던 노동법 개정 주장은 바로 이런 절차적 문제를 해결하고자 했던 노동자들의 투쟁이다. 하지만 전국경제인연합회 등 자본가계급 단체들과 정부와 언론은 지배계급의 권익을 위해, 민주노총의 노동법 개정 투쟁을 피지배계급의 권익을 관철시키기 위한 '정치투쟁'이라고 비판한다. 어떤 사회에서든 경제적 약자가 헌법에 보장된 권리를 완전한 권리로 만들기 위한 투쟁은 성질상 정치·경제적 투쟁이며, 그것을 정치투쟁이라고 비판하는 것이야말로 국가 사회의 구조를 모르고 국민들을 기만하는 선동 정치에 불과하다.

노동 관계법이 '선진적'이라면 그것은 노동자에게 불리한 관행을 원칙적으로 금지하고 예외적으로 허용하는 포지티브 규제positive regulation를 원칙으로 삼아야 한다. 예컨대, 법률은 비정규직의 고용을 원칙적으로 금지해야 한다. 그러나 현행법은 그런 일반적 금지 조항을 두지 않아 사실상 비정규직을 전면적으로 허용하는 네거티브 규제negative regulation 방식이다. 예컨대 최근에 개정된 법률에 따르면, 비정규직은 계속 근로년수가 2년 이상이어야 예외적으로 정규직이 될 수 있다.

노동 관계법에서 규제는 법의 성질상 자본가(사용자)가 노동자(근로자)를 소외시키거나 착취하는 행위를 금지하는 것이 원칙이다. 그런데 한국의 노동 관계법은 오히려 노동자가 지켜야 할 내용들을 상세하게 규정하고 있다. 하지만 정리 해고의 문제에 대해서는 고용 안정을 위해 원칙적으로 금하고 있다. 물론 예외는 있지만, 경영상의 이유로 정리 해고가 가능한 것이 오히려 그런 원칙을 무색케 하고 있다.

어쨌든 이명박 정부는 향후 규제 체계를 원칙적 허용과 예외적 금지인 네거티브 규제로 바꿀 계획이다. 그러나 노동 관계법은 기본적으로 노사 관계의 자율적 관리를 보장하는 방향으로 개정하되, 자본주의에서 경제적 약자는 노동자들인 만큼 노동자들의 권익을 보호하는 방향으로 개정되어야 한다. 그러려면 노동자들의 주요한 권익 사안에 관한한 자본가에게 의무를 부과하고, 자본가의 부당한 행위를 금지하는 것을 원칙으로 정립해야 한다. 따라서 비정규직을 원칙적으로 금지할 뿐만 아니라 정리 해고도 당연히 금지해야 할 것이다. 노동조합의 상근 직원에 관하여도 무노동 무임금 원칙을 적용해서는 안 된다. 다만 노동조합의 규모에 따라 최소 인원의 수를 법으로 규정하고, 그 수를 넘는 경우에만 노사가 자율적으로 결정하게 하면 될 것이다.

노사 관계가 자율적인 관계로 규정되어야 하는 중요한 이유 가운데 하나는 단체행동권의 행사 문제이다. 정부는 노조의 불법 파업으로 인한 회사의 손해를 사법권의 판결로 노조가 배상하도록 하고 있다. 노동법 개정을 위한 파업도 '정치 파업'이라는 이유로 불법으로 규정되는 상황인 만큼 그러한 파업의 손실에 대해 경제적 책임을 부과하고 있는 것이다. 설사 노동법 개정을 정치 파업이라고 하더라도 정치적 이유의 파업도 단체행동권의 정당한 행사이다. 그런 판단은 이제는 노사의 자율적 관계에 맡겨야 할 것이다. 노동자들이 노동 관계법을 어기게 되는 진정한 '불법 파업'은 대개가 회사 측의 불합리하거나 강경한 입장에서 비롯되고 있다는 것을 이명박 정부는 알아야 한다. 덧붙이자면, 한국은 노동자의 단체행동권을 제약하는 불법 파업에 대한 규정을 엄격하게 정해야 할 뿐만 아니라, 불법 파업으로 인한 손실은 산업화에 따른 '차연적' 비용으로 간주하는 것이 '선진적' 노사관계이다.

한국은 노동조합의 조직률이 10%수준 이하로 노동자들의 계급의식이 낮아 단체행동이라는 '마지막' 권리까지 사실상 이용하지 못하고 있다. 그런데도 불구하고 국가가 지레짐작으로 파업을 걸핏하면 불법 파업과 연계시키고 거기에다 손해배상 책임까지 씌워야 한다는 언론의 행태는 마치 노동자들의 계급의식 나아가 파업 의식이 높은 것으로 여긴다는 점에서 오류이다. 한국에 비해 노동자들의 계급의식이 상대적으로 높은 미국은 전통적으로 불법 파업으로 인한 회사의 손실을 노동조합이나 관련 노동자들에게 부과시키는 제도를 법질서 확립이란 차원에서 채택해 왔다. 그간 계급투쟁에서 밀린 노동자계급에게 적용하는 법률이 지배계급이 점령하고 있는 의회에서 '불리하게' 제정되거나 개정되고 있기 때문이다. 미국의 이런 노동자 탄압은 사회주의정당이 양대 정당에 끼이지도 못하고 있는 현실에도 연유하지만, 미국 자본주의의 절대적 논리인 사적 소유권의 철저한 보호가 국가의 주요 임무가 되고 있는 데 기초하고 있다. 이것은 결국 미국이 세계 최강의 자본주의국가가 된 이유일 뿐만 아니라, 나아가 세계의 현 독점자본주의를 최대로 수호하는 국가가 된 이유이기도 하다.

노동부는 최근 3년간 발생한 파업이 가져온 근로 손실 일수와 생산 차질액을 아래의 표와 같이 발표하였다. 근로 손실 일수는 파업일 수에 파업 참여자 수를 곱한 값이다. 근로 손실 일수는 2006년도에 120만일이었던 데 반해 2007년에는 53만일로 줄었다. 이에 따라 생산 차질액과 수출 차질액도 반감했으리라 보인다. 물론 이런 파업 건수 가운데 어느 정도가 '불법'인지는 표에서 명시되

연간 파업 손실

구분	2005년	2006년	2007년
노사분규 발생 건수(건)	287	138	115
근로 손실 일수(일)	847,697	1,200,567	530,685
생산 차질액(억원)	12,899	30,324	미집계
수출 차질액(100만 달러)	829	2,064	미집계

자료 : 노동부 · 산업연구원

고 있지 않다.

노동조합운동은 경제투쟁에서 정치투쟁으로의 역사

한국노총은 2008년 1월에 신임 지도부를 선출했다. 그들의 각오와 구상은 이렇다. "이명박 정부와 맺은 정책 협약의 이행 및 관철, 비정규직법 재개정, 전임자 임금 지급 자율성 확보, 복수 노조 시대를 대비하겠다." "내부적으로 한국노총의 전면적인 조직 혁신과 이를 통한 100만 노총 시대를 재탈환하고 노사 발전 재단의 조기 정착, 사회적 합의 기구의 확대 강화, 산별노조 추진을 법제화하겠다."

새 지도부는 이명박 정부의 '경제 살리기'에 동참하여, 산하 1,000인 이상 대규모 사업장에 대해 오는 3월부터 임금 인상 요구를 자제하도록 할 방침이다. 한국노총 조합원 88만 여명 가운데 1,000인 이상 사업장에 소속된 조합원은 42.9%인 36만 9천명에 이른다. 가파르게 물가가 상승하고 있는 이때, 임금 인상을 자제하면서 어떻게 조합원의 생존을 보장할 수 있을지 의문이다. 한국노총의 임금 인상 '자제'는 이번이 처음이다. 노동조합운동에서 전통적으로 가장 중요한 이른바 경제투쟁이라는 영역을 삭제한 것이라 할 수 있다.

한국노총은 지난 대통령 선거에서 이명박과 연대한 데 이어, 4월 총선에서는 한나라당과의 정책 연대를 택했다. 이것은 명백히 귀족 노조만 할 수 있는 바인 자본 및 권력과 타협한 것이다. 한국노총은 '노동조합'이라는 이름에 부끄러운 짓을 했다. 우리는 한국노총이 역사적이며 세계적 의미의 노동조합이 아니고 노사협의회 정도라고 본다.

한국노총의 신임 위원장이 펼치는 경제 논리는 사실 자본가계급의 집합인 전국경제인연합회(이하 '전경련')가 지배계급으로서 보여 온 교활하고 기만적인 대응과 궤를 같이하는 논리이다. 한국노총은 대기업 노조의 임금 인상 자제 하나만으로 투자 활성화, 일자리 창출과 고용 안정, 비정규직 복지 향상이라는 세 마리 토끼를 잡을 수 있다고 생각하는 듯하다. 이미 제5장에서 한 언론을 인용하여 말했듯이, 노동자들이 임금 인상을 자제하더라도 그 재원이 한국노총의 '순진한' 생각처럼 곧장 투자로 연결되지는 않는다. 한국노총이 자랑스럽게 주장하는 고통 분담과 소외 계층 배려라는 논리는 지난 7월 비정규직 문제를 해결하고 고용 안정을 얻기 위해 부분 파업에 들어간 민주노총의 반발을 샀다. 한국노총은 한국과 같은 자본주의사회에서 굳이 계급이나 파업을 논하지 않아도 넉넉한 임금으로 자유롭게 살 수 있다고 생각하는 모양이다. 그러나 투자가 안 되고 일자리 창출이 안 되며 비정규직이 고통 받고 있는 것은 그러한 사회문제들을 일으키고 있는 전경련 같은 '당사자' 가 있기 때문이고, 그 당사자의 결정에 복종하는 한국노총 같은 '당사자' 가 있기 때문이다. 그런데 사실 양 당사자들은 본질적으로 권익이 대립적이다. 이런 사회 구성원들 간 대립의 구조를 가진 사회를 자본주의라고 부르며, 양 당사자를 자본가계급과 노동자계급으로 구분한다. 우리는 한국노총이 한국 사회를 자본주의 사회로 보는지 묻고 싶다. 세계적 독점자본가인 빌 게이츠도 '다보스 포럼' 에서 지금을 자본주의라고 분명히 규정하고 있지 않은가?

한국노총은 한국이 자본주의사회이고 자본가계급과 노동자계급으로 양분된 사회라는 것을 부정할 수는 없을 것이다. 노동조합은 자본가계급의 일방적 결정에 맞서 노동자계급의 경제적 요구를 내세워 투쟁으로 협상하자는 취지로, 19세기 당시 노동자들의 피와 땀으로 선진국을 이루었던 영국에서부터 결성되었다. 나아가 노동조합은 미시적 경제투쟁에만 머무르지 않고, 자본가계급과 그들의 권익을 옹호하는 권력에 대한 거시적 정치투쟁도 벌이게 되었다. 노동조합이 노동자계급의 권익을 위한 조직인 만큼, 이들의 권익에는 경제적인 생존뿐만 아니라 인간의 번영을 위한 정치적 조건의 개선도 포함된다. 따라서 노동조합이 정상적으로 가동되려면 경제투쟁과 아울러 정치투쟁도 벌여야 하는 것이다.

노동자 투쟁은 결국 합법적 민주주의 쟁취로 매듭

이명박 권력이 한국 사회를 통치하기 시작하는 올해부터 '경제' 가 강조되면서, 지금까지 보수 세력이 경제성장의 큰 걸림돌로 지목해 왔던 노동자들의 파업과 거리 투쟁은 사실상 자취를 감추었다. 그럼에도 불구하고 언론들은 이명박 대통령이 노동자들의 '불법 투쟁'을 무력화하기 위해 한국노총과 민주노총을 분리하는 전술을 택했다고 분석하고 있다.

여기서 잠시 한국노총과 민주노총이라는 두 노총의 성격을 확인하기로 하자.

한국노총은 지난 대통령 선거에서 한나라당의 이명박 후보를 지지한 것에서 알 수 있듯이, 전통적으로 노동자들을 자본가들의 노예로 전락시키는, 이른바 정권의 하수인 역할을 자임해 온 노동조합 상급 단체이다. 이에 반해 민주노총은 1987년 여름에 노동자 대투쟁을 감행한 노동자들이 주축이 되어, 1995년에 자본가계급과의 비타협적이며 전투적인 투쟁을 수행하는 노동조합 총연맹으로 결성되었다. 한국노총과는 투쟁 노선에서 확연하게 구별되는 민주노총은 한국에서 노동자계급의 전반적인 권익을 처음으로 향상시켰다 할 수 있다. 민주노총은 특히 당시 한국 사회의 고질적 악습이었던 장시간 노동의 저임금 구조를 개선하는 데 크게 기여하였다.

민주노총이 결성된 후, 한국에는 다른 선진국들처럼 현장 차원에서는 노사 관계의 정상적 요소인 '적대성'이 정착되었고, 사회적 차원에서도 정상적으로 계급 간 '적대적' 구도가 자리를 잡았다. 또한 민주노총의 결성을 계기로, 건국 이래 대한민국에 정착되었던 지배계급의 정치적 억압과 경제적 착취 구조는 전 민중의 저항에 부딪혀, 농민을 비롯하여 철거민, 노점상, 장애인, 여성, 청년 등이 자신들의 권익을 위해 투쟁하는 조직들을 차례로 결성하였다. 민중들은 민주노총의 경험으로부터, "자신의 권리 위에 잠자는 자는 보호받지 못한다"는 것에서 더 나아가 "한국에서는 투쟁하지 않고는 아무것도 얻을 수 없다"는 것을 깨달았던 것이다.

그러나 1997년에 총파업 투쟁을 접은 민주노총이 개량주의로 변신해 민주개혁시민연대를 주도하면서부터, 노동자들을 위시한 전 민중의 항쟁은 위축되고 균열되기 시작하였다. 사실 노동자계급의 운동은 일반 시민들을 위시해 학생들이 뜨겁게 펼쳤던 한국의 민주화 투쟁의 계기였다. 자본주의체제에서 시민들은 육체노동에 종사하는 노동자에 비해 노동 강도는 덜 했어도 저임금에 시달렸으며, 군인이 지배하는 사회의 권력적 억압에 반대했을 뿐만 아니라 당시 재벌, 군인, 정치인이 벌이는 추잡한 부정부패에 격렬히 저항했던 것이다. 이런 상황에서 마침내 폭발한 투쟁이 1987년 6월의 시민 항쟁이었다. 이에 이어서 7~9월에 노동자들이 밀집된 인천과 울산에서부터 노동자 투쟁이 시작되어 전국으로 번져 나갔다. 그리고 노동자들의 투쟁에 이어 민중들의 권익 투쟁이 전개되었는데, 교수는 물론 교사에 이어 기자도 뭉쳤으며, 사무직, 금융직, 공공 부문에 종사하는 서비스 노동자까지 가세하여 한국 사회의 정치적, 경제적 민주화는 가속화되었다.

20세기 후반에 가서야 벌어진 한국 민중들의 민주주의 투쟁은 사실 건국 초기부터 반세기나 지속된 억압과 착취를 벗어나고자 한 점에서 상당히 '느린' 진전이었다. 한국의 민주화가 이렇게 늦어진 것은 박정희 정권 이래의 철권을 이용한 독재정치와 이것이 뒷받침된 재벌의 혹독한 착취와 독점이 있었기 때문이었다. 권력과 자본의 한 세대에 걸친 통합적 압제는 자유민주주의를 전 세계에 전파한다고 인식되는 미국의 엄호 내지 방관 아래 진행되었다. 미국의 민중 기만적인 통제인 자유민주주의를 내세운 미국의 독재체제 옹호는 중남미와 아시아를 비롯한 전 세계에 대한 군사·외교적 패권주의로 뒷받침되어 왔다.

민중에게 기만이요 허위인 자유민주주의를 수용하고 있는 미국은 물론이고 그것을 고스란히 수입한 한국에서도, 국민들은 자유민주주의가 최고의 사상이요 이념인 것으로 간주하여 왔다. 또는 국민들은 설사 자유민주주의가 최고가 아니더라도, 시대와 장소의 변화를 수용하는 이념으로 개혁되고 개방되어 나간다면 별 탈 없이 지지할 수 있는 것으로 믿고 있다. 자유민주주의에 대한 이런 일반적인 통념은 지난 세기말 한국 민중들의 의식에서 사라지지 않았다. 게다가 한국의 민중운동의 지도자들 대부분도, 일반 대중의 자유민주주의 선호 의식을 점진적으로 개혁하자는 안일한 의식에 사로잡혀 있다. 그래서 현재 한국의 개량주의 내지 기회주의 운동의 공식 지도부는 노동자계급을 자본가계급에게 예속시키는 자본주의를 유지하면서, 이런 사회적 예속을 없앨 수 있도록 국가권력을 점진적으로, 민주적으로 쟁취하자는 데 뜻을 모으고 있다. 그러나 자유민주주의의 가식성을 선전하고 있는 지배계급의 사상과 교육과 종교가 범람하고 있는 한국에서 사회주의 권력을 '민주적으로' 쟁취하자는 그들 지도부의 논리는 대중으로 하여금 개량주의에 그치지 않고 패배주의를 선택하게 만드는 최악의 상황을 낳았다.

노동자·민중의 패배주의적 사상을 극명하게 대변하고 있는 집단으로는 사회의 홍보 기관인 제도 언론에 몸담고 있는 노동자들을 들 수 있다. 한국의 언론들은 친親자본적 권력을 창출하기도 하고 유지시키기도 하는 '체제적 공기公器'로 이용되고 있다. 그리하여 언론 노동자들은 자본과 권력에게 "꼬리 쳐" 자신들과 같은 피지배계급인 노동자·민중을 탄압할 것을 충동질하기도 한다. 2008년 5~7월의 촛불시위 때도 그랬지만, 2007년 12월과 2008년 1~2월 이명박 정부가 출범하던 시기에 언론들은 거의 경쟁하듯 보수 권력의 탄생을 찬미하였다.

이들의 권력 찬미는 민중 단체와 시민 단체들에게는 가히 숨도 쉴 수 없도록 만드는 악랄한 비난과 짝을 이루었다. 대표적인 사례는 민주노총에 대한 악선전이다. 민주노총은 지난 신년 인사회 자리에서 자본과 정권이 개혁적인 정책을 시행하지 않으면 가스와 전력을 끊는 것과 같은 강경한 파업으로 투쟁하겠다고 경고하였다. 이를 두고 언론들은 지난해 민주노총이 지지한 민주노동당이 대선에서 참패한 것을 거론하면서, 선거를 통한 합법적 노동운동이 실패하니까 이제 폭력을 선동하는 것은 민주노총이 국민과 차기 정부에 협박을 가하는 것이라며 비난하였다. 어쩌면 민주노총을 '빨갱이'라고 부르지 않은 것만 해도 다행일지 모른다. "새 정부 출범에 모래를 끼얹자는 것 밖에는 안 된다. 불법 폭력 노동운동은 발을 못 붙이게 철저하게 봉쇄해야 한다. 대화와 타협이란 없다. 불법 노동운동에 대해서는 법과 원칙을 예외 없이 적용해야 한다."(『중앙일보』, 사설 「민주노총은 파괴 집단인가」, 2008년 1월 12일.)

이명박 정부에게 "모래를 끼얹은 것"은 지난 5~7월의 촛불시위였고, 당시 민주노총의 대규모 사업장은 '합법적인' 부분 파업과 거리 투쟁으로 촛불시위에 일조하였다. 그러나 오히려 민주노총이야말로 이명박 보수 정권과 "대화와 타협"을 할 생각을 아예 버리고 촛불시위보다는 현장 투쟁 방식을 채택하는 초심으로 돌아가야 할 것이다. 민주노총은 자신의 전통인 비타협적 의지와 전투적 행동으로 자본과 권력에 맞서야 할 것이다.

앞서 우리는 2007년 9월에 『매일경제』가 이명박을 상대로 한 인터뷰를 언급한 바 있다. 그 인터뷰의 마지막 질문에 대한 대답에서 이명박은 노사 관계가 평화와 국법 질서에 맞게 운영되어야 할 것이며 이에 어긋나면 노사를 엄중하게 처벌할 것이라고 대답하였다. 이미 지적한 바와 같이, 이명박 정부의 소원대로 되기 위해서는 현재 노사 관계를 규율하고 있는 각종 노동 관련 규정들을 선진국 수준으로 개정해야 할 것이다. 하지만 이명박 정부에서는 선진국 수준, 말하자면 신자유주의 침투 이전의 선진국 수준으로의 노동 관련법 개정이 거의 불가능할 듯하다. "정치적인 목적의 노조 파업에 대해서는 엄정하게 대처해야 한다," "노사문제로 인한 낭비가 적어도 GDP 성장에 1~2% 영향을 줄 것으로 본다"는 이명박 정부에서 노동 관련법 개정은 쉽지 않을 것이다.

지금까지 한국의 자본과 권력은 노동법 개정을 정치적인 행동으로 규정했다. 법률의 개정 문제이므로, 그것이 본연의 임무인 국회는 물론 그렇게 생각할 수 있을 것이다. 그런데 노동법의 개정을 책임질 국회의원들을 보면 대개가 자본과 권력을 옹호하는 보수 세력들이어서 노동자들이 원하는 방향으로의 개정은 사실상 어렵다. 이런 상황에서 노동자들이 취할 수 있는 절차는 오로지 노사정위원회(앞서 보았듯이, 이명박 정부에서는 '노사민정위원회')에서 공개적으로 논의하고 여론을 수렴하는 일 뿐일 것이다. 민주노총은 그간 여러 차례 그와 같은 노사정위원회의 무용성을 지적해 왔다. 나아가 제17대 국회에 진출한 민주노동당도 그간 노동법 개정과 관련하여 뚜렷한 성과를 거두지 못했다. 이런 상황에서 법률 개정을 요구하며 노동자들이 행동할 경우, 정부와 자본은 이를 정치 행위라고 규정한다. 이 같은 상황에서 법률 개정을 위해 노동자들이 할 수 있는 일이란 국민의 동의를 구하는 전국적 파업을 조직하는 것밖에 없다는 것은 지난 1997년의 경험이 잘 말해 주고 있다.

특히 정리 해고와 관련한 사항이라면 더욱 그렇다. 사용자의 일방적인 해고를 인정해 주는 제도에 반대하는 것은 노동삼권의 정당한 행사이며, 이를 위해 동맹파업을 단행하는 것은 전국적인 노동조합 총연맹으로서는 당연히 행사해야 할 권리이자 의무이다. 이명박 정부가 말하는 "정치적 목적의 노조 파업"이라면 아마도 이런 형태의 총파업을 염두에 두는 말일 것이다. 그런데 노동조합 총연맹이 정리 해고에 반대하는 것이 "정치적 목적"의 파업이라면, 도대체 어떤 파업이 "정치적 목적"을 지니지 않을 수 있는가! 오히려 민주노총이 전국적 총파업을 성사시킨다면, 지금 상황으로서는 생존권이라는 '경제적 목적' 때문에 성사시킬 수 있을 것이다. 이런 것을 너무나 잘 의식하고 있는 한국 노동자계급의 '정치적' 한계로 인해, 그런 경제적 목적이 정권과 언론의 공세로 하루 아침에 정치 투쟁으로 왜곡되고 마는 곳이 이른 바 대한민국이다.

결국 민주노총은 노동자계급의 권익을 달성할 목적으로 2000

년에 민주노동당을 건설했고, 의회에 진출하여 합법적인 방식으로 노동법을 개정하려 했다. 그런데 민주노총 스스로 합법적 투쟁이라는 틀에 갇힘으로써 그 후 전국적 투쟁은 사실 한 건도 일어나지 않았다. 이제 한국에는 민주주의의 발전이 우선 노동자계급이 민주노동당과 같은 합법 정당을 이용하여 권력에 도전하는 것, 그리하여 선거를 통해 점진적으로 권력을 획득하는 것이 가능하다는 전망이 대세를 이루고 있다. 하지만 노동자계급이 현재의 보수적 의식을 바꿀 수 있는 투쟁 없이는 합법 정당, 의회 정당이란 그저 자본주의의 유지에 봉사하는 야당만을 창출하는 '빛 좋은 개살구' 신세에 불과할 것이다.

진보 정당의 합법적인 투쟁에 대한 회의가 점증하는 와중에, 2008년 4월 총선을 앞두고 진보신당이 창당되었다. 그것은 '민족자주파' 또는 '민족해방파'의 민주노동당에서 탈당한 '민중민주파' 또는 '노동평등파'가 결성한 당이었다. 민주노동당은 지난 총선보다 적은 규모로 국회에 진출하였지만, 진보신당은 국회 진출이 좌절되었다. 한국의 진보 세력은 '사회주의정당'의 기치 아래 통일 내지 연합 구도를 성사시켜 전 민중의 자본주의 반대 투쟁으로 권력에 도전해야 할 것이다. 이것은 제18대 국회를 장악하고 있는 정치 세력들에게는 노동 관련법 개정을 비롯한 노동개혁 문제를 기대할 수 없기 때문이다. 게다가 지난 18대 총선에 후보를 출마시킨 정당은 무려 15개였으나, 그 대부분은 역시 민중의 기대에 부응하기는커녕 도대체 어떤 사상이나 이념을 지녔는지도 모를 정당이 대부분이었다.

그렇다면 현대 자본주의국가에서 사회의 변화를 추구하는 정치란 무엇일까? 우리는 우선 사회변혁을 추구하지 않는 정치, 사회를 발전이 아닌 답보나 퇴보로 몰아가는 정치를 거부한다. 그렇다면 어떤 사상이 자본주의를 넘는 사회의 발전을 이룩할 수 있는가? 우리는 어떤 사회의 경제를 구성하는 요소를 생산양식이라고 부르며, 이런 생산양식의 변화가 곧 사회 전체를 변화시켜 온 것이 역사이다. 생산양식은 노동력과 생산수단으로 이루어진 생산력을 기초로 해서 노사 간 맺어지는 생산관계로 구성된다. 자본주의사회는 자본가계급의 생산수단 소유를 권리로 인정해 줌으로써 노동자들이 생산한 성과를 자본가가 전적으로 소유하게 하는 사회이다. 노동자는 자본가로부터 임금을 받을 뿐 이윤으로부터는 배제되는 것이 자본주의의 특징이다. 이런 생산관계를 탈피할 수 없는 자본주의사회는 불평등을 낳을 수밖에 없다. 따라서 자본주의사회의 이러한 구조적 불평등을 제거하기 위한 투쟁이야말로 진정한 의미의 정치투쟁이며 민주주의 투쟁이다. 인류의 역사에서 자유롭고 평등한 인간관계는 자본주의의 계급 구조에서는 달성될 수 없다.

제 9 장

에너지 정책

우리는 이 장을 당초 국토 개발계획인 한반도대운하 정책에 대한 비판으로 계획했으나, 이명박 정부가 지난 6월 촛불집회를 계기로 이 정책을 포기했기 때문에 에너지 정책에 대한 비판으로 변경하게 되었다. 이명박 정부의 에너지 정책은 제17대 대통령 선거 당시 한나라당의 정책으로부터 유추해 볼 수 있다. 그런데 에너지와 관련된 한나라당의 정책은 지극히 상식적 수준이다. 에너지 생산과 관련해서는 새로운 성장 산업을 육성할 계획이라는 것, 소비와 관련해서는 에너지 가격을 10% 인하할 계획이라는 것, 에너지 자원을 개발하기 위한 국제 외교를 극대화하겠다는 것이다. (『MB 노믹스』, 247~261쪽.)

이명박 정책의 핵심은 에너지 개발의 다양화 도모

이명박은 전형적인 보수 인물인 한승수를 총리로 내정할 때 그를 자원 외교의 총수로 쓰기 위해 지명했다는 것을 숨기지 않았다. 이때의 자원 외교에는 무엇보다도 현대 에너지자원의 중추인 원유와 천연가스의 개발과 획득이 포함된다. 그리고 한승수 총리는 취임 이후 이미 한 차례 자원 획득을 위한 순방 외교를 벌인 바 있다.

지난 7월 2일 이명박은 현재의 상황을 1970년대와 1980년대의 두 차례 오일쇼크에 준하는 '3차 오일쇼크'라 할 만하다고 규정했다. 같은 날, 기획재정부와 지식경제부는 올 하반기 경제 운용 계획을 발표했다. 이 자리에서 정부는 상반기보다 하반기 경제가 더욱 나빠질 것이라고 예측하면서, 성장보다 물가 잡기를 경제 운용의 최우선 순위에 두기로 했다. '7·4·7 공약'의 폐기에 이은 이러한 방향 선회는 바로 국제 유가 급등이라는 거의 단일한 변수에 기인한다.

국제 유가가 오르기 시작했던 지난해에 대선 후보였던 이명박에게 에너지 정책은 아주 중요한 주제라 할 수 있었다. 선거에서 그는 유류세 인하 방침을 내세웠고 실제로 2008년 3월에 이를 단행했지만, 사실상 국제 유가 급등으로 인한 국내 유류가 상승 결과로 아무런 후생 효과나 지지 효과를 가져오지 못했다. 화물연대의 파업에 정부는 유류세 지원 약속으로 답했지만, 향후 택시, 버스, 어선, 항공기 등을 운항하는 업체에서도 정부에게 지원을 요구할 가능성이 매우 높다.

선거 공약에서 이명박은 태양에너지 기술을 적극 개발하는 등 대안을 찾는 데 무게를 두었다. 태양열과 함께 핵융합, 풍력, 조력 등이 대체 실용 에너지로 개발 목록에 올랐다. 신재생에너지 보급률을 2030년에는 9%까지 높일 계획이며, 이와 함께 2030년에는 에너지자원 자급률을 현재의 3%대에서 35%로 끌어올린다는 목표도 세웠다.(『MB노믹스』, 125쪽.) 또한 에너지 도입 경로를 바다에만 의존하던 방식에서 벗어나 대륙 수송로를 갖추는 '에너지 실크로드' 전략도 추진할 계획이다. 중앙아시아에 풍부한 에너지자원을 도입한다는 목적도 이루겠다는 것이다. 그 지역의 자원 부국으로는 아제르바이잔, 우즈베키스탄, 카자흐스탄이 대표적이다. 이 외에도 동시베리아와 극동 지역의 자원을 중국을 통해 수입하는 문제의 해결을 위한 외교에도 속도가 붙을지는 두고 볼 일이다.

나아가 이명박 정부는 현재 커다란 이슈로 떠오르고 있는 지구 온난화 문제에 대응하기 위해 "기후변화대응 신국가전략"을 "국가 에너지비전 2030"과도 연계해 추진할 뜻을 갖고 있다.(『MB노믹스』, 126쪽.)

이상의 내용이 이명박 후보가 지난 선거 때 발표했던 에너지 정책의 대강이지만, 이것들은 에너지 천연자원이 없는 국가들의 일반적인 에너지 조달 대책에 불과할 뿐이다. 국가 에너지 조달에 대한 이런 상식적 대응은 지금처럼 고유가로 에너지 조달이 문제인 현실에서는 실효가 거의 없다 하겠다.

새 정부 에너지 정책 중 가장 눈에 띄는 것은 기후 온난화에 대처하기 위한 온실 가스 저감과 청정개발체제 Clean Development Mechanism(CDM) 시장 조성이라 하겠다.

이명박 정부는 한국의 산업구조가 대표적인 에너지 다多소비형이라며, 2004년에 온실 가스를 5억9000만 톤 배출해 세계 6위의 배출국이 됨에 따라 종합적이고 체계적인 대책과 단계별 대응책을 시급히 마련할 필요가 있다는 점을 강조한 바 있다. 화석연료를 기반으로 하는 에너지의 수요 관리를 강화하고 이용 합리화를 통해 에너지 사용을 절약하게 한다는 것이다. 이와 함께 대체에너지 개발 및 신재생에너지 개발의 지원을 강화해 경제의 적응력과 경쟁력을 높여 나간다는 것이 복안이다. 화석연료가 아닌 신재생에너지의 보급을 늘리도록 제도적으로 지원하여 바이오 에너지를 추출할 수 있는 농작물의 생산 기반을 확대한다는 것이다. 청정개발체제란 선진국의 지원으로 개발도상국의 온실 가스 배출량이 줄면 그 감소분의 일부를 선진국 감소분으로 인정하는 것을 말하는데, 국내 실정에 적합한 청정개발체제 사업을 추진하기 위한 방법이 무엇일지 주목을 끌고 있다.

에너지 정책은 결국
에너지 자급율 상승과 대체에너지 확대가 관건

인간사회는 고대에서부터 현대에 이르기까지 생산은 노동력이라는 에너지에 의해 담보되었다. 인간의 이런 노동 에너지는 노동 대상과 노동 수단에까지 미쳐 사회를 존속시키는 물질적 필요를 충족할 물품을 생산해 왔다. 그 후 과학과 기술의 발전은 노동 에너지의 절약을 도모하기 위해 생산수단을 발전시켰는데, 이런 생산수단을 가동시키는 동력이 바로 에너지이다. 이 에너지 자원의 원천과 관련하여, 탄소시대에서 원자력시대로, 다시 대체에너지시대에서 신재생에너지시대로 바뀌고 있다.
현대의 생산력은 물론 소비력을 담보할 수 있는 동력은 바로 에너지이다. 세계의 어느 국가나 경제성장을 첫째 목표로 삼고 있는 바, 경제성장이란 생산의 증대와 소비의 증가를 모두 포함한다. 생산의 증대를 위해 에너지가 필요한 것은 너무도 분명하다. 또한 소비 역시 에너지 사용을 증대시킨다. 따라서 경제성장이란 원활한 에너지 공급을 전제로 한다. 북한의 원자력 개발이 에너지 부족 때문이라고 보는 입장이 설득력을 갖는 것도 이런 이유 때문이다.

그렇다면 한국의 에너지 소비는 어떤 수준인가? 한국은 2006년에 1차 에너지를 2억 2337만 톤 소비해 이 부문에서 세계 10위를 기록하고 있다. 특히 석유 소비량은 세계 7위이다. 일인당 에너지 소비량을 계산하면, 한국은 국민소득이 더 높은 일본, 독일, 영국 등보다 크다. 한국의 에너지 소비는 연평균 2.4% 증가할 것으로 전망되는데, 여기서의 문제는 해외 의존도가 96.5%에 달한다는 사실이다. 특히 석유 에너지 의존도가 55.9%를 차지하고 있다.

따라서 한국의 에너지 정책은 에너지 자급률을 크게 높이는 것과 화석연료의 의존도를 줄이기 위한 대체에너지를 개발하는 것, 이 두 가지를 우선적으로 이루기 위한 것이어야 한다. 이 두 가지 대책은 국가 안보 차원에서도 적극 모색되어야 할 에너지 전략이다. 그리고 이 두 가지는 지금까지 고유가로 직접적 타격을 받은 한국의 현실을 감안해 볼 때 '시장의 실패'로 인정해 향후 국가가 주도해야 하는 점을 이명박 정부는 유념해야 할 것이다.

아래의 그림은 2006년도 한국에서 소비된 에너지를 종류별로 나타낸 것이다. 석유가 제1위로 전체 소비의 55.9%이며, 전력이 17.3%, 석탄이 13.1%, 도시가스가 10.6%, 신재생 및 기타가 2.4%를 각각 차지한다.

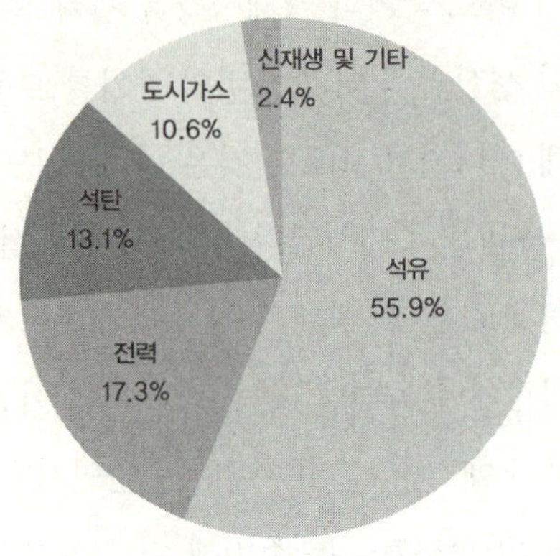

2006년 한국의 종류별 에너지 소비 (출처 : 에너지경제연구원)

에너지 자급율을 높이기 위한 다양한 정책

한국이 지난 1970년대와 1980년대의 오일쇼크와 현재의 유가 상승으로 커다란 타격을 입은 이유는 에너지자원을 외국에서 수입할 수밖에 없는 석유에 의존했기 때문이다. 물론 한국도 그간 에너지의 중요성을 인식해 수입한 원유를 정제해 일부는 다른 나라에 역수출하고 있다. 하지만 부존자원이 절대적으로 부족한 한국으로서는 다른 나라가 소유하는 유전을 개발하거나 신재생에너지 자원을 개발하는 등 이른바 자주 개발 사업을 다양하게 추진하는 것이 최선의 대책이 아닐 수 없다. 현재 원유 가격이 10% 상승하면 한국의 경제성장률은 0.2% 하락하고, 물가도 0.2% 상승한다. 이런 조건에서 다양한 에너지자원 정책을 펼칠 필요가 더욱 크다.

우선 한국은 석유와 가스의 자주개발률을 획기적으로 증대할 계획을 세워 실행해 왔다. 특히 해외 유전 개발에 대한 직접투자를 적극 지원하였는데, 이로 인해 2007년에 4,570만 배럴을 생산해 자주개발률이 4.2%에 도달했다. 이명박 정부는 임기가 끝나는 2012년에는 2억865만 배럴을 생산해 자주개발률을 18.1%로 늘릴 계획이다. 이를 위해 경쟁력 있는 자원 개발 전문 기업을 육성하고, 이를 통해 이른바 에너지 안보를 강화하고 에너지 산업을 새로운 수익 창출 사업으로 육성시킬 계획이다. 해외 유전 개발을 위해 한국이 눈을 돌릴 수 있는 지역은 러시아를 비롯한 주변국들이다. 구舊소련에서 분리된 주변 국가들이 현재 천연자원의 강국으로 급부상하고 있어 이들과의 에너지 외교, 이른바 신북방정책이 한국에게는 시급한 과제가 아닐 수 없다. 앞서 말한 '에너지 실크로드'의 구축도 이를 위한 것이다.

나아가 이명박 정부는 에너지 고효율 기술 및 제품의 개발을 전략적으로 지원할 계획이다. 이를 위해 에너지 효율을 개선하는 데 투자된 비용에 대한 세액공제를 확대하여, 초기의 설비투자 비용을 줄여 주는 한편 시장의 불확실성과 소비자의 인식 부족을 보전해 줄 계획이다. 나아가 건축물 및 가전제품의 에너지 효율 개선에 시장 매커니즘을 도입하고 에너지 다소비 산업에 대한 세금 정책과 자발적 협약을 연계한 '효율 개선 프로그램'을 추진할 예정이다. 이를 위해서는 일본의 예를 참고할 필요가 있다. 한국과 마찬가지로 석유를 전량 수입하고 있는 일본은 지난 1970년대 제1차 오일쇼크 이후 30년 동안 "석유 한 방울에서 짜낼 수 있는 것은 모두 짜내자"며 에너지 절약 기술 개발에 지속적으로 투자해 왔고, 마침내 고유가에도 큰 충격을 받지 않는 경제체제를 만들어 냈다. 일본의 이런 투자 결과 가운데 대표적인 것이 다이킨공업주식회

사가 개발한 '공조기空調機' 다. 이 제품을 이용하면 겨울에 냉장고
와 냉동고 등에서 나오는 열을 난방에 재활용할 수 있다고 한다.

에너지 자급률을 높일 수 있는 또 하나의 방안으로 원자력 에너
지의 이용 확대를 생각하는 사람도 있다. 2007년 산업자원부가 밝
힌 장기 전력 수급 계획에 따르면, 2015년까지 원자력발전소 18기
를 추가로 건설해 전체 발전설비 가운데 원자력의 비중을 34.2%
로 늘릴 예정에 있다. 그러나 원자력을 이용하여 에너지 자급율을
높이려는 정책은 즉시 중단되어야 한다. 지난 세기 후반에는 전력
을 원자력발전소에서 찾는 것이 추세였지만 21세기 초인 현재 선
진국에서는 원자력발전소의 건립 중단은 물론 폐기가 추세이다.
2007년 현재, 유럽연합 15개국 중 이미 핵발전소가 없거나 기존
설비의 완전 폐쇄를 결정한 국가는 7개국이며, 프랑스를 제외한
14개 나라는 원자력발전소 계획을 취소했다. 이는 환경보호를 위
한 것임은 물론이고 경제적 효율성의 이유 때문이기도 하다. 원자
력발전소의 건설 공기는 다른 발전소보다 두 배 이상 긴 8~10년이
며, 그 폐기물 처리에 드는 비용도 엄청난 액수이다. 나아가 안전
시설을 갖추는 데는 1기당 20억 달러라는 막대한 비용이 든다.

끝으로, 에너지 자급률을 높일 수 있는 다른 방안으로는 신재생
에너지의 이용이 있다. 신재생에너지 기술은 에너지 안보와 기후
변화 문제를 동시에 해결할 수 있는 대안이다. 한국에서 신재생에
너지가 전체 에너지 소비에서 차지하는 비중은 2006년의 경우
2.4%에 불과했다. 정부는 신재생에너지와 관련된 사업을 향후 국
가 계획 사업으로 추진할 가능성을 우선적으로 검토해야 한다. 나
아가 정부는 산업화 여부가 불확실한 기술 분야는 민간 기업의 투

자를 끌어 낼 수 있도록 과감히 제도를 개혁하고 정책적으로 지원해야 할 것이다. 이처럼 한국의 여건에 맞고 기술적 파급효과가 커 국민적 합의를 모을 수 있는 지속 가능하며 창조적인 신재생에너지에 대한 정책을 반드시 수립해야 하는 시점이다.

에너지자원은 국가의 계획에 의한 관리가 필요

국가의 공공 관리가 가장 시급한 분야는 에너지 수급이 아닐 수 없다. 국가의 총에너지 수요의 55.9%를 책임지고 있는 연료는 석유 자원인데, 이것은 국가에 의한 직접적인 조달과 통제가 반드시 필요한 자원이다. 국제 유가는 지금 배럴당 최고 130달러 선에 있어, 10년 전 14달러에 불과하던 것과 비교하면 10배에 가깝다.

지난 5월 세계 최대의 투자은행인 미국의 골드먼삭스는 수요의 증가가 현재와 같고 공급이 향후 5년간 늘지 않는다면 가격이 200달러에 도달할 것으로 전망하기도 했다. 하지만 시장의 원리에 따르면, 반대로 유가가 하락할 수도 있다. 현재 한국에서 유가 하락설을 최초로 제기한 곳은 삼성경제연구소SERI이다. 이 연구소는 올 하반기 중 유가가 하락세로 접어들어 2009년에는 절반 수준으로 떨어질 것이라고 전망했다(『중앙일보』, 2008년 6월 24일). 2006년 이후 줄곧 유가가 상승할 것이라고 전망했던 이 연구소가 입장을 바꾼 근거는 투기 자금 이탈과 중국 성장률 둔화이다.

2008년 6월에 지식경제부 산하의 에너지경제연구원은 「국제유가 동향과 전망」이라는 보고서에서 2008년 하반기 두바이유의 가격을 배럴당 107달러로 내다보았다. 석유수출국기구 회원국이 생산량을 늘리지 않더라도 미국, 수단, 브라질 등 다른 산유국들의 생산이 하루 평균 100만 배럴 늘어나면서 수급이 안정될 것이라는 설명이다. 2008년 6월, 미국의 경제 주간지 『비즈니스 위크』도 이라크의 하루 석유 생산량이 250만 배럴로 2003년 전쟁 이전 수준과 비슷해졌다며, 국내 정정政情이 점차 나아지고 서구의 자본이 투자되면 하루 생산량이 600만 배럴에 이를 것이라고 전망했다. 실제로 6월 22일에 이라크 정부는 과거의 정부가 서방 정유 회사를 몰아낸 지 36년 만에 셸과 엑손모빌 등과 협력 계약을 체결한다고 밝혔다.

한편 투자은행들의 턱없이 높은 유가 전망을 자사 이기주의로 분석하는 시각도 있다. 원유를 포함해 원자재 펀드 투자자의 60%가 골드먼삭스를 통해 거래하고 있다는 점을 감안할 때 골드먼삭스의 '순수성'은 의심받을 수 있다는 것이다. 우리는 한국의 아파트 가격의 상승에서 이와 유사한 예를 찾을 수 있다. 아파트 가격을 부풀려 고가로 판매하는 아파트 소유자의 농간과 부동산 중개업자의 음모가 그런 경우라 하겠다.

어쨌든 세계 에너지 시장에서 매우 중요한 요소인 원유 가격을 투기 자금의 운동에 맡기면 안 된다. 세계는 원유의 생산과 분배를 계획에 따라 운용하여 가격을 관리하는 체제로 전환해야 한다.

대체에너지 개발을 미래 성장 동력으로 육성해야

'7·4·7 공약'을 이미 폐기한 지금, 이명박 정부가 역점을 두어야 할 경제정책은 고유가에 대비한 에너지 대책이 아닐 수 없다.

당시 보수 언론들을 동원해 '경제 살리기 별동대'라고 자랑했던 대통령 직속의 국가경쟁력강화특별위원회는 여러 공약을 포기한 마당에 어떤 공약을 어떻게 이행할 것인가를 점검하고 있을 것이다. 그런데 현 정부는 국가경쟁력강화특별위원회는 물론이고 모든 기관장을 보수적 인사들로 채워서, 국민들이 기대하는 개혁적이고 획기적인 경제 난국 타개책을 내놓지 못하고 있다. 이런 답답한 판국에 현 정부가 현실을 타개할 수 있는 획기적인 사업으로 추진할 수 있는 일이 있다면, 그것은 국민들이 당장에 요구하고 있는 에너지 가격의 인하일 것이다. 그리고 이를 위한 유일한 대책은 물론 비용이 문제겠지만 새로운 대체에너지자원이나 재생할 수 있는 에너지자원을 개발하는 것이다.

21세기에 들어 세계는 석유 자원을 놓고 전쟁에 돌입했다 할 수 있다. 러시아가 체첸을 자신의 통제 아래 두고자 하는 것도, 미국이 대량 살상 무기를 보유하고 있다는 핑계로 이라크를 점령하는 것도, 공격의 대상인 국가들이 석유 자원의 부국이라는 사실과 결코 무관하지 않다. 석유 부국인 베네수엘라는 미국의 자본주의 신세계 질서에 도전하여 이른바 '석유 사회주의'를 선언해 석유 에너지를 매개로 하는 새로운 국제 연대 체제를 건설하고 있다. 새로운 국제 연대 체제는 석유를 비롯한 원자재 가격의 폭등 현상과 맞물려 있다. 지난 3년간 밀, 옥수수 등 농산물 가격은 매년 20% 이상 상승해, 사실 유가보다 더욱 빠른 속도로 상승하고 있다.

우리는 이미 원자재 수급 불안으로 국제적인 자원 무기화가 상당히 진전된 사실을 깨달아야 한다. 이번 고유가 사태를 계기로 천연자원 가치를 재평가하는 방향으로 세계경제 질서가 변하고 있다는 것을 알 수 있다.

세계 체제론의 입장에서 볼 때, 이러한 변화는 제국주의 시대로 접어든 이래 지난 1세기에 걸쳐 지속되어 온 불평등 교환에 따른 '지배 종속 체제'가 붕괴하고 있음을 의미한다. 그간 제국주의 국가들의 착취적 수탈로 자원 가격이 낮았기 때문에, 자원 수출국인 개발도상국(주변국)의 경쟁력이 공산품 수출국인 선진국(중심국)에 뒤지게 되는 불평등한 세계 체제를 유지했다. 이에 따라 개발도상국들은 오늘날까지 결국 지배 경제인 선진경제으로의 진입이 불가능한 상태인 종속 경제로 유지되었던 것이다. 그런데 국제적인 지배 종속 관계가 변하면 자본과 시장의 개념도 변한다. 금융시장에 위기가 발생하자마자 투기 자본이 곧바로 석유 시장으로 몰리는 것을 두고, "인위적 자본Man-made Capital과 천연자본Natural Capital 간의 불평등 교환체제가 붕괴되는 거대한 패러다임 전환 과정"으로 분석하는 주장까지 제기되고 있다. 앞으로 시장에서는 천연자원이 공산품보다 높은 가격으로 교환된다는 것이며, 이것은 결국 미국 달러화의 가치를 하락시킬 것이며, 이것은 곧 달러 등의 금융자산보다는 실물에 대한 선호로 나타나게 된다는 것이다. 이런 자산 가치의 역전 현상이 지금의 국제 석유 시장을 지배하고 있는 셈이다.

자원 보유국들은 당연히 이와 같은 상품 가치 체제의 역전을 더욱 촉진하고자 할 것이다. 그 국가들에서는 적립된 석유 자본을 정부가 직접 운영하는 이른바 '국부 펀드'가 증가할 것이며, 이를 통해 늘어나는 수입으로 선진 사회로 진입할 기반이 마련될 것이다. 현재 이슬람권의 석유수출국기구OPEC 국가들은 이와 같은 변화를 적극 추진하고 있다. 이른바 '지속 가능한 성장' 의 기반을 마련하고 있는 것이다. 자원 보유국의 재빠른 변신에 선진국 역시 발 빠르게 대응해 왔지만, 결국 전쟁 이외의 방법으로는 뚜렷한 성과를 얻을 수 없었다. 지난 세기처럼 제국주의 방식으로 약소민족을 억압한다거나 패권주의 방식으로 시장을 지배하려 한다면, 다시 9·11 사태와 같은 저항을 불러일으킬 것이다.

석유 시장을 효과적으로 지배하기 위해 어떤 수단을 사용할 것인지를 놓고 미국 등 선진국은 기로에 서 있다. 경제협력개발기구 OECD 회원국 대부분은 자국 영토에 유전을 갖고 있지 않지만, 그들 국가의 독점자본가들은 자본을 투자해 산유국의 유전 개발에 참여하고 있다. 한국도 과거 석유 위기에서 겪었던 비산유국으로서의 좌절을 다시 경험하지 않기 위해 외국의 여러 곳에서 유전을 개발하고 있다. 한국도 미래를 위해 에너지 안보에 주력해야 한다. 그러나 미국이나 러시아처럼 전쟁과 폭력에 의지해서는 안 될 것이다. 미국은 지금 원자력 에너지에 대한 의존을 줄이고 식량 안보 위험을 감수하면서까지 바이오 에너지 개발에 매진하고 있다. 또한 유럽연합은 세계에서 가장 빠르게 신재생에너지를 개발하고 있다. '세계의 공장' 인 중국은 세계 최대 에너지 소비 국가인 만큼 아프리카와 아랍 지역에서 에너지자원 확보에 가장 열을 올리고 있다.

유럽 국가들은 풍력발전, 조력발전, 열병합발전 등을 원자력발전의 대안으로 삼고 있다. 환경 친화적이면서 재생이 가능한 에너지를 개발하고 있는 것이다. 유럽연합은 2010년까지 풍력발전과 열병합발전으로 2천만kw의 전력을 생산할 계획이다. 이는 핵발전소 15기를 대체할 수 있는 용량이다. 특히 생물과 그 배설물에서 나오는 생성물, 즉 바이오매스를 이용한 열병합발전은 오염 해소, 전력 생산, 난방 등 세 가지를 한꺼번에 해결할 수 있는 획기적 구상이다. 태양열 발전도 거의 완성 단계에 이르러 10년 이내에 가격 경쟁력을 확보할 것이라는 분석이다. 유럽연합은 현재 6%에 불과한 역내 신재생에너지의 점유율을 2010년에는 12%로 제고한다는 계획이다. 그리고 2020년경에는 신재생에너지가 유럽의 주요 자원이 될 것으로 전망한다.

신재생에너지는 아직 상업성이 떨어지고 산업 및 시장의 지지 기반이 미약하다. 그러나 유럽연합의 덴마크와 독일이나 일본 등의 기업들은 국가의 지원으로 신재생에너지 시장을 주도하고 있다.

아래의 표는 한국의 신재생에너지의 비중을 표시하고 있다.

한국의 신재생에너지의 비중

(단위:천 톤)

구분	1990년	1995년	2000년	2005년	2006년
총 에너지 수요	93,192	150,437	192,887	228,622	223,372
신재생에너지와 기타	2,845	1,692	3,248	5,426	5,517
비중(%)	1.2	1.4	2.2	3.2	2.4

출처 : 에너지경제연구원

독일과 비교하기 위해 2005년을 기준으로 보면, 한국은 신재생에너지가 전체 에너지 중 차지하는 비중이 3.2%에 그치고 있음을 알 수 있다. 이에 반해 2005년 독일의 경우를 살펴보면, 연간 전기 소비량이 약 6000억 kWh를 넘는데, 그 가운데 풍력, 수력, 바이오, 태양 등 신재생에너지에 의한 생산량은 558억 kWh로 전체 전기 소비량의 약 9.3%를 차지하고 있다. 이 가운데 풍력이 독일 전력 수요의 3.5%를 충당하고 있다. 전체 신재생에너지의 비중이 3.2%인 한국과 풍력만으로도 3.5%를 차지하고 있는 독일을 비교해 보면 한국의 신재생에너지 비중이 많이 낮다는 것을 알 수 있다.

독일이 이처럼 신재생에너지의 비중을 계속 늘려 나갈 수 있었던 조건 중 하나로는 지난 2000년에 제정된 재생 가능한 에너지에 관한 법을 들 수 있다. 이 법의 효율성은 이미 널리 입증되었다. 독일 정부의 에너지 정책은 환경 보호와 지속적인 경제성장을 동시에 추구하고 있다. 다음 세대를 위해 에너지를 지속적으로 확보하고 공급한다는 데 중점을 두고 있다는 것이다.

이명박 정부의 에너지 정책은 신재생에너지의 보급을 도모하고 있긴 하지만 단기간의 발전에만 치우쳐 있다. 단기간의 성장이 아닌 환경을 보호하면서도 지속적인 경제성장을 도모하는 정책이 필요하며, 독일의 '재생 가능한 에너지에 관한 법'과 같은 에너지의 효율 제고를 위한 실질적인 법의 제정이 시급하다. 이러한 법의 제정으로 신재생에너지 보급을 통해 석유, 천연가스, 석탄 등 화석에너지 사용에 따른 환경오염을 줄이고 최근 국제사회에서 활발히 논의 중인 기후변화협약을 통한 이산화탄소 감소 노력에도 기여할 수 있도록 해야 할 것이다.

한국은 현재 추진하고 있는 해외 자원 개발의 투자를 늘려 개발 속도를 높이고, 나아가 자원의 개발 범위를 확충하여야 한다. 이와 함께 유럽의 신재생에너지 기술을 도입하거나 새로운 기술을 개발하는 등 협력을 서둘러야 한다. 이런 가운데 무엇보다 중요한 것

은 에너지자원의 개발과 확보를 미래 성장 동력의 산업으로 육성
해야 한다. 이것이 정부가 자원 산업 중심으로 급격하게 변하고 있
는 세계경제 질서의 재편에 능동적이고 효과적으로 대응해야 할
자세이다. 한국이 향후 경제성장을 종래대로 유지하기 위한 유일
한 정책이 있다면 바로 에너지자원의 국가적 확보인 동시에 에너
지 소비의 국민적 절약이다.

이에 우리는 에너지 정책에 관한 한 국가가 더욱 능동적이며 전
문적인 수준으로 나아가야 할 것이라고 본다.

우선 국가가 능동적으로 할 일은 에너지 수급에 영향을 미치는
관련 조세들을 폭넓게 연구하여 조세제도를 정비함을 말한다. 당
장 생각해볼 수 있는 조세는 세계에서 최고 수준인 유류세이다. 에
너지자원의 효율적 이용으로 경제성장세를 유지하려면, 지금처럼
수동적 차원의 유류세 보조 지원 제도가 아니라 아예 능동적으로
유류세를 전면 폐기해야 한다. 일부 학자들은 에너지 소비 절약 차
원에서 유류세를 통한 가격제를 활용하고자 하지만, 대중 소비 품
목인 유류가 세금으로 고가를 유지하는 것은 오히려 생산에 필요
한 소비를 감소시켜 성장을 저해할 것이다.

다음으로 이명박 정부가 해야 할 전문적 과제는 석유가 필요 없
는 신재생에너지자원을 적극 개발하는 일에 착수해 그가 임기를
마칠 쯤에는 적어도 전체 에너지의 10% 이상을 그러한 에너지가
차지하고 있어야 할 것이다. 이것만이 우리가 석유로부터 다소 자
유로울 수 있는 여지를 준다.

특히 한국전력공사는 공기업으로 유지해 국가의 에너지를 총괄
하는 지위에 두어야 할 것이다. 이미 전력을 민영화한 선진국들이

겨는 뼈아픈 고통을 보면, 민간 기업들은 이윤의 확보를 위해 소비
자 가격을 종래보다 인상시킬 뿐만 아니라 더욱 중요하게는 에너
지 공급의 안정성을 저하시키는 '시장의 실패'를 초래하고 있다.

제 10 장

사회복지 정책

이명박 대통령의 복지 철학은 2008년 4월 5일에 노숙인들을 만난 자리에서 밝힌 "최고의 복지는 일자리 제공"이라는 말로 요약될 수 있다. 빈곤층에게 그저 복지 지원 서비스를 제공하기보다는 일해서 돈 벌 수 있는 여건을 마련해 주고, 노동이 불가능한 장애인, 노인, 어린이 등에게는 국가가 의료와 보육을 무상으로 지원하겠다는 것이 이명박의 생각이다. 그는 대통령 선거 기간 중인 10월에는 라디오 광고를 통해 "생애 희망 디딤돌"이라는 이름으로 복지 정책을 밝히며, 성장과 복지를 조화시키겠다고 했다. "복지도, 분배도 성장과 한 켤레로 가는 것"이라는 것이다. 아울러 그는 이렇게 밝혔다. "앞으로 늘어날 복지 수요를 감당하기 위해서도 우리 경제는 성장해야 합니다. 복지 시스템도 개선해야 합니다. 빈곤에 대한 지원도 강화해야 하지만, 빈곤에서 탈출할 수 있는 기회의 사다리를 제공할 수 있어야 합니다."

이명박 정부는 결국 '일하는 복지' 추구

이명박이 자신의 복지 정책을 기존의 사회 안전망social safety net 정책과 차별화하기 위해 사용하는 용어는 "보편적 복지", "예방적 복지", "맞춤형 복지" 등이다. 이명박은 보편적 복지에 대해 "빈곤층뿐만 아니라 중산층 이하의 일반 국민 대다수를 복지 정책의 직접적 수혜 계층으로 설정하고 있다"고 설명했다. "출산, 자녀 교육, 일자리, 노후 생활 등 보통사람의 생애 전반을 대상으로 각 시점마다 적절한 지원을 하여 국민 전체의 삶의 질을 높이겠다"는 생각이다. 다음으로 예방적 복지에 대해서는 "빈곤과 질병으로 고통 받고 난 후에 국가가 지원을 하는 기존의 방식으로는 삶의 고통을 치유하기가 힘들다"며 "실직이나 교육 사각지대에 처하기 전에 절실한 도움을 제때에 받을 수 있도록 하겠다"고 했다. 마지막으로 맞춤형 복지와 관련해서는 "기존 정책은 지원 대상 기준에서 벗어나면 일시에 지원을 중단하기 때문에 미처 자립 기반을 못 갖춘 분들이 다시 빈곤층으로 전락하는 경우가 많다"며 교육, 의료, 주거, 직업훈련, 노후 생활 기반 등 각각 요소에 대해서 개인별로 맞춤형 지원을 약속했다.

이명박의 철학이 가장 잘 묻어 있는 복지 공약이 이른바 "생애 디딤돌 7대 복지 프로젝트"다. 이 프로젝트가 만들려는 것은 "아이를 낳고 기르는 것이 행복한 나라", "가난의 대물림이 없는 교육 기회가 열려 있는 나라", "사회에 첫발을 내딛는 청년들에게 용기를 주는 나라", "제2인생을 개척하는 중년들에게 도움을 주는 나라", "노년이 외롭거나 힘들지 않는 나라", "빈곤에서 탈출하는 데 실질적인 힘을 주는 나라", "장애인이 마음 놓고 어울려 살 수 있는 나라" 등이다. 유아기에는 국가가 지원하는 책임 보육의 혜택을 볼 수 있도록 하고, 성장기에는 저소득층의 빈곤이 대물림되지 않게 교육 복지 프로젝트를 추진하고, 결혼기에는 신혼부부에게 더 많은 주택을 공급하고, 장년기에는 직업훈련과 고용과 복지 서비스를 제공한다는 계획이다. 또한 이명박은 저소득층과 중증 질환자에 대해 의료보장을 강화하고 노인의 3대 고통(질병, 빈곤, 고독)을 줄이는 프로젝트도 추진할 방침이다.

이명박은 자신의 정책을 "자활형 복지"라고 말하기도 한다. 빈곤층이 스스로 일어설 수 있는 기회를 제공하겠다는 것이다. 이를 위해 대학 입시, 공무원, 공공 기관 등의 시험 때 빈곤층에 대한 가산점제나 할당제를 시행할 필요가 있다는 생각을 밝힌 바도 있다. 또 빈곤층 자녀에게 국가 장학금을 지원하고 사회적 기업을 통해 빈곤층의 자활을 지원하는 것도 자활적 복지 범주에 들어간다. 나아가 이명박은 대통령 당선자로서, 후보 시절에 보건과 복지의 사각지대를 해소하기 위해 약속한 대로 "의료 안전망 기금"을 설치하여 암과 중증 질환을 앓고 있는 환자에 대한 의료비 보장을 확대하겠다는 방침을 확인했다.(『데일리 메디/헬스 조선』, 2007년 12월 28일.) 또한 기초 생활 보장을 위해 기초 연금제도를 도입하겠다고도 여러 번 언급했다.

2005년 기준으로 한국에서 최저생계비 미만으로 생활하는 절대적 빈곤 인구는 전체 국민의 6.8%이다. 2006년 현재 65세 이상 노인 인구는 460만 명이며, 2014년에는 전체 인구의 14%, 2050년에는 40%에 달할 전망이다. 2006년 말 기준으로 장애인 수는 197만 명에 달하는데, 이들의 월평균 소득은 도시 근로자 평균 소득의 52.1%에 불과하고, 특히 중증 장애인의 실업률은 60%에 해당한다. 전체 가구의 경우 최저생계비 미만 가구의 비율이 8.9%인 데비해 장애인 가구의 경우에는 19.4%에 달한다. 이명박이 자신의 철학에 맞춰 여러 가지 복지 공약을 내놓았지만 결국 실현 가능성 여부는 '돈'에 달려 있다고 해도 과언이 아니다. 이명박의 복지 공약을 시행하기 위해서는 시행 첫 해인 2009년에 10조 8000억 원 정도가 필요하고 임기가 끝나는 2012년에는 12조 5600억 원 정도 예산이 들 것으로 예상된다. 실로 어마어마한 돈이다. 이에 대해 이명박은 예산 절감분, 교육특별교부금, 고용보험기금, 국민주택기금, 민간 기부금 등을 활용해 재원을 조달할 수 있다고 주장한다. (『MB노믹스』, 193~203쪽.)

일하는 복지보다 국민 모두의 최저 생활 보장이 관건

자본주의사회에서 사회복지 제도는 크게, 빈민에게 최소한의 물질적 수요를 충족시키는 공공 부조public assistance와 일반 국민이 사고로 인해 갑자기 빈곤에 빠질 수 있는 위험을 물질적으로 예방하기 위한 사회보험social insurance으로 나뉜다. 한국의 사회보험 제도는 흔히 4대 보험이라 불리는 연금보험, 의료보험, 실업보험, 산재보험으로 이루어져 있다. 연금보험이란 퇴직이라는 사고의 발생에 대비하여, 의료보험이란 질병이라는 사고에 대비하여, 실업보험이란 실업이라는 사고에 대비하여, 산재보험이란 산업재해라는 사고에 대비하여, 빈곤에 빠질 위험을 사회가 미리 공동으로 구제하는 제도이다. 자본주의사회는 모든 사람들이 사실상 이미 빈곤에 빠져 있거나 향후 빈곤해질 위험에 언제나 직면할 수 있는 착취와 소외의 사회이다. 그래서 자본주의사회는 태생적으로 빈곤이라는 위험에 처할 사회라는 운명을 벗어날 수 없다.

앞서서 자본주의를 택한 국가들은 결코 화해할 수 없는 계급 모순으로부터 발생하는 빈곤 위기poverty crisis를 예방하는 조치로 사회복지 제도를 20세기 중반 이후에 본격적으로 갖추게 되었다. 그래서 국가는 불완전하지만 사회복지 제도가 갖추어진 것을 구실로, 계급 모순에 반발하는 노동자와 민중을 폭력으로 통제하고 있다. 국가는 국내외에서 빈곤 위험 세력에 노출된 자본가계급을 보호하기 위한 조치로 경찰과 군대 외에 정보 기구라는 폭력 기구를 이미 18세기 중엽부터 본격적으로 가동시켰다. 하지만 국가의 일방적인 폭력만으로 반자본주의적 반란을 제압할 수 없다는 것은 1917년에 러시아의 짜르가 사회주의혁명에 무릎을 꿇었던 사실만으로도 증명되었다. 그래서 자본주의국가는 빈민 구제를 위한 사회복지 제도를 체제 안전을 위한 이른바 사회 안전망으로 간주하여, 지난 세기부터 이 제도를 도입했다. 전통적인 복지국가welfare state의 출발이었다.

지난 1980년대에 영미권 신보수주의자들은 소련의 약화로 동서 냉전의 균형이 서서히 무너지기 시작하자 군사적 우위로 사회주의를 완전히 제압하기 위해 국방력을 강화하기 시작했다. 특히 미국의 '스타워즈Star Wars' 같은 세계적인 군사력 강화 조치는 유럽의 좌파에 의해 '신제국주의'라 불리었다. 신보수주의 세력은 러시아혁명 이후 동서 냉전까지 근 60년간 '잃어버린' 자본주의의 경제적 우위를 정보혁명information revolution으로 재추진하고자 했다. 미국에서 정보혁명은 공화당 정권에서 시작되었고, 1990년대에는 민주당 정권이 정보기술IT 개발에 박차를 가해 경제성장과 일자리 창출을 주도하였다. 그러나 금세기에 들어서자마자 미국은 저성장과 고실업의 경기 침체에 빠졌다. 이미 유럽 지역에서 좌파는 보편적인 형태로 지속되고 있는 경제위기를 '만성적 공황'이라고 부르고 있다.

미국은 당초 정보혁명으로 불이 붙은 경제성장의 힘으로 군사력의 강화를 시도할 계획이었다. 하지만 법인세와 소득세 등의 인하 요구로 인해 예산은 적자를 면치 못하였다. 이런 상황에서 정부가 재정 적자를 감소시킬 수 있는 유일한 방안은 사회복지 예산을 감축하는 것이다. 유럽의 국가들도 높은 실업률과 고령화로 인해 사회복지의 절대적 감축이 필요했고, 이때 미국식 신자유주의는 아주 적절한 구제책이었다. 자유주의 국가의 안보에 걸림돌이었던 소련도 이미 자유주의로 돌아선 지금, 유럽의 경제협력개발기구 회원국들은 이른바 복지 예산을 축소하기 위해 신자유주의 정책인 '일하는 복지' 제도를 도입하거나 실시하고 있다. 그러나 '일하는 복지', '생산적 복지'의 대표적인 제도인 근로소득장려세earned income tax credit, EITC는 극히 일부 빈곤층에만 혜택이 돌아갈 뿐 보편적인 사회복지로는 실패할 수밖에 없는 제도로 남게 되었다.

이미 서구 선진국에서 실패한 생산적 복지 제도를 한국에서 추진하겠다는 것이 사회복지에 대한 이명박의 기본적 구상이다. 사실 그러한 구상은 이미 김대중 정부가 'IMF 사태'의 해결 방안으로 생각했던 공적 부조인 '국민기초생활보장제도'의 도입과 사회 보험제도들의 개악을 통해 일부 도입되어 있다. 그러나 그러한 '신자유주의 복지'는 사회복지의 원래 취지인 최저생계비 보장 기능도 떨어지고 사회 양극화를 해소할 수 있는 실질적 제도가 아님이 확인되고 있다. 이명박 정부는 '자활형 복지'를 거두고, 사회복지의 애초 취지에 따라 국민 모두에게 최저생계비를 보장하여 이른바 '빈곤선poverty line' 이하의 국민을 구제함은 물론 최저 수준의 보건과 연금 생활을 영위할 수 있는 사회보장제도를 복구할 수 있는 조치를 즉각 단행해야 한다.

높은 실업률은 곧 복지 재원의 후퇴를 초래

현재 한국은 물론 선진국들은 사회복지 재원의 확보에 전전긍긍하고 있다. 선진국들은 지난 세기 말부터 신자유주의 정책의 일환으로 생산적 복지 제도를 도입해 마치 종래의 '퍼 주기 식' 복지를 지양하고 있는 것처럼 주장한다. 그러나 새로운 사회복지 정책은 대다수 빈민들을 더욱 가난하게 했을 뿐만 아니라 근로 노력work effort을 진작시키는 데 별다른 효과도 거두지 못하고 있다. 결국 '일하는 복지' 제도는 그것의 '아이디어'만큼 성공하지 못했을 뿐만 아니라, 오히려 실업자들의 증가로 인해 늘어난 복지 재원의 확충이 더욱 시급한 문제로 대두되고 있다. 왜냐하면 사회복지 제도의 실패는 곧 자본주의 체제를 위기로 몰 수 있기 때문이다. 더구나 사회복지 비용은 물가 상승률에 연동되어 해마다 증가할 뿐만 아니라, 영양과 의료 수준의 상승으로 인한 고령 인구 증가 때문에도 늘어나고 있다. 이처럼 늘어나는 사회복지 급여를 충당할 비용의 상당 부분은 취업자가 물론 부담하고 있다. 그런데 현재 선진국들은 대체로 성장보다는 안정을 지향하는 경제정책을 펼 수밖에 없기 때문에 취업자를 크게 늘릴 수가 없다. 한국도 예외가 아니다. 현재 한국은 모든 취업 희망자들을 결코 고용할 수 없는 형편에 처해 있다. 이것이 현재 이명박 정부가 당면하고 있는 사회복지 분야의 현주소이다.

2008년 2월에 통계청이 발표한 『2008년 1월 고용동향』에 따르면, 2008년 1월 취업자는 전년 동월 대비 23만 5,000명 늘어났다고 한다. 이는 애초의 목표치 30만개에 못 미칠 뿐만 아니라, 연평균 60만개의 일자리를 창출하겠다는 공약과는 너무나 거리가 먼 결과이다. 경제를 조금이라도 아는 사람이라면 현재 한국의 경제 수준에서 30만개도 아닌 60만개의 일자리를 창출한다는 주장이 '허위 공약' 이자 '사기 정치' 임을 쉽게 알 것이다. 하지만 일반 국민들은 허황한 희망으로 이명박을 찍었던 것이다. 60만개 일자리란 지난 1월 집계된 전체 취업자 수 2,296만 4,000명의 약 3%에 해당되는 높은 수치인 것이다.

2008년 1월에 증가한 새로운 일자리 23만 5000개는 2005년 12월(20만 5,000명) 이후 가장 적은 수치이다. 나아가 사회복지 비용을 대는 연령인 15~64세 인구의 고용률은 58.3%에 불과하다. 실업률이 3.3%로 전년 동월 대비 0.3% 감소했다고는 하지만, 20대 취업자는 지난해보다 8만 4,000명이 감소해 일자리 찾기가 더욱 어려워졌음을 나타내고 있다. 다만 50대 취업자가 늘어난 것은 창업을 하거나 '눈높이'를 낮춰 재취업했기 때문으로 보인다.

한편, 저출산으로 인한 고령화가 진행되는 가운데 사회복지 비용을 대는 핵심 생산 연령인 25~49세 인구가 올해부터 줄어들 것이라는 연구 결과가 나왔다. 한국재정학회가 2008년 2월 18일에 기획예산처에 제출한 「선진국 진입에 대비한 한국재정의 대응과제」에 따르면, 25~49세 인구는 지난해 2,082만 5,000명으로 절정에 이른 뒤 올해부터 줄기 시작해 2020년 1,839만 5,000명, 2030년 1,576만 5,000명 등 10년마다 200~300만명의 감소가 예측된다.

자본주의사회의 궁극적 파탄을 막는 유일한 정책인 사회복지 정책에서 무엇보다 중요한 것은 재원 조달이다. 그런데 재원 조달에서 매우 중요한 15~64세의 취업 인구는 인구 10명 가운데 6명이 채 안된다. 특히 청년층의 경우 문제는 더욱 심각하다. 2007년 10월 21일에 통계청의 발표에 따르면, 청년층 고용률은 아래의 표에서처럼 9월을 기준으로 2004년 45.2%에서 매년 하락해 지난해는 41.6%를 기록했다. 같은 기간에 청년 취업자 수는 457만 명에

15~29세의 고용 동향 (시점 : 매년 9월)

구분	전체인구 (천명)	경제활동 인구 (천명)	취업자 (천명)	실업자 (천명)	비경제 활동인구 (천명)	경제활동 참가율 (%)	실업률 (%)	고용률(%)
2004년	10,103	4,916	4,570	346	5,187	48.7	7.0	45.2
2005년	9,883	1,692	4,351	336	5,197	47.4	7.2	44.0
2006년	9,847	4,518	4,191	328	5,328	45.9	7.3	42.6
2007년	9,855	4,411	4,104	308	5,444	44.8	7.0	41.6

자료 : 통계청

서 무려 47만명이나 줄어들어 410만 명에 불과하다.

취업자 수의 감소와 취업률의 감소에도 실업율이 변동하지 않은 것은 해당 인구의 감소 때문이기도 하지만 실업률을 산출하는 방식 때문이다. 말하자면 실업률이 전체 인구가 아니라 경제활동인구 가운데 실업자의 비율, 게다가 적극적으로 구직 활동을 했지만 취업하지 못한 사람의 비율로 계산되기 때문이다. 취업을 위해 시험 준비를 하고 있는 청년들이 53만 6,000명으로 조사되었지만, 이들은 비경제활동인구로 분류되어 실업률 계산에서 빠진다. 어떤 경제가 사회복지를 위해 재원을 조달하는 것이 가능한지의 여부를 알려 주는 것은 실업률보다는 오히려 취업률이다. 한국의 취업률은 위 표에서 알 수 있듯이 전체 인구 대비 40.2%밖에 되지 않는다.

건강보험은 국가보험제도로서의 위상을 확실하게

이명박 정부의 대통령직인수위원회는 한때 건강보험의 '당연 지정제'를 폐지하여 민간 의료보험 비율을 높이고자 추진하였다. 반대 여론이 일자 폐지 취소의 뜻을 밝혔고, 결국 2008년 4월에 보건복지가족부 장관은 기자 간담회에서 "건강보험 당연 지정제를 확고히 유지하기로" 한 정부 방침을 밝혔다.

당연 지정제란 모든 의료기관을 건강보험 적용 기관으로 정하여 건강보험에 가입한 환자가 어떤 의료기관에서나 보험을 적용받으며 진료를 받을 수 있는 제도이다. 말하자면, 국민건강보험의 골간이 되는 제도이다. 현재의 제도에서도 본임 부담금의 비중이 너무 크다는 지적이 일고 있는 마당에, 당연 지정제를 폐지하겠다는 것은 국민의 건강을 빌미로 이윤을 얻으려 하는 민간 의료보험을 도입하겠다는 의지의 다른 표현으로 보인다.

의료 정책에 대한 이명박 정부의 구상은 시장주의로 요약될 수 있다. 앞으로 병원이 비영리법인의 틀을 벗어나 질병 치료를 돈벌이 수단으로 이용하는 주식회사, 영리법인이 될 지도 모른다. 여기에서도 우리가 머리말에서 말한 '통속주의적 실리주의philistinism'가 발동한다. 민간 의료보험을 활성화하면 부유층이 국민건강보험에서 탈퇴할 것이고, 그렇다면 국민건강보험공단의 부담이 줄어들어 적자가 줄 것으로 생각하는 것이다. 또한 민영 보험으로 인해 일부 병원의 이익이 커지면 국가의 세수도 증가한다고 생각하는 것이다. 또한 그런 일부 영리 병원들이 의학 수준을 높여 외화를 벌어들일 수 있다고 생각하는 것이다. 이명박을 둘러싼 우파의 논리는 곧 미국의 '의료 산업'을 모방하겠다는 논리이다.

여기서 우리는 마이클 무어 감독이 미국의 의료제도를 고발한 영화 『식코Sicko』를 이야기하지 않을 수 없다. 영화는 의료보험에 가입하지 못한 6분의 1의 미국 시민의 어려움이 아니라, 정작 의료보험에 가입한 6분의 5에게 생기는 치료비 압박의 어려움에 대해 고발하고 있다.

미국의 병원들은 세계 최고의 의사, 기술, 시설들을 갖추었지만, 사람의 생명을 담보로 돈거래를 하는 자본주의적 기업일 뿐이다. 미국은 선진국 가운데 유일하게 의료가 민영화된 곳이다. 미국은 정부 주도로 전 국민을 의료보험에 가입시키지 않고 있다. 현실적으로 미국인의 60%는 의료보험 혜택을 받지 못하고 있다. 이는 보험회사들이 의료보험 상품을 취급하고 있고 의료기관들이 민간 의료보험 가입자를 선호하기 때문이다. 민간 의료보험의 보험료는 당연히 국가에서 시행하는 공적 보험의 보험료보다 비싸고, 민간 의료보험에 가입하면 한국처럼 당연지정제가 아니라 보험으로 지정된 의료기관을 이용해야 하는 불편함도 따른다. 보험회사의 횡포와 병원의 폭리 때문에 미국 시민들이 부담해야 하는 의료비는 한국과 같이 공영화가 되어 있는 국가들의 그것과 비교도 안 될 정도로 비싸다. 물론 최고급의 의료보험에 가입하면 최고의 의료진의 진료를 받을 수 있긴 하다. 1990년대 초반에 클린턴 정부가 이를 개선해 보려 했으나, 보험사의 로비로 그 노력은 수포로 돌아갔다.

영국은 선진국 가운데 가장 일찍이 국민건강보험제도National Health Service(NHS)를 채택하였다. 민간 보험도 함께 운영되어 왔지만 전체 인구의 8% 정도가 가입한 수준이며, 그것도 NHS를 보완해 주는 역할을 담당한다. 영국의 NHS는 국민이 납부하는 의료보험료와 정부의 일반 예산으로 운영되고 있다. 영국에서도 예산 조달의 문제와 함께, 너무 긴 대기 시간과 잦은 앰뷸런스 호출 등의 문제들이 제기되고 있긴 하지만, 미국의 엄청난 보험료와 치료비에 비하면 사소한 것이라 할 수 있다.

일본도 일찍이 공적 의료보험제도를 도입하였으며, 재원 조달은 사회보험 방식에 따르고 의료 공급은 민간 부문이 중심이라는 점에서 한국과 크게 차이가 없다. 현재 일본은 의사 부족의 문제를 겪고 있어 의료비 본인 부담률을 높이고 있다.

현재 공공 의료보험제도를 채택하고 있는 국가들은 대부분 재정난을 겪고 있다. 한국의 국민건강보험공단도 2007년의 적자 3조 2천억 원을 정부 지원금으로 메웠다고 한다. 정부는 건강보험료를 인상하자고 하지만 국민들은 반대하고 있다. 물론 국고 지원을 마냥 높일 수는 없을 것이다. 하지만 정부는 이를 타개하기 위해 민영 건강보험을 활성화할 것이 아니라 현재의 국민건강보험 제도를 개선해 가입률도 높이고 지급율도 높이는 방안을 찾아야 할 것이다.

이를 위해 첫째, 의료보험료 산정 기준을 합리적으로 마련하는 등 보험료 부과 체계를 개선할 필요가 있다. 둘째, 의료보험의 급여 비율을 높이고 급여 범위와 수준을 확대해야 할 것이다. 셋째, 의료보험의 기획, 수행 및 평가 과정에서 민주적 참여 장치들이 실질적으로 가동되어 국민의 이해관계를 관철시킬 수 있도록 해야 할 것이다. 넷째, 건강보험의 중요 지향인 '질병 보험에서 건강 의료보험으로의 전환'이 실질적으로 가능하도록 각종 예방 서비스와 함께 건강관리 서비스를 활성화할 필요가 있다. 끝으로, 건강보험은 고용보험, 연금보험, 산재보험 등 이른바 4대 보험의 나머지와 긴밀한 연계 속에서 운영되도록 해야 할 것이다.

국민연금 개혁은 이 시대의 가장 중요한 과제

우리 사회는 고령화 사회로 진입하고 있다. 문제는 미래의 젊은 세대에 부담을 적게 지우며 노령 인구를 부양할 방법인데, 현재로서는 그 기반이 국민연금일 수밖에 없다. 우리는 국민연금이 노후의 모든 생활은 아니더라도 기초적 생존은 보장해야 한다고 생각한다. 2008년 5월에 여론조사 기관인 리서치앤리서치가 조사한 바에 따르면, 국민의 53.4%가 18대 국회의 과제로 "복지제도 정비를 통한 사회안전망 강화"를 꼽았다고 한다. 현재 전 세계를 휩쓸고 있는 신자유주의는 노령화 시대에 접어들고 있는 국민들로 하여금 퇴직 후 삶에 대한 불안감을 가중시키고 있는 바, 위의 조사도 이를 확인해 준 것이라 하겠다.

정부가 국민들의 노후 생활을 위해 직접 운영하는 소득 보장 제도가 국민연금이다. 국민연금은 별도의 연금 보호가 있는 공무원, 군인, 사학 교직원 등을 제외한 국내 거주 18세 이상 60세 미만의 모든 국민들을 대상으로 한다. 국민연금은 노령, 장애, 유족 등의 연금으로 구성되어 있는데, 가장 기본적인 제도가 노령연금이다. 노령연금은 일반적으로 가입 기간이 20년 이상 되고 60세에 도달했을 때에 지급된다. 모든 가입자들은 정부의 단일한 연금 체계에 편입되어 관리되고 있다. 가입자 모두가 재정을 부담하는 사회보험인 것이다. 근로자는 자신의 소득의 9.0%를 보험료로 납부하는데, 그 가운데 절반은 사업자가 부담하게 되어 있다. 자영업자와 농어민도 소득의 9.0%를 부담하지만, 농어민에게는 국가에서 일부를 보조하고 있다.

국민연금이 국가의 제도로 정착된 것은 퇴직금 제도로는 퇴직 이후의 삶이 보장되기 어렵기 때문이다. 일반 퇴직자들은 대부분 조기인 50대에 퇴직해 회사로부터 퇴직금을 수령한다. 그런데 퇴직금은 일시금으로 지급되어 장애나 사망 시에는 전혀 본인이나 가족의 생계를 보장할 수 없다. 국민연금은 이와 달리 퇴직 후의 생계만이 아니라 장애나 사망 시의 대책도 마련해 주는 기능을 수행한다. 또한 퇴직금 제도의 혜택을 볼 수 없었던 자영업자, 농어민, 일용 노동자들도 국민연금 가입자가 될 수 있다. 물론 가입 기간이 길고 납부한 보험료가 많을수록 받는 금액도 많아지게 된다. 그리고 국민연금은 저소득계층일수록 납입액에 대한 수급액의 비율이 높도록 설계되어 계층간 소득재분배 기능도 수행한다. 나아가 물가 변동에 따라 수령액을 조정함으로써 연금의 실질 가치를 보장하고 있다.

한국의 국민연금제도는 도입되던 1988년에, 그리고 전 국민 연금 시대를 연 1999년에 이르러서도, 구조적 문제들을 드러내 왔다. 문제들 가운데 대표적인 것은 재정의 건전성, 소득 보장 기능, 형평성 등이다.

먼저 재정 문제부터 짚어 보자. 한국에서 국민연금은 역사가 짧은 탓에 아직은 연금이 그리 많이 지급되고 있지 않아 재정의 건전성 문제는 가시화되지 않고 있다. 그러나 저부담-고급여라는 공적 연금제도 자체의 성격과 향후 급속히 진행될 고령화로 인해, 2060년에는 기금이 완전히 고갈될 것으로 전망되고 있다(국민연금재정추계위원회, 「2008년 국민연금 재정 추계 보고서」). 2003년에는 2047년에 고갈될 것으로 예측했으나, 2007년 7월 이후 보험료는 9%를 유지하되 소득 대체율을 40%로 낮추어 고갈을 늦추게 된 것이다. 우리는 연금 재정의 건전성을 개선해 '저부담-고급여' 라는 공적 연금의 소득재분배 효과를 유지해야 한다고 생각한다. 정부는 기금 고갈을 막기 위한 방안의 하나로 일부 자영업자, 농어민 등의 소득 불성실 신고를 철저히 방지해야 할 것이다. 국민연금제도는 자본주의사회에 내재된 불평등을 완화시킴으로써 국민의 생활 안정과 복지 증진에 기여하려는 목적을 가지고 있기 때문에, 이를 달성하려면 특히 부유한 자영업자들을 포함하는 등 모든 국민들의 소득 상태를 투명하고 완벽하게 파악해야 한다. 소득 활동 관련 자료를 수집하는 데 지식과 기술을 갖춘 국세청과의 범정부적 공동 대책이 필요하다.

일부 보수주의 학자들은 국민연금의 재정 문제를 해결하기 위해 연금의 민영화가 불가피하다고 주장한다. 민영화의 대표적 사례로는 칠레의 연금 저축이 있다. 이 제도는 새로이 노동시장에 진입하는 사람들을 강제적으로 연금저축에 가입하게 하여 채권을 교부하는 방식으로 운영되었다. 칠레의 민영화 조치는 공적 연금 재정이 이미 붕괴 직전에 있었던 것을 민영화라는 극단적 조치로 소득 보장이라는 최소한의 명맥을 유지하기 위해 도입되었다. 그러나 민영 연금은 그 가입이 의무임에도 불구하고 지난 세기 말까지 최고 가입율이 60%정도에 그쳤을 뿐인데, 자영업자들이나 고용이 불안정한 노동자들이 가입을 회피하고 있기 때문이다. 민영 연금은 사적 기업이 운영하는 만큼 보험 판매원을 고용하고 홍보하는 일에 많은 비용을 지출하기 때문에 가입자의 보험료가 증가하는 단점도 있다. 결국 칠레의 이 제도는 공식 부분의 봉급생활자들에게만 유리한 제도가 되어, 오히려 사회적 유대를 약화시키고 불평등을 심화시키는 제도로 평가되고 있다.

둘째, 국민연금제의 소득 보장 기능을 보자. 국민연금 운영에서는 가입자의 보험료 수입과 연금 지출이 장기적으로 균형을 이루는 것이 중요하다. 2008년 7월에 국회를 통과한 개혁안에 따르면, 보험료는 소득의 9%이며 소득 대체율은 40년 가입을 기준으로

40%이다. 재정 파탄을 이유로 소득 대체율을 낮춘 것인데, 과연 이 비율로 소득 보장 기능이 유지될 수 있을지 의문이다. 60세 이상의 인구가 7백만을 초과하는 상황에서 이는 큰 문제가 아닐 수 없다.

국민연금의 당초 취지는 퇴직 후 노인 계층에게 소득을 보장하는 것이다. 국민연금관리공단에 따르면, 2000년 현재 노인 인구의 58.4%가 노인 단독 가구에 살고 있는데 이들의 빈곤율은 41.7%로 고위험 빈곤 집단이다. 이에 비해 노인 단독 가구에 속하지 않는 노인은 9.7%의 빈곤율을 보여 상대적으로 낮은 빈곤율을 보이고 있다. 우리는 앞에서 60세 이상의 노인 계층을 7백만 명으로 추산했는데, 향후 연금제도의 변화 없이 빈곤율이 계속 유지될 경우, 국민연금 사각지대의 규모가 급증할 것이다. 이럴 경우, 국민연금 가입자의 50% 이상이 20년 이상의 가입 기간을 충족하게 되는 2020년에는 65세 이상 노인 인구 766만 명 가운데 28.4%인 211만 명이 빈곤층 노인으로 존재하게 될 것이다. 현재 국민연금의 사각지대는 30~40%로 보고 있는데, 위의 빈곤층 노인은 거의 모두가 연금 가입 예외자로서 연금 지급 대상에서 탈락되는 사각지대에 놓이게 될 것으로 추산된다.

이처럼 국민연금은 소득 보장 기능이 현저히 떨어질 것으로 전망되고 있다. 현재 한국의 국민연금의 소득 보장 기능이 우수한 것으로 평가되고 있는 이유는 미래 세대가 재원을 부담한다는 전제에 따른 것이다. 그러나 저부담(저보험료)과 고급여(고소득대체율)라는 구조적 불균형 문제는 미래 세대에 과도한 부담을 전가하게 된다.

　문제는 국민연금의 취지의 하나인 고소득자와 저소득자 사이의 소득재분배 기능이 현재 발휘되고 있지 않다는 데에 있다. 현재의 제도는 세대 내의 재분배는 고려하지 않고 세대간 재분배로 문제를 해결하려 하고 있다. 오히려 최고소득 계층의 경우에 본인의 기여에 비해 많은 급여를 받도록 되어 있어 세대간 형평성 문제는 심각한 실정에 있다. 향후의 연금 개혁은 이러한 문제를 해결할 수 있어야 할 것이다.

　국민연금관리공단에 따르면, 국민연금이 도시 지역으로 확대되면서 가입자 수가 늘어나 2004년에는 가입자가 1,714만 명에 이르고 있다. 그런데 지역 가입자의 40~50%가 연금 납부 예외자여서, 국민연금제도는 전국민연금제도라기보다는 '반쪽' 연금에 불과하다는 비판이 제기되고 있다. 납부 예외자들은 소득이 없는 군입대자나 학생 등 원천적으로 납부가 불가능한 납부 불능자와 실직, 휴직 등 잠정적으로 납부가 유예되는 납부 유예자로 구분할 수 있다. 납부 예외자들의 과다는 국민연금제도의 고유 목적을 달성하기 어렵게 할 뿐만 아니라 장기적으로는 연금 재정의 부실화를 초래할 위험을 높게 한다. 또한 납부 예외자 외에도 미신고자를 포함해 연금 수급 자격을 획득하지 못하고 있는 인구 비율이 가입자 수의 거의 절반에 이르는 것으로 분석되고 있다. 이들은 대체로 영세 사업장 근로자, 임시직, 일용직, 영세 자영업자, 실업자 등 가장 취약한 계층이다. 따라서 국민연금을 국민보험으로 만들기 위해서는 사각지대에 있는 사람들을 연금제도에 포함시킬 수 있는 제도적 대책이 필요하다.

　우리는 지금까지 현행 국민연금제도의 문제점들을 짚어 보았다. 이 문제들을 해결하기 위해서는 재정의 건전성, 소득 보장, 형평성 등이 종합적으로 실현되어야 할 것이라고 위에서 분석하였다. 그런데 이명박 정부는 종합적 문제 해결과는 반대 방향의 '개악안'을 내놓고 있다. 가장 대표적인 개악의 내용은 국민연금 기금 운용 체계의 개편, 국민연금과 기초노령연금의 통합, 완전소득비례연금제 실시 등이다.

먼저 정부로부터 독립한 상설적인 '국민연금기금운용위원회'를 설치해 국민연금 기금을 민간인 금융·투자 전문가에게 맡긴다는 구상은 마침내 2008년 5월 14일 보건복지가족부의 「국민연금 기금운용체계 개편 방안」으로 발표되었다. 이것은 앞서 말한 칠레와 같이 민영화로 재정의 안정성을 도모하겠다는 것이나, 결국은 국민연금을 금융자본의 이해에 종속시키게 될 것이다. 그동안 자본주의 신봉자들은 국민연금 운용을 민간에 맡겨야 한다고 주장해 기금을 안정성보다는 수익성 위주로 투자할 것을 요구해 왔는데, 마침내 현실화된 것이다. 국민의 피와 땀이 밴 소중한 '곳간'과 노후 소득 보장이라는 '열쇠'를 금융시장의 위험한 정글 경쟁에 내맡겨서는 안 된다. 정부가 책임지는 기금 운용 체제를 마련하여 기금의 대부분은 안정성 위주로 운용하고, 일부의 기금만 자본시장의 육성과 관련시켜 수익성 위주로 운용하면 될 것이다. 앞서 금융정책을 다룬 장에서 싱가포르의 외환운용 모델을 이야기한바 있는데, 국민연금 기금도 그처럼 제1선 기금과 제2선 기금으로 나누어 운영하는 것이 옳을 것이다.

또한 이명박 정부가 구상하고 있는 국민연금과 기초노령연금의 통합에 우리는 반대한다. 기초노령연금은 2007년 제정된 「기초노령연금법」에 의해 도입되었다. 2008년 2월 21일, 이명박의 인수위원회는 국민연금과 기초연금의 중복 수급을 차단하겠다는 뜻을 밝혔다. 현재 최고 8만 4천원밖에 되지 않는 기초노령연금으로는 최소한의 노후 소득이 보장되지 않으므로 이것을 국민연금에 통합하여 장기적으로는 연금 수급자를 모든 노인으로 확대하여 사각지대를 없애겠다는 좋은 취지로 해석할 수도 있다. 문제는 기초노령연금의 산정 기준을 현재의 '자산소득조사방식'에서 '연금소득조사방식'으로 바꾸겠다는 것이다. 따라서 이 계획에 따르면, 기초연금을 받는 만큼 국민연금이 줄게 된다. 이것은 결과적으로 저소득 빈곤 노인의 노후 보장이라는 애초의 취지에 반하는 조치가 될 수밖에 없다.

이제 마지막으로 이명박 정부의 '개악' 구상의 하나인 완전소득비례연금의 도입에 대해서 보기로 하자. 우리가 이미 앞에서 언급했듯이, 국민연금제도는 소득재분배의 기능을 수행해야 한다. 현재의 제도도 기본적으로는 소득 비례형 연금이지만, 저소득층일수록 자신이 낸 보험료보다 많은 연금을 받을 수 있도록 설계되어 약간이나마 소득재분배 효과를 가지고 있다. 하지만 이명박 정부가 구상하는 완전소득비례연금제가 실시되면 국민연금의 소득재분배 기능은 사라질 수밖에 없다. 완전소득비례연금이 정말로 필요하다면, 핀란드처럼 일정한 자격과 조건을 정해 별도로 시행하면 될 것이다.

한국은 지금 다른 어떤 선진국보다도 개인 파산이 늘고 있다. 지난해 개인 파산 신청 건수는 2005년에 비해 두 배 이상 급증한 12만 2,608건이다. 인구 1000명 당 2.6명인 셈인데, 이는 영국(2

명), 독일(1.5명), 네덜란드(0.9명)에 비해 높다. 그러나 파산 은퇴 신청 건수는 제자리 걸음이거나 오히려 감소세를 기록하고 있다. 이처럼 개인 신용이 파탄에 이르는 현실을 반영하듯, 이명박 정부는 2008년 3월 25일에 사회적 소외 계층을 지원한다는 명분의 '뉴 스타트 2008 프로젝트'의 하나로 금융 소외자(신용 불량자)의 신용 회복 정책을 발표하였다. 이것은 금융 채무 불이행자들에게 자신들이 적립한 국민연금을 담보로 적립금의 50%를 대출받아 채무를 이행하고, 이 대부금을 저리로 상환토록 하는 신용 회복 계획이다. 정부는 이번 정책으로 신용 불량자 142만 명 가운데 약 29만 명이 이른바 '우량 신용 불량자'로 구제될 것으로 예상하고 있다. 이명박 정부는 도덕적 해이를 벗어난 시장주의 원칙을 지킨 정책이라고 발표했는데, 이번 대책으로 대부액은 최대 3,885억 원, 연금 재정 손실은 최대 420억원으로 각각 추산되었다.

이 대책은 본질적으로는 신용 불량자들의 현행 대출 금리를 이른바 저금리로 바꾸어 주는 것에 불과하다. 물론 현재 긴박한 자금 압박을 받고 있는 신용 불량자를 구제한다는 것은 사회 연대적 차원에서 긍정적이라 할 수 있다. 하지만 당장의 이자 압박만이 문제는 아니다. 그들의 이후의 생활 대책도 문제이다. 그들이 만약 대출금을 상환하지 못하면 국민연금 수급액이 줄어들어 마지막 노후 보장 대책마저 무너지고 만다. 이것은 결국 정부로 하여금 더욱 많은 비용을 복지에 지출하게 할 것이다. 신용 불량자들의 소득 활동이 가능하도록 일자리를 창출하는 것이야말로 가장 시급한 대책이 아닐 수 없다.

정부에게는 국민연금제도를 국가의 가장 기본이 되는 제도로 안전하고 굳건히 세울 의무가 있다. 신자유주의 정책의 난무로 누구나 조기 퇴직해야 하는 상황에서 노후의 소득 보장은 어떤 국가 제도보다도 우선해야 한다. 우리는 복지국가의 최후 보루인 핀란드에서 배울 필요가 있다. 조세부담률이 44.3%로 세계 최고 수준임에도 불구하고 국민들은 물론 기업도 핀란드를 떠나지 않는 이유는 성장을 위한 복지가 완벽하게 구비되어 있기 때문이다. 핀란드에서는 병이 나거나 사고를 당해도 인생의 막다른 길에 들어서지 않는다. 한두 번 실패를 겪더라도 절망이 없는 사회, 언제든지 새롭게 도전할 기회를 주는 사회, 안정과 혁신이 같이 공존하는 사회가 바로 핀란드이다. 자본주의자들이 복지를 낭비로 보는 것은 크게 잘못된 것이다.

결론

이명박 정책은 적어도 자본주의 반대 정책으로 선회해야

우리는 지금까지 이명박 정부의 주요 정책들을 비판하고 이어서 이명박 정권에서도 '가능한' 정책 변화를 모색하였다. 그 변화들이 이명박 정부와 같이 전형적인 자본주의 정권에서도 실현 가능하다고 보는 이유는 그런 변화들이 '선진 지향advance-oriented'의 자본주의 체제와 어긋나지 않을 것으로 보기 때문이다. 이때 '선진 지향'이란, 자본주의 권력이 지배계급의 이익만을 전적으로 관철시키려다 아래로부터의 사회적 반발에 부딪혀 결국 정권 유지가 어렵게 되어, 사리私利 추구의 자본주의가 점차 사회화socialization의 과정을 거치게 되는 것을 의미한다. 그리고 여기서 '사회화'란 사회적 생산에 복무하고 있는 자본과 토지를 사적 소유에서 해방시켜 이것들을 사회적 및 국가적 소유로 전환시키는 현상을 지칭한다. 사회화는 물론 사회주의socialism로 진입하기 위한 전제 조건을 구축한다.

이명박 정부의 거의 모든 정책들은 세계적 경쟁력 향상을 기본적 과제로 설정하고 있다. 예를 들어 산업과 과학에 대한 정책에서 강조하고 있는 과학·기술의 발전을 보자. 독점 기업이 자신의 초과이윤 획득을 위해 세계의 다른 독점 기업과 경쟁해야 하는 부문에서는 국가경제state economy의 생산력 향상이라는 관점에서 보면 지금의 선진 자본주의 정책으로서 바람직할 수 있다. 또한 이런 과학·기술의 발전과 직간접적으로 연계되는 교육에 대한 이명박의 정책에 따르면, 세계적 경쟁력을 구비한다는 취지의 연장선에서, 개인 간 경쟁을 부추기는 국제중학교, 자립형사립고, 특수목적고 등의 신설 내지 증설을 적극 추진하고 있다. 이명박 정부의 교육정책은 2008년 여름에 서울특별시 교육감으로 당선된 공정택의 정책에 고스란히 반영되어 있다. 이명박 정부의 경쟁력 강화 원리는 교육정책에도 그대로 반영되어 이윤 원리가 교육 현장에 그대로 스며들고 있는 것이다.

많은 국민들은 교육의 경쟁력 강화를 개인 차원에서는 취업에서의 경쟁력 강화, 국가 차원에서는 과학과 기술의 경쟁력 강화로 이해하고 있다. 그러나 이와는 정반대로 교육에서의 협력 강화가 오히려 개인적 및 국가적 경쟁력 강화를 뒷받침하고 있는 국가가 있다. 앞서 사회복지 정책에서 언급했던 핀란드가 바로 그런 국가이다.

많은 사람들이 핀란드의 교육을 세계 최고라고 인정하게 된 것은 그 국가의 교육에서는 경쟁이 아닌 협력이 우선이기 때문이다. 일단 핀란드에는 누구에게나 교육의 혜택을 누릴 권리가 확보되어 있다. 우리는 이것을 흔히 교육권이라고 명명하고 있는데, 핀란드는 교육권의 실질적인 보장을 위해 "어떤 누구도 장애나 저능 등 물리적 이유로 능력의 진도에서 제외되는 일이 없는 제도"를 모든 교육과정에서 실행하고 있다. 나아가 핀란드는 한국처럼 경쟁을 강화하는 우열반을 편성하지 못하게 하고 있으며, 일찍이 개인의 특성과 자질을 개발하여 그것에 합당한 교육을 받도록 하고 있으며, 국가의 입장에서도 교육을 통해 구성원 간 협력을 유도하여 사회의 응집력을 강화하고 있다. 핀란드도 자본주의사회이지만 교육과정에서는 경쟁을 배제하고 있거나 최소화하고 있다. 우리는 핀란드의 교육을 개인 평준화 교육이라기보다는 인간 가치를 존중하는 인권 교육, 게다가 사회의 협력적 환경을 위해 시행되는 국민 교육이라고 평가할 수 있다.

핀란드의 교육은 자본주의 체제의 모순이 완화된 채 자본주의를 유지하는 역할, 말하자면 '사회 완충 역할'을 맡고 있는 셈이다. 자본주의사회에서 계급 간 급격한 충돌을 완화시키는 궁극적 임무는 어차피 국가의 "국법 질서 대책"이 맡고 있다. 제1권 제5장에 이어 이 책의 「서론」에서 지적했듯이, 우리는 교육정책에서 주로 실현해야 하는 국가의 역할을 "사회정의의 확보"로 분류하였다. 국가에 의한 사회정의의 실현은 한편으로는 자본주의의 폐기로까지 나아갈 수 있는 계기를 미리 봉쇄할 수 있는 적극적 임무이다. 다른 한편으로, 각자 사회에 기여한 능력에 따른 대가를 요구하는 자본주의적 사회정의가 시행된다면, 이것은 민주주의에 따라 궁극적으로 이에 반발하는 피지배계급을 반자본주의 운동으로까지 유도할 수도 있다. 이렇듯 정의라는 개념은 많은 얼굴을 갖고 있지만, 그것은 기본적으로는 지배계급의 이익을 관철하는 메커니즘으로 활용하는 것이 자본주의 '국가'의 중립성으로 강조되는 임무의 하나이다. 그런 점에서 우리는 사회정의를 강조하여 '참교육', '경제 정의', '환경보호', '노동 연대' 등등을 국가에 요구하는 운동이 자본주의의 체제를 역설적이게도 공고화하고 피지배계급을 개량화하여 반국가적 진출을 가로막는 것인지 아니면 자본주의의 사회화를 지향해 국가에 대한 대중의 반발을 선진적으로 유도하는 것인지를 확인할 필요가 있다.

그런데 지금까지 일부 자본주의 '선진화' 진영, 즉 자본주의의 개혁이 아니라 사회화를 추구하는 자본주의 반대 세력에서 추진해 온 미국산 쇠고기 수입 반대 등의 투쟁은 결국 세계 자본주의 체제에 대한 저항을 개량화시키는 운동으로 변질되어 왔다. 여기서 개량화reformism란, 자본주의의 구조적 문제인 미국 낙농 자본가계급의 이윤 증대보다 광우병 발생을 사회적 내지 국민적 문제로 부각시켜 국민이 자유무역협정FTA에 의한 세계적 이윤 착취를 마치 정상적인 체제인 양 수용토록 만든다는 것을 말한다. 쇠고기 반대 시위의 마지막에 등장한 '이명박 OUT' 슬로건은 이명박 정부에 반대하는 재야 세력의 정치적 목적을 집약한 것으로 볼 수 있다. 그러나 이명박 퇴진 슬로건이 이명박 퇴진 '투쟁'으로 발전하려면, 한국 보수 세력의 퇴진이라는 역사적 목적에 흔쾌히 동참할 수 있는 사회주의 등 진보 세력들이 조직될 수 있어야 한다. 어떤 정치적 목적을 염두에 두든, 진보 진영이 정치적 민주주의에서 승리를 얻으려면 우선 그러한 조직적 과제를 수행해야 할 것이다. 그런데 진보 진영은 처음부터 시위 자체의 성격상 이런 조직적 과제가 달성되기 어렵다고 생각했거나 아니면 적어도 운동의 과정에서 조직적 목적을 모색하려고 생각했던 것으로 짐작된다. 그러나 운동의 과정에서 그러한 과제를 모색하려 했다면 진보 진영이 정치력을 발휘할 수 있는 위치에 있어야 했다. 하지만 진보 진영은 이 운동에서 정치력을 발휘할 수 없었다. 그 이유는 한편으로는 쇠고기 반대 운동의 주축 세력들이 평소 사회주의 등 진보적 발전을 거부 내지 회피해 왔기 때문이거나, 이 운동에 참여하는 대중이 계급의식의 저조로 자본주의 반대를 표명할 수 없는 시민운동이었기 때문이다. 다른 한편으로는 그 운동의 주축 세력과 대중이 쇠고기 수입 반대 시위에 이념 투쟁을 끌어들이기를 반대하는 보수적 사회 여론을 적극 수용했기 때문이다.

쇠고기 반대 시위에서 드러났듯이, 한국뿐만 아니라 어떤 국가에서도, 현재 대중의 의식 수준에서는 정권 반대 시위가 곧 권력 교체 투쟁으로 변화될 수는 없다. 현재 대중의 의식 수준에 맞는 새로운 정권은 투쟁이 아닌 차기 선거에 의해서만 수립될 것으로 보고 있다. 현재의 세계적 정치 질서는 국민이 정권에 반대해도 일단 선택한 이상 차기 선거 때까지 추종할 수밖에 없는 환경을 만들고 있다. 한미 동맹과 같은 국제 관계뿐만 아니라 자본가계급의 지배 관념 내에 있는 사회 지도 세력도 그러한 정치적 환경을 전반적으로 조성하고 있다. 자본주의를 척결할 수 있는 가장 확실한 방법은 사회의 현 지배계급을 피지배계급으로 전락시킬 때만 가능하다. 그 방법은 대중 혁명일 수도 있고 선거일 수도 있다. 사회주의자들의 승리는 과거에는 대중 혁명으로 완수되었지만, 21세기 현실에서 대중이 민주적 선거를 우선시하고 있다면 선거로도 승리를 완수할 수 있어야 한다. 국민 대중의 의식을 변경시킬 수 없는 한, 대중의 의식에 따를 수밖에 없다. 이것은 보수든 진보든 정치 세력이라면 승복할 수밖에 없는 정치적 원칙이다. 사회주의자들이 승리하기 위해서는 '적어도' 자본주의에 반대하는 정치 세력들이 각 정파의 현실적 이해관계를 넘어 단결하여 하나의 반자본주의 대중정당을 결성해야 한다. 반자본주의 세력이 국가를 운영한 경험은 19세기 후반의 파리코민Paris Commune이나 20세기 초 러시아의 소비에트Soviet에서 모형을 발견할 수 있을 것이다.

이명박 정권의 각종 정책에 반대하는 우리는 국민의 각계각층이 보다 광범위하고 생생한 비판과 대안을 제시하고 투쟁할 것을 기대할 수밖에 없다. 이명박 정부와 같은 자본주의 정권의 모든 정책들은 의도에서부터 집행에 이르기까지 국가 지배계급의 권익을 전폭적 내지 우선적으로 지지하고 있다. 피지배 민중은 그러한 정책들로부터 소외당하고 있다. 한국의 민중에게는 과거 군사독재에 반대해 민주주의를 회복한 전력이 있다. 이제 민중은 국가 지배 세력들을 몰아내는 '자본주의 반대anticapitalist' 라는 최소 노선을 우선 채택하고, 운동의 발전 과정에서 '21세기의 새로운 사회주의 수립' 이라는 최대 노선을 선택해야 할 것이다. 여기서 '자본주의 반대' 란 사회의 지배 계층이자 부유 계층인 '위에 있는' 모든 정치 경제적 세력들을 퇴거시키기는 것을 말한다. 우리는 이 책을 통해 한국의 보수 여야 세력을 그런 세력으로 지목한 바 있다. 나아가 이 책에서 논한 국가정책 별로 사회의 핵심 지배 세력을 분류하면 다음과 같다.

국가정책에 따른 지배 세력의 범주

국가 정책	지배 세력
국법 질서 대책	국가 관료 계층
남북 경협 대책	극우 분단 세력
교육정책	교육 자본가계급
주택 · 부동산 대책	지주 등 자산가 계급과 자산 투기 계층
산업 · 과학 정책	재벌 등 자본가계급
금융정책	금융자본가계급 및 금융 투기 세력
환경정책	자본가계급 중 환경오염 세력
노동정책	자본가 · 사용자 계급
에너지 정책	에너지 사업 자본가 계층
사회복지 정책	복지 자본가 계층

　　자본주의 반대 투쟁은 사회 지배계급의 세력을 약화시키는 반면, 피지배계급인 노동자, 농민, 철거민, 노점상, 여성, 청년 등 사회적 약자의 권익을 상대적으로 격상시키는 사회적 투쟁이다. 자본주의에 반대하는 투쟁은 결국 피지배 민중들을 조직하여 사회주의국가를 세우기 위한 투쟁의 전단계이다. 이 투쟁에서 승리하려면 자본주의에 반대하는 직업적 전문가 내지 혁명가들이 우선적으로 연대할 필요가 있다. 이것을 흔히 한국에서는 '좌파 연대' 내지 '좌파 동맹'이라 불렀다. 그러나 전통적인 정의에 따르면 좌파는 정통 사회주의를 주장하는 세력보다는 그 전단계인 자본주의 반대에 머물러 있는 세력들을 통칭한다. 과거 혁명의 시기에 이런 세력들은 사회주의 대중 혁명을 포기하고 선거에 참여해 정권을 교체하고자 하는 개량주의, 기회주의, 또는 수정주의 세력으로 불리었다. 정통 사회주의혁명 진영이 그런 자본주의 반대 세력을

'동지' 의 범주에서 제외시킨 것과 마찬가지로, 오늘날에도 사회주의 세력은 대중 혁명을 포기한 그런 진영과는 민주주의를 위한 시위를 같이할 수 있을지 모르나 향후 사회주의 정권인 노동자계급 독재proletarian dictatorship에서는 그런 진영을 배제할 수밖에 없을 것이다.

자본주의 정책에 대한 비판으로
21세기 사회주의의 진로를 모색해야

우리가 현재 비판하고 있는 자본주의 정책이란 국가가 모든 영역의 사회생활social life에서 국민을 통제하기 위한 행동이다. 여기서 '통제' 란 국민이 누릴 수 있는 자유의 범위를 정하는 것 자체가 국가만 할 수 있는 권한으로 정하는 것을 말한다. 그렇다면 정책의 통제 대상인 국민은 어떤 계급 또는 계층에 속한 사람들을 의미하는가? 국가는 형식상 '법 앞의 평등' 을 내세우고 있어 모든 국민이 그런 통제 대상인 것처럼 내세운다. 그러나 국가의 통치 행태를 보면 국가의 통제 대상은 결국 민중임을 알 수 있다. 예를 들어 주택·부동산 정책에서 소외된 사람들이 자신의 주택을 철거하는 정부의 개발에 반대하여 시위를 할 경우, 정부는 '국법 질서 대책' 이라는 명분으로 시위자를 폭도로 몰아 탄압한다. 과거의 역대 정권들은 예외 없이 집 없는 사람들에게 집을 가질 수 있는 기회를 준다고 약속했다. 하지만 역대 대통령들은 모두 자신들의 집은 호화롭게 잘 챙겼는지 모르지만 많은 사람들은 지금도 전세나 월세로 살고 있다. 이것은 바로 자본주의 사회의 기본 원칙인 사적 소유에서 비롯된 문제이다. 사적 소유제도가 원칙인 자본주의사회에서는 각자 자신의 능력과 재원으로 집을 구해야 한다.

이명박 정부도 토지와 자본의 사적 소유 자체를 결코 부정하지 않는다. 이에 비싼 주택을 자신의 저소득으로는 '절대로' 구입할 수 없는 계층들을 위해 정부가 배려한다 하더라도, 결국 본인들의 사적 부담으로 집을 마련할 수밖에 없을 것이다. 본인들의 부담으로 집을 당장 마련할 수 없는 사람들을 위해 금융자본이 신용을 마련해 줄 뿐이다. 여기에 더해 정부가 지가가 낮은 땅을 개발하거나 관련 조세를 감면하는 등으로 분양가나 임대료를 낮출 수 있는 여지가 있긴 하지만, 부동산 개발업자나 건축업자의 사적 소유권에 기초한 이윤을 보장하는 것 또한 자본주의 정부의 임무이기도 하다. 자본주의의 역사란 사적 소유권을 확립해 온 역사이다. 하지만 이 책에서 다룬 국가정책들이란 사유권의 착취와 이로 인한 소외의 본질을 은폐할 뿐만 아니라 심지어 그것을 호도하기 때문에, 국민들이 사유권과 이를 보호하는 국가의 본질을 파악하기란 사실상 쉽지 않다.

그래서 '선진 지향'의 자본주의국가는 지난 세기 말 신자유주의의 도입 이전에는 토지와 자본에 대한 사적 소유권을 제한하는 정책들을 실시해 왔다. 이의 대표적 정책이 조세제도인데, 예를 들면 재산세와 부동산세의 과세표준을 현실화하거나 법인세와 상속세의 세율을 올리는 방법 등이 사용되었다. 신자유주의의 정책은 이와는 반대로 과세표준과 세율을 종래보다 떨어뜨리거나 과세 기준을 높이려 한다. 이것이 신자유주의 정책의 핵심인 조세 감면 제도이다. 우리는 제1권에서 신자유주의 정책이야말로 미국의 경기 부양 대책 그 이상도 그 이하도 아니라고 이미 지적한 바 있다. 이런 식의 미국식 경기 부양책이 현재 세계적인 경향이 된 것은 세계적인 지배계급인 자본가계급의 정상적 이윤을 확보하기 위함일 뿐이다. 신자유주의는 세계 인민들의 소득이 증가하지 않는 한 자본가계급의 이윤 역시 증가하기 어렵다는 원리에 기초하고 있다. 최근 금융 위기의 원인은 투자은행의 과도한 이윤 추구 행태에도 있지만, 근본적인 문제는 고객인 국민이 대출액을 원리금 상환할 수 있는 소득 여력이 없는 데 있다. 전 세계의 자본이 중국, 인도, 러시아 등 경제성장이 빠른 개발도상국에 몰리는 이유는 이런 나라들에서 산업이나 금융에 투자하는 것이야말로 이윤의 획득을 크게 보장하기 때문이다. 한마디로 신자유주의 정책은 자본가계급의 이윤이 떨어지는 것을 되돌리기 위한 국가의 고육지책이 아닐 수 없다.

이 책이 제시하고 있는 대안의 정책들은 신자유주의 정책에 반대하는 입장을 견지하고 있다. 신자유주의 반대는 곧 자본가계급 등 불로소득 계층을 위한 정책에 반대하여 국민의 절대적 다수인 근로 계층의 이익을 고양시키는 것을 목적으로 한다. 향후 어떤 자본주의 정권이든 국민 대다수의 이익을 고려하지 않고는 권력을 잡기가 상당히 어려울 것이다. 우리는 사회 진화론적 발전관에 따라, 자본주의의 변증법적 변화인 사회주의혁명이 도래하기 전에 비인간적, 비도덕적, 비문명적 현실을 조금이나마 개선하기 위해 '선진 지향'의 제도 및 정책을 추구할 것이다. 사회 진화론에 기초한 발전관은 자본주의로 인해 사회에 뿌리내리고 있는 반사회적 모순인 억압, 오염, 차별, 착취, 폭력 등을 국민 다수가 아직 깨닫지 못하고 있는 현실을 반영한 것이다.

한국 자본주의가 '선진 지향' 발전을 이루려면, 이명박 정부는 물론이고 이후의 어떤 자본주의 정권이 비지니스 프렌들리(친기업적) 정책과 같은 지배계급을 위한 수구적 정책을 상정할 때, 진보 세력은 국민을 깨우쳐 정책 거부에서 대안 제시 행동으로 나아가 선거에서 승리할 수 있어야 한다. 여기서 우리에게 가장 어려운 일은 국민의 의식을 '선진 지향'으로 이끄는 것이다. 국민의 의식을 개선하기 위한 수단인 강령의 홍보 문제 하나만 보자면, 지금까지 사상의 자유와 양심의 자유를 획득하기 위한 투쟁으로 얻은 진전이 있긴 하지만 교육, 언론, 출판 등의 수단이 우리에게는 미약하거나 부재한 현실에 처해 있다. 그런 것들은 자본의 활동 영역이기 때문에 국가의 지원을 받는 지배계급들이 자신의 관념과 사상을 만들고 전파하기 위해 거의 모든 수단을 장악하고 있다. 사회당 등 진보적인 정당 하나를 유지하기에도 자원이 부족한 우리들로서는 그런 수단들을 우리의 것으로 만들기가 매우 어려운 현실이다. 평생 착취를 당하면서 애써 모은 재산들을 대학에 기증하고 있는 사람들은 그런 착취를 종결시키는 활동을 벌이고 있는 우리에게 재산을 기증할 것을 이 기회를 빌어 감히 제안할 뿐이다.

국가에 의한 사회의 전반적인 통제를 전통적인 사회주의 진영에서는 자본가계급독재bourgeois dictatorship라고 불러 왔다. 자본가계급의 독재를 시행하는 권력은 세계적으로 자본주의를 추구하는 선진국들이다. 세계를 자신의 영업망처럼 지배하고 있는 자본가계급 가운데 독점자본가계급은 국가의 권력을 넘어선 실질적 권위를 확보한 지 이미 오래이다. 미국을 예로 들자면, 국가의 권력이 후퇴하기 시작했던 1980년대를 독점자본이 권력을 지배하기 시작한 시기로 볼 수 있다. 당시 독점자본은 국가에 대해 그것이 보유하고 있는 기업들을 민간에 넘길 것과 국가가 민간에게 징수하고 있는 세금을 줄일 것을 요구하였다. 여기에 적극 화답한 것이 미국의 공화당 정권인 레이건 행정부였다. 그 후로 선진 자본주의 국가들을 중심으로 세계에서 사회를 지배하는 자본의 순위는 독점자본, 국가자본(권력), 중소 자본 등으로 결정되었다. 이러한 권위의 순위를 더욱 확고히 한 것은 실물 및 금융 부문에서 자본의 집중의 한 형태인 인수·합병M&A의 성행이다. 자본 간 인수·합병은 실물과 금융을 가리지 않고 이른바 선진화와 전문화라는 미명하에 시행되고 있는데, 이들을 규제하거나 감독해야 할 국가의 권력은 왜소화되어 오히려 이들에게 봉사하는 정치인 및 관료 계층의 부정부패라는 방종을 '자유'라는 이름으로 더욱 확대되고 있는 추세이다.

오늘날 많은 국가의 정부들은 독점자본의 국내 영업을 공정거래fair trade라는 이름으로 규제하고 있지만, 독점자본이 뇌물로 국가 관료 계층을 매수하는 등으로 공모와 결탁이 이루어져, 그 규제는 기껏 과태료나 벌금을 물리는 등 형식적으로 이루어지고 있을 뿐이다. 독점자본은 독점이윤으로 인해 벌금을 훨씬 뛰어넘는 이익을 벌어들이고 있어, 벌금과 뇌물 정도의 소액은 '영업외' 비용으로 처리하고 있다. 자본주의국가에서는 기업이 경제 발전에 기여하는 만큼 처벌의 수위를 낮추는 것이 마치 공정거래를 달성하는 것인 양 인식되고 있다. 이는 독점자본에 종속된 관료인 '새'에게 규제 기관인 '방앗간'을 맡기는 꼴이다. 우리는 21세기 초의 자본주의 체제를 국가독점자본주의라고 부르기보다는 독점자본이 권력을 농간하는 체제인 독점국가자본주의monopoly-state capitalism 라고 부르기로 하겠다.

독점국가자본주의에 대한 우리의 비판은 사회주의 권력이 아직도 들어서지 못한 현실에서 나온 것이다. 그래서 우리가 이 책을 통해 강조하고 있는 '선진 지향'의 자본주의국가가 우선적으로 해야 될 사안은 독점자본에 대해 '권력의 우위를 확보하는' 실질적 차원의 규제이며 통제이다.

물론 자본주의에서 그런 규제가 거의 불가능하다고 볼 수도 있다. 한국이 국민 모두를 위한 민주공화국이라 하더라도 독점자본의 지위를 약화시키는 그런 '선진 지향'의 사회화는 가능하지 않을 것으로 볼 수도 있기 때문이다. 하지만 일반적으로 '선진 지향'의 사회가 자본의 지배와 함께 이에 저항하는 계급투쟁을 허용하는 공화국으로 남아 있는 한, 계급투쟁은 확대되고 발전할 것이다. 물론 세계의 어떤 공화국도 계급투쟁을 방치하는 자유로운 국가는 아닐 것이며, 더구나 사회주의로의 평화로운 발전을 보장하는 국가는 없을 것이다.

우리는 여기에서 우리의 국가 우위 가설이 성립될 수 있는 정책 안들을 제시하기 위해 이 책에서 다뤘던 세 개의 정책들을 인용하고자 한다. 먼저 노동정책에서는, 독점자본은 그것의 지배회사들에 노동자들이 자치적이고 민주적으로 결성한 노동조합을 반드시 둘 것을 법률로 정한다. 환경정책에서는, 독점기업들은 기후 온난화를 방지하기 위해 최우선의 노력을 경주해야 하는 것을 법적 의무로 정한다. 이런 사회적 책임은 향후 국제 협약에 따른 장기적 계획에 의거하여 이산화탄소를 의무적으로 감축하는 국가의 행정 명령을 말한다. 금융정책에서는, 금융 감독 기능을 강화하여 독점 자본의 연결 재무제표를 의무적으로 작성하게 해야 할 뿐만 아니라 이것에 따라 자기 자본 비율이 50%로 떨어지도록 하는 등 규제를 강화한다. 독점자본들은 사실상 많은 현금 자산을 확보하고 있어 이 비율을 낮출 수 있다. 그래서 더욱 좋은 방법은 위의 두 가지 정책의 추진 정도에 따라 금융 채무를 연계시키는 것도 적절한 방안이 될 것이다.

끝으로, 이 책에서 제시된 정책 대안들은 노동자계급을 위시한 피억압 대중인 민중이 어차피 미래 사회의 주역으로 등장할 수밖에 없다는 역사 발전의 예고에 충실하게 대응하고 있다. 이에 '선진 지향'의 정책은 피억압 민중이 권력의 주체가 되기 위해 필요한 정치경제적 노선과 함께 노동자·민중의 권익이 관철되는 민주주의를 지침으로 하는 정책으로 구성되어 있다. 이에 우리는 이런 국가적 차원의 해결이 어떤 한 국가의 노력만으로는 어렵다고 보고, 현재 불평등하게 발전하고 있는 세계의 물질적 및 이념적 현실을 중시해 그것의 세계 기준global standard을 정립할 필요가 있다. 이것을 우리는 '사회주의 세계 기준'이라는 이름으로 부르기로 한다.

자본주의의 세계 기준은 독점자본의 세계 지배의 다른 이름

우리가 이명박 정부의 정책을 비판하고 대안을 제시하는 것은 한국에서 자본주의를 폐기하고 과거의 사회주의가 아니라 사회주

의의 본질을 잃지 않고 21세기의 사회의 변화를 예측하여 그것에 맞는 이른바 '21세기 사회주의'의 진로를 모색하고자 하는 것이다. 이명박 정부가 인수한 한국의 기본적 사회관계는 지난 60년간 유지해 온 자본주의인 만큼, 이명박 정부에게는 자본주의를 그만 둘 자유가 어디에도 없으며 그것을 폐기할 필요도 결코 없을 것이다. 이명박 정부는 한국의 착취적 경제를 토대로, 이로 인해 국민으로부터 소외된 보수 정치를 유지하고 있으며 이미 실패가 예정된 정책들을 강행하려고 한다. 자본주의의 반사회적 현실과 반민중적 본질을 외면한 채, 이명박 정부는 오히려 자본주의 체제를 더욱 강화시킬 민간 주도의 신자유주의 정책으로 일관하고 있다. 이명박 정부는 신자유주의의 세계화 정책을 자본주의의 현대적 변화를 모색하는 '유일한' 길인 것처럼 추종하고 있다. 그러나 선진국이 추진했던 신자유주의 정책들은 국민에게 편익이 아닌 손실을 초래해 국민 차원에서는 실패한 정책들이지만, 국민의 손실과 고통은 거꾸로 자본가계급에게 이익으로 돌아감으로써 국가 차원에서는 성공한 정책들인 셈이다. 이처럼 공기업의 민영화에서부터 국제적 투기 자본의 자유화까지에 이르는 모든 유형의 신자유주의 정책들이 국가의 주요 정책으로 버젓이 채택되는 것은 권력과 자본의 긴밀한 유착과 단합이 아니고서야 불가능한 일이라는 것을 국민들은 이제 깨달아야 한다.

이명박 정부의 각종 정책들의 대부분은 현재 선진국들이 자본주의 체제에서 사회의 변화를 반영해 추진하고 있는 정책들을 '따라잡는 것'이다. 한국의 정책과 체제는 곧 서구 선진국들의 정책이자 체제라고 해도 지나친 말이 아니다. 한국의 서구 따라잡기를 지난 세기에는 자본주의국가 사이의 불평등 발전을 빗대어, '미국 지배, 한국 종속'이라는 국가독점자본주의 원리가 관철되고 있는 것으로 보았다. 얼마 전에 한국의 독도 영유권 문제에서도 미국의 최종 해석이 관건인 것처럼 비친 것은 바로 제국주의의 그늘에 의존하려는 한국의 종속적 현실을 반영하고 있다. 2008년 5월에 이명박이 중국을 방문했을 때 중국의 외교부는 한미 동맹을 제국주의의 유산이라고까지 평가했다. 중국의 외교적 결례를 차치하더라도, 한국은 부끄러운 역사를 지고 가는 종속적 국가라는 소리를 듣지 말고 독립자존의 선진화, 사회화 국가로 거듭날 수 있도록 해야 할 것이다.

그렇다면 한국이 미국을 추종하는 것과 같이 오늘날 마치 역병처럼 번지고 있는 세계 기준grobal standard이란 과연 무엇인가? 오늘날 자본주의가 과거의 제국주의라는 나쁜 이미지 대신 그것을 좋게 포장한 외피로서의 세계화를 내세우는 이유는 무엇인가? 세계화를 달성하는 수단인 세계 기준이란 선진국들이 지난 세기 파시즘을 타도하고 이어서 공산주의권이 붕괴했을 때부터 본격적으로 회자되던 용어였다. 한국에서는 세계 기준이란 용어 자체가 1997년 IMF공황을 맞아 미국이 주도하는 금융 개방의 세계화에 직접 노출되면서부터 널리 사용된 것이기도 하다. 한국에 도입된 세계 기준은 지금 금융위기로 세계 경제를 도탄에 빠뜨리고 있는 미국 금융자본이 한국을 본격 침략하는 발판의 역할을 했다. 세계화globalization란 세계가 여러 국가 지역으로 분리된 수많은 사회라기보다는 단 하나의 통합된 공동사회로서 점차 단일하게 작동하게 되는 과정을 의미한다 (옥스퍼드 대학, Dictionary of World

History, 2006, 251쪽).

오늘날 세계화가 의미하는 경제들의 실질적 통합이란 국제통화기금IMF과 세계무역기구WTO가 상징하듯이 자본과 상품의 세계적 확대재생산을 의미하며, 과거부터 이런 확대를 가능하게 했던 독점자본이 그것의 초국적·다국적기업들을 증가시키는 것을 의미한다. 세계를 약육강식의 제국주의가 아니라 하나로 통합된 공동사회로 간주하는 세계화는 사실상 20세기 후반부터 시작되었다. 세계 공동사회world community는 자본과 상품이 통합하는 속도를 증가시킴은 물론 이와 더불어 통합에 소요되는 비용 특히 운송비와 통신비의 감소를 초래하였다. 1950년대에 제트기의 상업적 도입은 인간과 상품을 하루 만에 세계의 다른 끝으로 수송하는 것을 가능하게 했다. 이어서 전자 통신과 방송 매체가 발전함으로써 세계화 비용은 현격하게 감소되었다. 특히 1980년대와 1990년대에 이룩한 정보혁명은 즉각적으로 정보를 범세계적으로 유통시켰고, 나아가 기술적 혁신은 정보의 근원인 자료에 접근하는 체제를 마이크로소프트MS와 같은 다국적 독점자본의 지배 아래 두는 것을 가능하게 했다.

독점자본들은 이처럼 세계화의 진전에 따라 실물과 금융에 투자하여 많은 이익을 올렸다. 대기업들은 해외시장을 쉽게 확대할 수 있었으며, 세계의 어디에서나 그들의 활동을 가장 효율적으로 조직해 높은 이윤을 얻을 수 있게 되었다. 그런 기업들은 거의 모두 선진국들 특히 미국과 유럽에 이어 일본에 토대를 두고 있었던 초국적·다국적기업이었다. 세계적 대기업들의 증가된 권력은 세계의 많은 지역들에서 목격되고 있다. 그 결과, 한편으로는 선진국과 후진국이 모두 발전하기도 하지만, 다른 한편으로 가난한 국가를 희생으로 선진국들이 부유해지는 세계 체제가 마련되었다. 또한 세계화의 핵심 과제는 무역에서 관세와 그 밖의 장벽들을 제거하는 일이었다. 이로 말미암아 세계의 다수 국가들인 개발도상국과 신흥 산업국들은 국내시장을 선진국과의 무제한 경쟁에 노출하게 되었다. 국가적, 민족적 기업들이 파괴되고 결국은 그런 국가들의 경제적 발전이 둔화될 것이라는 거시적 예측이 대두하고 있다.

세계화에 대한 이런 비관적 예측은 세계화에 노출된 국가의 경제발전 속도에 부응하는 정치체제의 개혁과도 직결되어 있다. 오늘날 세계화에 적극적인 국가들은 경제협력개발기구 국가들로서 자본주의 선진국 블록에 속해 있다. 그러나 경제협력개발기구 국가들에서는 경제 발전이 느린 속도로 진행되고 있어 정치체제의 개혁이 시도되고 있다. 그러나 자본주의 경제의 개혁 없는 정치 개혁이란 사실상 불가능하다. 이것이 오늘날 선진국의 현실이다. 그런데 세계적 대기업들이 적극 진출하는 중국, 인도, 러시아, 브라질 등 개발도상국들에서는 오히려 경제발전이 빠른 속도로 진행되는 것이 목격되고 있다. 그렇지만 외국의 자본과 상품 그리고 대중매체mass media 의 침투로 결국 국가의 고유한 전통적 문화가 잠식될 것이라는 두려움도 존재한다. 오늘날 세계화에 대한 우려들은 대부분 반미주의antiamericanism 형태로 표현된다. 미국 그 자체는 물론이고 미국에 근거한 기업들은 세계화의 최대 경제적 수혜자들로 여겨지고 있으며, 나아가 미국의 문화적 요소들이 세계의 거의 모든 국가들에 침투해 영향을 행사하고 있다.

　오늘날 미국은 세계적인 반미주의로 인해 입지가 줄었고, 2008년 5월 12일자 『뉴스위크』는 미국후기시대 또는 포스트미국시대 Post-American Era의 도래를 우려하기도 했다. 미국이 다른 나라들과의 경쟁에서 우위를 지키지 못할 것이라는 예측과 전망은 꾸준히 제기되어 왔다. 이 언론의 보도는 특히 미국이 과거에 휩쓸던 세계 '최대'나 '최고'의 기록들을 점차 다른 국가들에게 뺏기고 있는 것을 그러한 시대 도래의 뚜렷한 징후라고 설명한다. 금융 허브는 영국의 런던에게, 시가 총액으로 계산한 기업은 중국의 페트로차이나에게, 투자 펀드는 아랍에미리트의 아부다비투자청ADIA에게, 빌딩은 아랍에미리트의 버즈두바이에게, 여객기는 유럽의 에어버스 A-380에게, 영화 산업 단지는 인도의 몰리우드에게, 카지노 단지는 중국의 마카오에게 최고와 최대의 자리를 내주었다는 것이다. 그러나 『뉴스위크』는 미국은 아직도 세계 최고의 경쟁력을 자랑하고 있는 국가로 평가하고 있다. 미국은 현재 다양한 분야에서 최첨단 기술을 보유하고 있으며 이것을 지켜 주는 미국 대학들이 최상위 수준을 유지하고 있다는 것이다. 또한 이민을 통해 다른 나라의 문화, 상품, 사고를 개방적이고 유연하게 수용하고 있다는 것을 미국의 최대의 장점으로 꼽기도 했다.

　『뉴스위크』가 지적하는 포스트미국 시대의 특징은 민간 사회는 세계의 변화에 잘 적응해 왔지만 정부는 제대로 적응하지 못하고 있다는 것이다. 미국 정부는 세계 최강 체제에 익숙하기 때문에 특히 대외 정책에서 시대착오적인 지배 체제를 유지하는 데 급급하다는 것이다.

　우리는 미국이 국방과 외교의 분야에서 경쟁 우위 체제를 지양해야 하는 한편, 세계의 평화 협력 체제가 안착할 수 있도록 핵무기를 포함한 대량 살상 무기를 폐기하는 것은 물론 미사일 방어 체제를 즉각 중단해야 한다고 생각한다. 오늘날 국제 경쟁 사회에서 다른 나라들의 영향력이 커지면 미국의 영향력이 그만큼 줄어드는 것은 당연한 만큼, 미국은 자신이 생존하기 위해서도 국제적 경쟁을 포기하고 세계적 협력을 새로이 모색하는 전향적인 조치를 추진하여야 한다. 미국이 포스트미국 시대에 적응하려면 국제사회의 규칙을 지킬 필요가 있다는 점은 『뉴스위크』도 지적하고 있는 바이다. 미국은 그동안 세계 기준을 지정하는 국가였으나 스스로는 이를 제대로 지키지 않았다는 것이다.

미국이 초강대국인 '지배적' 지위에 있으면서도 다른 나라와의 '상호 협력' 사안인 글로벌 스탠더드를 지키지 않는다는 것은 모순이다. 『뉴스위크』는 미터법의 예를 들고 있다. 과거 1790년에 프랑스의 과학아카데미는 미터법을 세계 측정치로 제안한 바 있다. 그런 미터법이 지금처럼 세계적으로 널리 사용되기까지는 가히 수백 년이라는 기나긴 '세계화'의 장정이 있었다. 그런데 현재까지도 미터법을 지키지 않는 국가가 세 곳인데, 라이베리아, 미얀마, 그리고 미국이다. 미국의 자본이 미터법을 채택하지 않았기 때문에 미국 정부도 법률로 강제할 수 없었던 것이다. 이것은 한마디로 독점국가자본주의를 보여주고 있다. 미국에게는 세계의 보편적 이익보다는 국익이 우선이고 국익이란 미국 자본의 요구이기 때문에, 미국은 미국 자본의 이해관계에 도움이 되지 않으면 글로벌 스탠더드를 무시했던 것이다.

오늘날 세계화의 진전은 미국 위주의 자본에 그 외 국가의 동종

자본을 통합하여 초거대 자본ultra-super capital or mega-capital을 출현
시켰다. 한국경제연구원이 지난 3월 발표한 자료에 따르면, 초거
대 자본으로 가는 지름길인 인수·합병M&A에서 미국과 영국이 광
업, 석유화학, 플라스틱, 전기, 전자, 통신, 컴퓨터, 인터넷 서비스,
금융, 보험 등 모든 분야에서 1, 2위를 나눠 차지했다. 이들 자본
들은 각급 실물 생산 및 금융 부문에서 세계적 독점을 행사하고 있
을 뿐만 아니라 그들의 그물망network에 들어오는 국가에 대해서
는 신자유주의 정책을 적극적으로 강요하고 있다. 한국도 지금 신
자유주의 세계화에 포괄됨으로써, 이명박 정부는 미국 자본의 세
계화에 적극 동참해 왔으며 그럴 계획에 있는 산업 분야를 '신성
장 동력'으로 삼고 있다.

　사회주의는 자유롭고 평등한 세계화 추구

　그렇다면 신자유주의 세계화에 결연히 맞선 사회주의자들이 조
직할 수 있는 대안은 과연 무엇인가? 구체적으로 이야기자면, 사
회주의국가가 생산력을 세계적으로 높게 유지함과 동시에 이에
조응하는 인간적이고 평등한 사상과 문화를 형성할 수 있는 대책
은 무엇인가? 이에 대한 대답은 한국과 같은 신흥 선진국이 자국
은 물론 세계의 시민에게 경제적 책임을 완수함과 동시에 그들이
사회주의적 사상과 문화를 수용토록 촉구하는 것에서 찾을 수 있
다. 이와 같은 임무를 수행하는 사회주의자들에게 전제가 되는 이
념은 초거대 자본의 계급적 착취에 의한 불평등 세계화에 단연 반
대하는 바인 사회주의 권력의 자유롭고 평등한 세계화이다.

사회주의 권력이 추구하는 자유롭고 평등한 세계화를 설명하기 전에 먼저 초거대 자본이 지배하는 불평등한 세계화가 무엇인지 살펴보자. 21세기 초 미국 중심의 초거대 자본은 레닌이 한 세기 전에 정의한 제국주의적 침략을 본질로 하는 독점자본이다. 나아가 초거대 자본은 지난 세기 임마뉴엘 월러스틴이 규정한 세계 자본주의 체제에서 중심부 자본의 역할을 수행하는 자본이다. 이런 성격의 초거대 자본이 21세기 초 현재 수행하고 있는 역할은 대체로 아래와 같다고 규정할 수 있다.

우선, 초거대 자본은 자신의 전문적 산업 영역을 지배하기 위해, 세계적 경쟁에서 다른 자본을 초월할 수 있는 정도의 거대한 규모를 유지한다.

둘째, 초거대 자본은 자신의 산업 영역에서 기업 연합 등의 전략을 통해 세계 총매출액의 다수 부분을 점유할 뿐만 아니라 세계 시장에서 독과점 생산력 체제를 유지하기 위해 최첨단 수준의 과학과 기술을 끊임없이 개발한다.

셋째, 초거대 자본은 자신의 산업 영역에서 초과이윤을 달성할 목적으로 세계 기준의 정립과 강요로 관련 산업자본을 퇴출하거나 위축시킴과 동시에 관련 노동자계급의 착취를 가속화한다.

넷째, 초거대 자본은 세계의 국가들을 자신의 통할에 두기 위해 미국을 세계 초강대국으로 부상시켜 그것을 중심으로 자신들의 세계 제국world empire에서 경제·군사·외교적 관할권을 확립한다.

끝으로, 초거대 자본은 그간 착취와 부정으로 사유재산을 거대하게 축적한 억만장자들을 세계의 특권계급으로 분류하는 신분

사회와 이에 맞는 부유 문화wealthy culture를 창출하고 있다.

현재 세계화를 끌어가고 있는 중심 자본을 초거대 자본이라 부르든 다른 무엇으로 부르든 상관없다. 우리는 그런 자본이 세계적으로 구축하고 있는 착취와 소외의 현실로 인해 벌어진 세계 인민들의 생존권 상실과 위기라는 비인간적 현실을 분석하기 위해 그것의 역기능을 위의 다섯 가지 정도로 압축해 보았을 뿐이다. 초거대 자본은 과거 제국주의 시대에는 국가를 '배' 처럼 여겼지만, 지금은 오히려 자신이 하나의 '배' 가 되어 국가를 싣고 세계 여기저기에서 자신의 이윤을 확보하도록 국가를 강제하거나 종용하는 세계적 권력으로서의 위상을 확립하였다.

그렇다면 초거대 자본이 사회와 국가를 지배하는 그런 비인간적 현실을 빨리 끝장내고자 염원하는 사회주의 권력의 자유롭고 평등한 세계화는 어떻게 실현할 수 있는 것일까? 사회주의 권력은 어떤 경제체제, 더욱 본질적으로는 어떤 생산양식을 토대로 하는가? 사회주의 생산이란『공산당 선언』에서 말하는 "각자의 자유로운 발전이 모두의 자유로운 발전을 위한 조건"이 되는 연합association에 의한 생산이다. 이것은 각자의 자유로운 발전이 결국은 모두의 자유로운 발전으로 귀결된다는 식의 자유주의자들의 결과론적 인식이 아니라, 개인의 자유로운 발전이 집단의 자유로운 발전에 동기를 부여한다는 공산주의자들의 원인론적 인식이다. 이런 인식의 토대는 바로 공동체적 생산이다.

물론 사회주의의 연합 생산자들은 계급이 없는 자유로운 사회에서 각자 자신의 능력에 따라 공동의 협력으로 생산을 발전시키는 존재들이다. 이런 성격의 연합 생산자는 자본가계급이 없는 사회에서 생산을 사회적으로 발전시키기 위한 정치적 실체일 뿐만 아니라 사회의 경제적 토대를 구성하는 요소이기도 하다. 이러한 정치경제적 실체는 국가를 자율적으로 떠맡는 권력이거나 혹은 국가와는 독립되어 병행하는 사회의 세력이다. 이것은 향후 국가가 소멸될 경우에 사회를 정치적, 경제적, 문화적으로 지도하는 실체로 간주될 것이다. 이처럼 추상적으로 규정되어 모호하기도 한 사회적 실체는 사회주의로의 이행 과정에서 노동자·민중의 민주적 결정에 의해 그것의 구체적 형태를 드러낼 것으로 예상된다. (사회주의가 추구하는 인민의 조직적 연합체에 관해서는 제3권에서 논할 것이다.)

여기에서 우리의 관심을 끄는 것은 그런 사회주의의 권력이 자본주의라는 현실에서 어떤 배아적胚芽的 형태로 존재하는가이다. 사회주의자들이 우선적으로 추진해야 하는 활동은 자본주의에 대한 전면적 부정이며 저항이라는 사상적 배아를 조직하는 것이다. 자본주의를 부정하거나 자본주의에 저항하는 운동은 사상과 표현의 자유를 가지는 개인의 기본권이 어느 정도 보장되고 있는가와 밀접한 관계를 가진다. 이것은 곧 제1권에서 분석했던 국가의 권한 가운데 국가 안전의 유지라는 권한 또는 기능을 위해 국가가 어느 정도 개인의 자유를 허용하고 있는가의 문제이다. 거꾸로 말하면, 개인의 자유를 보장하기 위해 국가는 어느 정도 자신의 안전의 유지를 희생시킬 수 있는가의 문제이기도 하다.

어느 국가의 헌법도 사회주의를 전면적으로 긍정하거나 부정하는 정신을 담고 있지는 않다. 오늘날 한국에서 자유민주주의는 곧 자본주의를 선호하는 이념으로 일반적으로 인정되고 있다. 하지만 향후 사회주의 정권이 들어서면 현 지배계급의 대의제는 거부될 것이다. 사회주의 하에서는 민주적 연합체가 되어야 한다. 사회주의는 인간적인 민주주의는 물론이고, 모든 사람들의 자유와 평등 나아가 박애에 근거한 단합을 존중하고 있기 때문이다. 현대사회가 겪고 있는 이념적 혼란은 인간이라는 자연적, 사회적 존재를 '개인과 국가'라는 의도적 대립 틀에 묶어 두려는 자본주의자들의 기득권적 관념과 함께 사회주의에 대한 편견으로부터 유래한다는 점을 강조할 필요가 있다.

우리가 이미 앞에서 주장했던 사회주의 권력의 자유롭고 평등한 세계화는 무엇인가? 우리가 이 책의 제1권인 『이명박 정부 비판』의 끝머리에서 제시한 사회주의의 다섯 가지 과제가 곧 사회주의 권력의 세계화인데, 그것은 아래와 같다.

▶ 자본주의 해체로 평등한 연대 체제: 자본가계급을 우선적으로 해체하여 개인의 노동과 필요를 연계하는 균등한 생활로 개인 간, 지역 간, 국가 간 차별을 시정하는 연대를 구축한다.

▶ 세계 패권 지양의 반전평화 구축: 국가와 민족의 자결권을 존중하고 군사력의 감축과 전쟁의 포기로 세계의 평화를 실현함으로써 폭력을 해체하는 것이다.

▶ 국가 계획 주도의 시장 지배 전략: 사회의 종합적 계획에 의거하여 인간의 기본적인 삶에 필요한 모든 생산 자원들의 사회적 소유와 함께 개인의 다양한 시장 거래에 의한 통합으로 국가 사회의 공유 및 사유 경제 질서를 구축한다.

▶ 민중의 생존권과 번영을 보장하는 협력 사회: 노동자 · 민중

의 자율적이며 창의적인 생산에 의거하여 국민들이 공동으로 협력하는 삶을 구축함으로써 자본주의사회의 본질을 이루는 모든 억압을 해체하고 착취를 배제한다.

▶ 지구 자연의 오염 완화로 생육력生育力 보존: 자연의 생태계를 파괴하는 오염의 완화와 근절로 지구 만물의 온전한 생육이 지속되는 자연환경을 마련한다.

각 국가에서 사회주의 권력은 그것을 실현하기 위해 투쟁하는 정당에 의해 수립될 것이다. 한국과 같은 자본주의사회에서 사회주의자들은 권력 획득을 위한 우선적 수단으로 민주적 정치 활동을 수행한다. 한국의 시민들은 향후 자신들이 '계급 없는 사회' 의 노동자로 다시 태어난다는 것을 조건으로 사회주의 권력의 수립에 참여할 것이다. 이런 노동자들은 자신의 발전된 생산력으로 경제에 직접 참여함으로써 사회의 생산성을 높여 국민들의 생존과 번영을 보장할 것이다. 그래서 사회주의의 세계화란 높은 수준의 경제성장이 세계적으로 달성되는 가운데 세계의 보편적 및 특수적 사회주의를 실현하는 것이다.

사회주의의 세계화가 이 책의 세계 기준

사회주의의 세계화는 사회주의 글로벌 스탠더드를 통해 실현된다. 이러한 글로벌 스탠더드는 이 연재작의 제3권 『이명박 정부 대안』을 지도하고 관통하는 가치가 될 것이다. 다시 말해 이 책에 등장한 각종 정책을 비판하는 기준이 됨은 물론 향후 올바른 방향으로의 변혁을 제시하는 데에 사회주의 세계 기준이 적용될 것이다. 사회주의 세계 기준의 토대를 이루는 사회주의의 다섯 과제는 궁극적으로 무엇을 그 목표로 하고 있는가? 이것을 흔히 사회주의의 세계관 내지 가치관이라고 부른다. 자본주의가 지난 200년간 그것의 본격적 역사에서 인류의 생존과 번영을 위해 기여한 발전이 분명히 있다. 그러나 그것이 이룬 업적에 대한 우리의 평가는 크게 아래의 두 가지 점에서 실패인 것으로 간주한다.

우선 지금까지의 사회에서 어떤 계급을 위한 운동이든 그것은 항상 변혁될 수밖에 없는 역사가 존재해 왔다. 어떤 계급이 자신들의 사상을 지배적으로 실현하더라도 피지배계급을 포괄하는 세계의 변화를 새로이 창출하거나 적극적으로 반영하지 못했다. 이로 말미암아 인간의 역사는 진보할 수 있는 기회를 놓친 반동의 역사로 되풀이되고 있다. 이제 인간은 만인의 해방과 함께 통합으로 인본 공동체humanistic community를 건설해야 한다. 인본 공동체는 그것의 건설을 가로막는 어떤 유형의 계급이나 차별을 영구히 폐기하는 세계의 역사를 창출할 것이다.

또한 인간은 물질은 물론 관념에 의해 지배되는 세계에 살아 왔다. 이것은 아직도 인간과 사회는 물론 자연에 대한 사람들의 지식(철학)이 일천하고 부족하다는 현실이 입증하고 있다. 이제 인간을 포함한 만물의 성질과 질서를 왜곡시키고 조작한 과거의 경험과 지식을 버리고, 만물에 각각 합당한 가치적 체계를 정립하는 관계, 곧 인간이 자연과 사회에 결합되는 만물 전일체holistic universe의 질서를 구축해야 한다. 이로써 인간이 자신의 본성에 합당하게 물질과 관념을 통합함으로써 자본의 억압과 오염을 폐기하는 사회질서를 구축할 수 있다.

김영규

학력   서울대학교 법과대학
미국 남가주대학(USC) / 공공경제학 · 정치경제학
박사 학위 논문 「재정적자가 통화성장에 미치는 효과에 관한 연구」

경력   한국은행 부장대리
인하대학교 사회과학연구소장
인하대학교 교수협의회 회장
사회당 대표 · 사회당 제16대 대통령후보
현 인하대학교 사회과학대학 교수

저서   「말 같지 않은 세상에 말 같은 말」, 우등불, 1996년
「IMF공황, 개혁과 개방」, 인하대학교 출판부, 1998년
「시장의 실패, 자본의 실패」, 인하대학교 출판부, 2000년
「체 게바라가 살아 한국에 온다면」, 이화문화출판사, 2001년
「경제학 기본원리 강의」, 인하대학교 출판부, 2003년
「자본주의 경제학」, 학영사, 2004년
「정치경제학 Ⅰ · Ⅱ」, 인하대학교 출판부, 2005 · 2006년
「이명박 정부 비판」(이명박 정부 비판과 대안 제1권), 박종철출판사, 2008년

이명박 정책 비판

지은이 | 김영규
펴낸곳 | 박종철출판사
주소 | 서울시 마포구 서교동 457-6 성동빌딩 204호(121-842)
전화 | 332-7635(영업), 332-7629(편집), 332-7634(팩스)
등록번호 | 제12-406(1990. 7. 12.)

제1판 1쇄 | 2008년 11월 20일

ISBN   978-89-85022-50-7   03340
10,000원